少年時代

An Hour Before Daylight

ジミー・カーター
Jimmy Carter

訳・飼牛 万里

石風社

私の一番新しい孫、
ヒューゴに捧げる。
いつかこの本によって、
彼の先祖たちがいかに生きたか、
より深く理解できるようになるだろう。
それを希って——

〈写真クレジット〉
11頁：ベス　M.　ウォルターズ提供
13頁：著者によるスケッチ
22頁：『エンサイクロピーディア・オブ・ザ・AMEチャーチ』からの転載
31(上)、92、116、129、134、139、153、145、151、171、173(上)、178、209、265、285、288、323、331、333、339、353頁：カーター家蔵、ジミー・カーター・ライブラリー・アンド・ミュージアム提供
31(下)、279頁：ジミー・カーター・ナショナル・ヒストリック・サイト提供
45頁(上)：フィル・グラウト撮影。フィル・グラウト著『ア・スペル・イン・プレインズ』©1978より、ステマー・ハウス社の許可により転載
45頁(下)：メアリー・ライト・ミニオンとビショップ・ベリー提供
46頁：著者提供
66頁：ジャック　C.　ドローニー(アラバマ州オザーク)の水彩画より
73頁：アニー・メイ・ヴォーン提供
173頁(下)：エモリー大学ロバート　W.　ウッドラフ図書館特別資料部蔵
242頁：オシアラ・ライト提供

カバー写真：表1：カーター家蔵、ジミー・カーター・ライブラリー・アンド・ミュージアム。表4：ベス　M.　ウォルターズ提供
著者写真：ビリー・ハワード撮影

少年時代◉目次

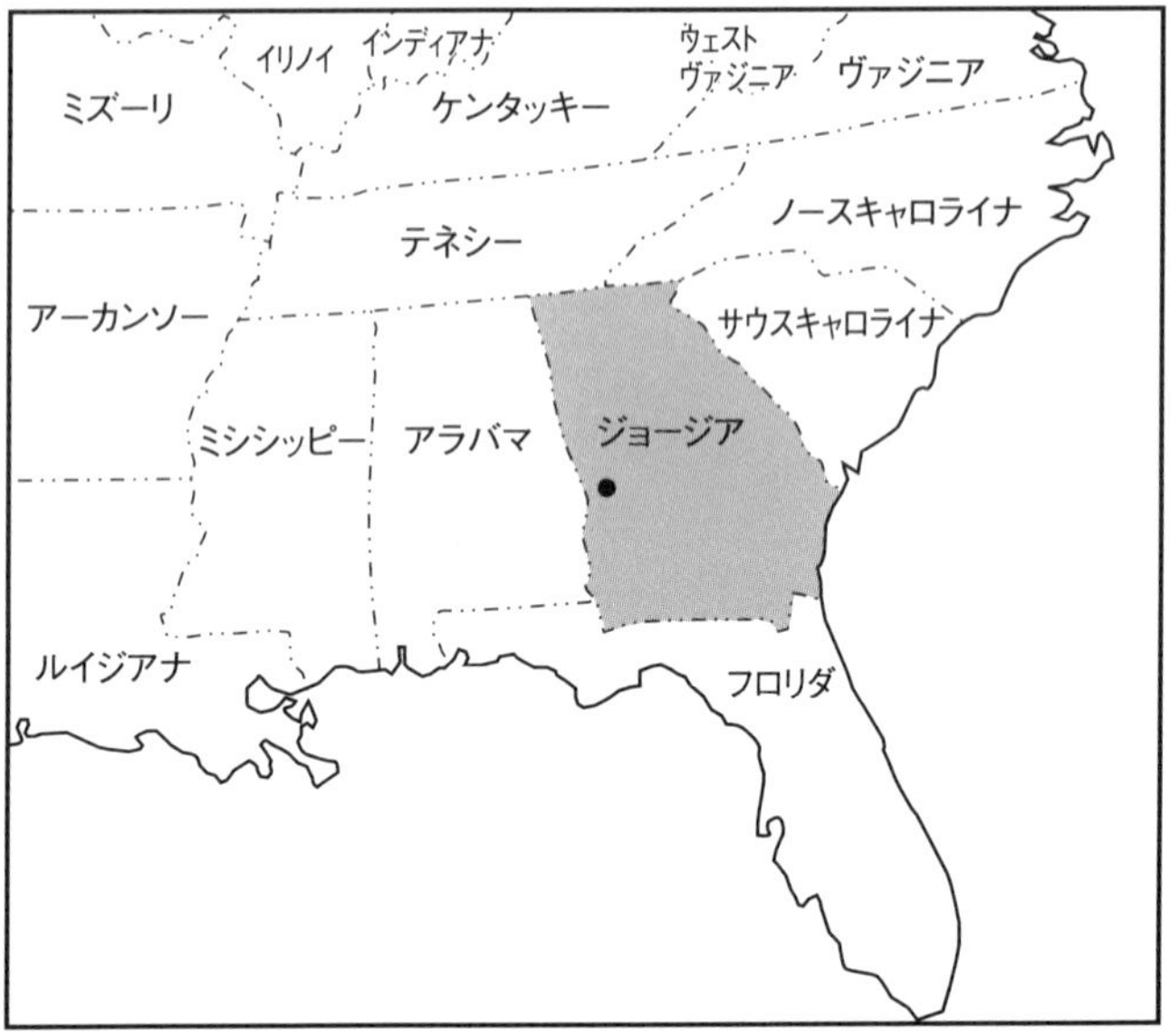

アメリカ合衆国東南部の州

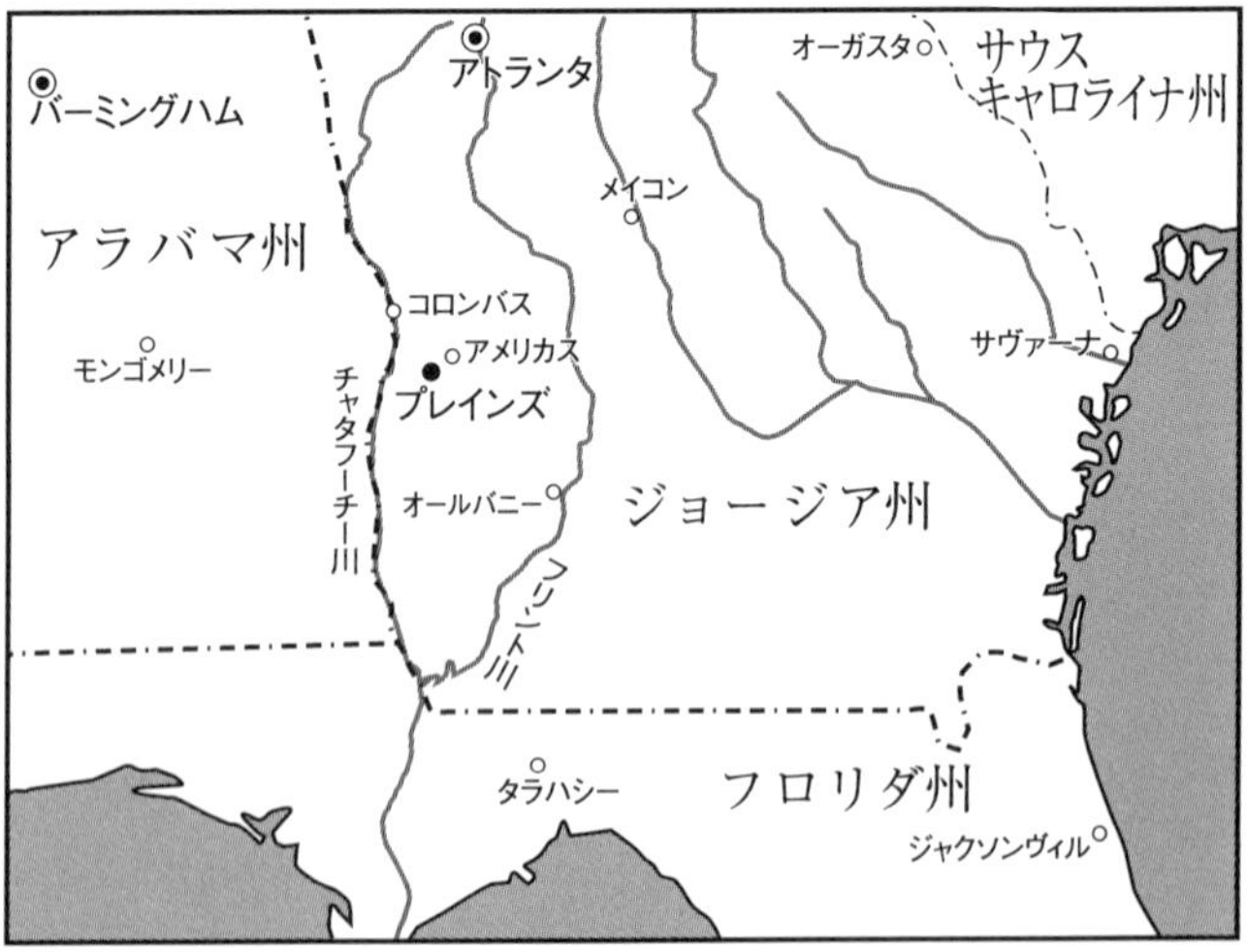

ジョージア州プレインズ

少年時代

An Hour
Before
Daylight

第一章　大地、農場そして私の故郷

海岸沿いの町のサヴァーナを出て、ジョージア州を西にほぼまっすぐ横切るたった一つのハイウェイを走ると、オギーチー川、オコニー川、オクマルギー川を渡ることになる。どの川も南東に流れ、大西洋に注ぎ込んでいる。さらに三時間ほど走ると、こんどは南へ流れるフリント川を渡ることになる。その水は泥を含んでいることが多く、最終的にはメキシコ湾に注ぎ込んでいる。ロッキー山脈の大分水嶺《ぶんすいれい》とは違って、ジョージア州の「分水嶺」は目立たない。というのは、地質学的にそう遠い昔ではない時代、この土地は、比較的平らな海の底だったからだ。以来、古代の海の沈澱物に加え動植物などの滋養豊かな堆積物のおかげで、土地は肥沃である。

さらに五十キロ走り、ジョージア州のコロンバス、アラバマ州のモンゴメリーとバーミングハム、更にはその先までも目指して行くと、その途中にプレインズがある。

プレインズは実に平らな土地にある小さな町で、いつも「雨が降ると、どちらに流れていいか分からないほどだ」と言われている。もともとの名前は、「プレインズ・オブ・デューラ」。これは聖書の中の、ネブカドネザール王が黄金の巨大な像を建立した場所（ダニエル書三章一節）に由来する。土地は平坦で肥沃であったにもかかわらず、なぜ初期の入植者たちが、偽りの神にちなんだ名前をつけたのか、誰も知らない。偶像にひれ伏すことを拒んだシェイドラック、ミーシャックとアベドニーゴが、神の加護によって火あぶりの刑を免れたことに敬意を表するためであったのかもしれない。

プレインズのちょうど後ろ側に、アーチェリーという村がある。ここで初めて地形が変わり、平原は丘になり、土地もやせてくる。ジョージア州とアラバマ州を分けるチャタフーチー川までそうした風景が続いている。アーチェリーは今はもうない。古い地図の上にあるだけだ。しかし、まさにここが、一九二八年の四歳の時から、世界大恐慌が完全に終った一九四一年まで——それは大学そして海軍に入るために家を出た年——私が暮らした場所なのだ。

プレインズは、サヴァーナの西三百キロというだけではない、アトランタのちょうど真南百九十キロに位置する。また、サムター郡の中心地アメリカスはプレインズから東に十四キロのところにある。アメリカスという名は、イタリアの航海士・探険家のアメリゴ・ベスプッチの「アメリゴ」をラテン語形にしたものだ。彼は、北米大陸に足を踏み入れた最初のヨーロッパ人といわれ、地図制作者でもあったため、自分の名前をその土地につけた。ジョージア州南西部の小さな

ジョージア州プレインズのメイン通り（1905年）

町のほとんどは、自動車やトラクターの出現ですたれてしまったが、プレインズは例外だ。豊かな農場に囲まれ、遠くの土地へ移るなどまっぴらだと思う人々が住んでいるからかもしれない。

アーチェリーの方はといえば、町などと呼べる代物ではなかった。農場のわが家から西に八百メートルかそこら行った所に町の中心があり、シーボード・エアライン鉄道の区間長と六人の黒人従業員の家があった。彼らのおかげで線路はいつもきちんと修理されていた。さらに西に八百メートル行った所には、大勢の教会員を擁したアフリカ・メソジスト聖公会の教会、そしてそこから道をはさんだ所には、線路に沿って小さな店が一軒あった。店にはへしゃげたプリンス・アルバートのタバコの空き缶がびっしり貼りつけてあり、まさに町で一番人目を引く目印になっていた。教会は今でも活発な活動を続けているが、それ以外のものはすべてなくなってしまった。

教会からちょうど東側にあるわが家の農場は、わずかに残った良質の土地に位置していた。それ以外のアーチェリー周辺の土地はやせて起伏があった。まわりの砂地は松の苗木が最初に植えられた所で、現在はほとんどが成長し、松林となっている。

そんな場所だったのだが、一九三〇年代のアーチェリーは、私にとって世界の中心となるに充分なものをそなえていた。

農家の少年だった私にとって、何よりも繰り返し思い出されるのは大地である。砂や粘土や赤土に肌で触れ、絶えずどっぷりひたっていたという感覚があるほどだ。土が私の裸足をやさしく包み、土ぼこりは、いつも道路から舞い上がっていた。

道路はといえば、わが家の玄関から十五メートルの所にあったため、下見板《したみいた》造りの家の中は、おしろいのように細かい粒から粗びきトウモロコシのようにごついものまで、いつも赤粘土だらけであった。特に夏はひどかった。木製の戸は開けっ放しになっていたし、網戸といえば、ゴミかのんきなハエをひっかけるのが関の山だったからだ。一九三八年にわが家から北一・六キロの森に舗装道路が貫通するまで、このちっぽけで曲ったほこりだらけの道がアメリカ合衆国道二八〇号線であることを、みな誇らしく思っていたものだ! 当時にしては、車やトラック、バスの往来が激しかったが、地元の人がわが家の前を通り過ぎるときは、まだほとんどが歩くかラバの

カーター家周辺

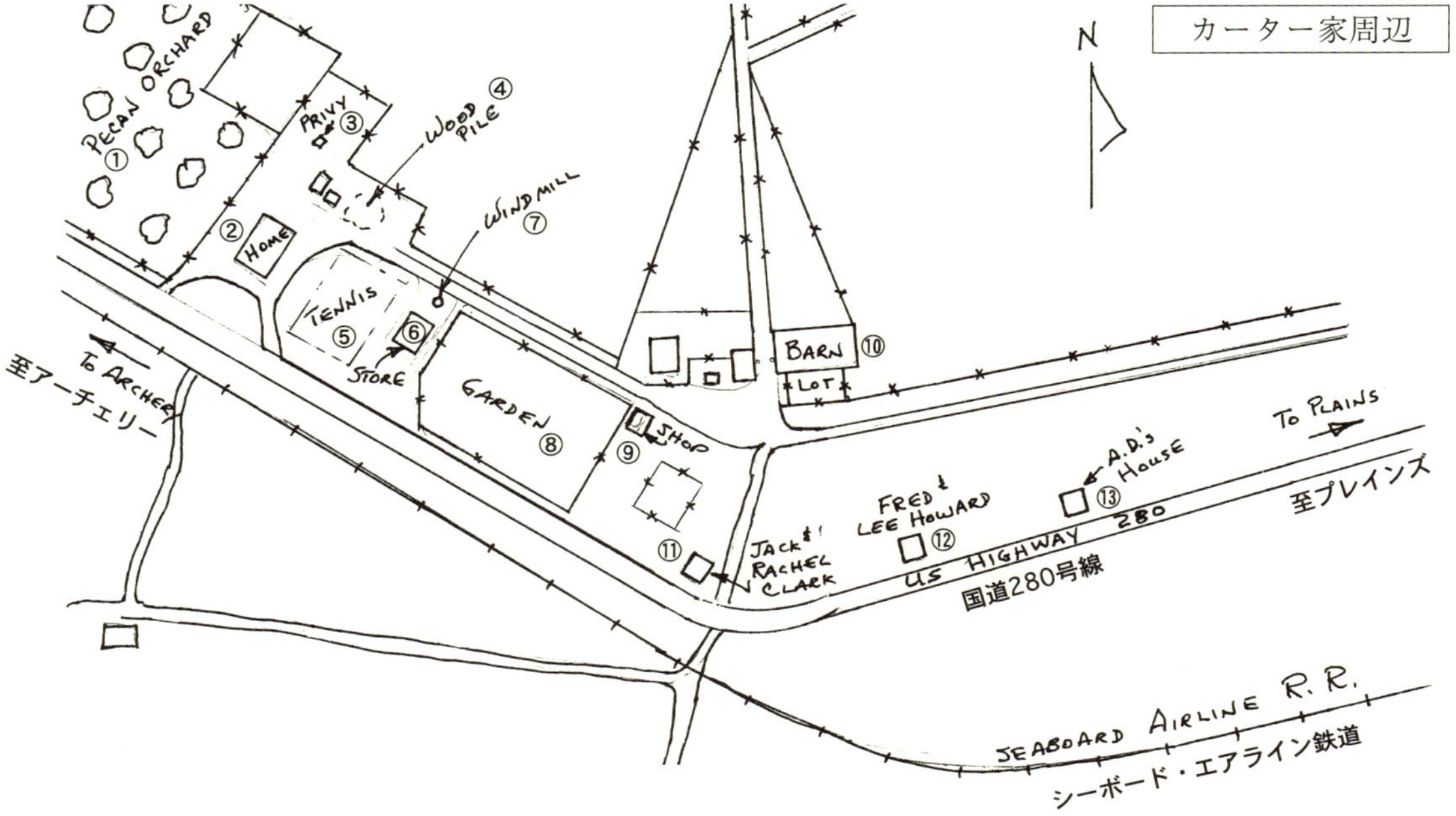

①ペカン園　②家　③屋外トイレ　④薪置き場　⑤テニスコート　⑥店　⑦風車　⑧菜園　⑨売店　⑩家畜小屋
⑪ジャックとレイチェルの家　⑫フレッドとリーの家　⑬A.D.の家

荷車に乗っていた。鉄道は、この道を挟んで反対側のわずか数フィートの所を走っており、みんな汽車が通ると必ず運転手や車掌や乗客に手を振っていた。私たちには彼らが遠い惑星から来た人たちのように思えた。

いつも外ばかり眺めていたというわけではないが、知り合いの者が近くを通っていないかどうか、家の中の誰かがちゃんとかぎつけており、地元の住民のことや乗っている車のことなど知り尽くしていた。どんなに遠くでも車やピックアップ・トラック（無蓋の小型トラック）の仕様を見分けられたし、エンジンやガタガタ音を聞いただけで、その地元の車一台一台が誰のものであるか、ほとんど当てることができた。当時と現代の違いの一つとして、当時は人々の往来を目にする人が、庭や店や近くの畑など、いつもどこかにいたということがある。お年寄りや体調をくずしている人だけでなく元気な人でも、雨の日や日曜日には家の前のポーチに腰をかけていることが多かった。だれかの家の前を通りすぎて、ポーチに人気《ひとけ》がなく手を振ったり挨拶も交わせない時は、なにやら落ち着かないものだった。

ほとんどの農家に電話はなかったが、わが家には一台あった。電話番号は23で、呼び出し音は二回であった。これは共同電話で、ベーコン家には一回、ワトソン家には三回の呼び出し音が鳴った（つまり、どの電話でも、他にたいていは二人の聞き手がいるということになるのである）。

プレインズには、町のことならなんでもござれといったオペレーターがいた。ローイ・ブラネンさんに電話したとしよう。オペレーターのミス・グラディスは答えて、「ブラネンさんは今朝九時半頃アメリカスにでかけましたが、昼食前には戻る予定です。たぶん牛舎に立ち寄るでしょうから、そこでつかまえられるかどうか、やってみましょう」といった具合だ。みんなは、誰が病気になったなど最新のニュースを山のように持っていた。ほとんどの電話に聞き手が三人いたおかげかもしれない。

どうして私たちはこれほどこの土地に魅かれていたのだろう。よく不思議に思ったものだが、これは南北戦争《シヴィル・ウォー》に大いに関係があるのかも知れない。

われわれ南部諸州では「ウォー・ビトウィーン・ザ・ステイツ」(州間の戦争という意味)とも呼んでいた戦争である。私が生まれたのは、南北戦争が終わって既に半世紀以上も経った時のことであるが、戦争はまだ暮しの中で生きていた。われわれが戦争で負けたということが頭から離れないのだ。私の一族も同様であった。一方、近所の人々はほとんどが黒人で、彼らの祖父母は同じ戦争で解放されていた。こうした環境で私は育ったのである。日常生活では切り離すことのできないこの二つの人種は、社会習慣や聖書の誤った解釈、アメリカ合衆国最高裁判所より規定された不動の法律によって分離されていた。

南部の白人が自分たちの伝統や生活をいつくしみ、大切に堅持しようとするのは当然のことでもあった。その理由の一つとしてあげられるのは、地元の多くの家族同士が親密で、その関係が戦争の百年前にもさかのぼるからだ。われわれの祖先はスコットランドやアイルランドなど英国諸島からジョージアにたどり着いた者もあれば、ヴァージニア州や南北キャロライナ州から南や西に移ってきた者もいた。われわれを負かした北部の者たちへの憎しみがずっと尾を引いており、その感情で互いに結びついていたところもあるが、それだけではない。血縁でも強く結ばれていたのだ。私の祖父母の家に行くと、よく話題にのぼったのが、南部の再建時代に〈いまいましい《ダーム》ヤンキーども《ヤンキーズ》〉が南部に対していかにひどいことをしたかという話だった。

ジョージア州の年長者の多くは、今でも親の怒りや戸惑いを鮮やかに記憶している。私利を求めて南部に群がる北部人や、それと同盟を組んだスカラワッグと呼ばれる南部白人の支配のもとで生きていかざるを得なかった親たちのことだ。

北の支配者がようやくジョージア州の政治経済から手を引いたのは一八七六年、ゴーディー家（ジミー・カーターの母の実家）の祖父が十三歳の時であった。それは南北戦争が終わって十一年後のことである。母の実家でエイブラハム・リンカーンを公然と支持していたのは、母ただ一人だけであった。私は奴隷制度という言葉が人々の口にのぼるのを聞いたことがない。ただあるのは、連邦政府が州の自治権を不当に侵害したり、市民の個人生活にも不当に介入しているとの不満だけである。南部再建時代の真の悲劇は、それまで奴隷扱いにされてきた人々に対し、社会の中で正当な扱いを確立し得なかったことであるが、そのようなことは当時考えもしないことであった。ともあれ、北部に対する激しい憎悪はほとんどが年長者の親戚に限られたものになっていた。彼らは、単なる過去よりも未来、或いは少なくとも現在に目を向けようとしているわれわれ若い世代の希望を理解することはできなかったのである。

ジョージア州は奴隷制度を激しく否定し、一七三三年に英国の植民地としてのスタートを切った。しかしこの理想は、二十年後、大西洋岸沿いの大地主の影響力に屈することとなる。彼らは、隣の南北両キャロライナ州が、アフリカより「輸入した」奴隷の労働力により米や生糸、インディゴ（染料）、綿花の生産を通して富を築き始めたのを目の当たりにしていたのだ。奴隷制度が合法化されて二、三十年もすると、プランテーション農家の全財産の三分の二を奴隷が占めるようになり、その残りの半分が、彼らが耕した土地から上がってくるものであった。

私の父の曾祖父であるワイリー・カーターがそのいい例だ。彼は一八六四年、戦争の最中に亡くなったが、遺言により十二人の子供たちそれぞれに四十三人の奴隷と二、二一二エーカー（一エーカーは約〇・四ヘクタール）の土地及び他の財産と現金二万二千ドルずつを残した。奴隷が間もなく自由になり、南部連合の紙幣が何の価値も持たなくなるとは、その当時彼もその相続人たちも思いもしないことだった。結局子供たちは小さな農地を引継ぐにとどまり、彼らのみならず後々の子孫まで、土地だけが真に変わらぬ価値を持つものだと心底信ずるようになった。

南北戦争のもう一つの「遺産」は、白人が、解放された奴隷のことを、社会的に平等であり法的に権利を保障された存在であると認めようとしなかったことだ。南部側に従っていた白人指導者たちは巧みに法から距離をおこうとしていた。北部の支配に終止符が打たれたあかつきには、自分たちが政権を掌握し、ありとあらゆる手段に訴えることは当然だと考えていた。まもなく選挙は民主党予備選挙のみで決定されるようになり、黒人は巧妙に除外されていった。農村の優勢を保つため、選挙結果は個人票の合計ではなく（大小に関係なく）郡が一単位として集計された。南北戦争終結から百年以上の間、一九六二年に私が初めて公職を目指して立候補した時ですら、ジョージア州のいくつかの小さな郡では、一票がアトランタ市の百票分に相当するといった状態だったのだ。

大恐慌が社会的荒廃を引き起こし、その責任の追求が行われる中、北部人や連邦政府に対してくすぶり続けていた憎悪に再び火がついたのが私の子供時代であった。しかしながら、人種差別に基づく社会構造は実質的に何ら変わることなく、黒人も白人も同じ貧困の中で、互いをパートナーとして受け入れているかのようにみえた。というわけで、南部白人の歴史にはネガティブな面とポジティブな面があったといえる。白人の家族は一般的に堅く結ばれており、黒人とも打ち解けて接する関係にあった。また土地に深く根づいており、現金に関しては大変なしまり屋でもあった。一九三〇年代の厳しい時代、どんどん貨幣価値が下がっていくのを目の当たりにしていたからだ。

人種差別が法的にも社会的にも認められていたにもかかわらず、黒人と白人の個人的な関係は、ある意味では今日とはずいぶん異なったものであった。少なくともわが家の農場での毎日のさまざまな生活の営みの中では、双方が切っても切れない関係にあったからだ。だが同時に、私の少年時代や青年時代には、政治や社会における白人支配は当然の事実《こと》として容認されていた。しかも私の知る限り、進歩的な白人や黒人の反対者ですら、それを批判したり議論することは全くなかった。評判の悪いならず者の白人が人種的優位を確認するため、白人社会に訴え、争いの中で自分たちを有利に導くといったケースがいくつかあったのを記憶しているが、そうする必要があったということ自体が既に彼らの社会的地位の低さを示していた。

怠け者や不正直者または人に不快感を与えるような人間にとって、人種差別にもとづくいかなる悪口雑言よりも、「白人のクズ」と呼ばれることの方がはるかに大きい屈辱であった。

事実、私の知り合いの人々は、最終的には人格や業績で人を判断しており、人種で判断することはなかった。

黒人が苛酷で不公平な障害を乗り越えていかねばならなかったのは疑う余地もない。しかし、正直で勤勉でつましい生活を送る黒人には、厳然たる社会的差別があったにもかかわらず、少なくとも経済的に成功を収め、広く尊敬を集める機会は与えられていた。これは事実である。白人の家を訪問する時は裏口からであったし、汽車に乗れば別々の車両、アメリカスの映画館や郡裁判所では二階に座り、学校も教会も別々といった具合であったにもかかわらずである。選挙権はなく、陪審員になったり、政治活動に参加することも禁じられていた。黒人の代弁者が地元の教育委員会や町議会その他様々な手段を通して司法に訴えることはできたが、最終決定に参加することはゆるされず、白人の有力者との争いでは、ほとんどの場合訴えそのものが無視されていた。

アーチェリーを含めたプレインズ地区の白人の子供たちは全員一学年から十一学年までプレインズ・ハイスクールに通っていた。われわれの住む郡の黒人の子供たちは、十を越える教会や個人の家で授業を受け、全学年が一つの部屋に押し込められているということもまれではなかった。たいていの場合、椅子のサイズはバラバラ、黒板は一つ、教科書は白人が使わなくなったボロボロのものであった。郡の教育委員会は、白人子弟に対しては出席を義務として厳しくのぞんだが、黒人に対しては全くもっていい加減であった。初等レベル以上の教育は黒人にとってはたいして重要でないと考えていたからだ。こうして二つの人種は分離されていたのだが、これはアメリカ合衆国最高裁の〈分離するが平等〉という法令（一八九六年、人種差別を合法化するために施行された）にかなったものと見なされていた。

アーチェリーで、最高の社会的地位と経済的地位を享受していたのは（地元の人たちによれば）一人の黒人であった。彼はアフリカ・メソジスト・聖公会教会の主教《ビショップ》ウィリアム・デッカー・ジョンソンであった。彼の聖職者としての責任範囲は主に五つの中西部の州にまたがっていた。彼の本拠地は、聖《セント》マーク・アフリカ・メソジスト聖公会（AME）教会から鉄道をはさんで反対側の所にあり、私立学校と保険会社と出版社を合わせたような仕事内容であった。ジョンソン主教が家にいるかどうかはプレインズ地区の全住民が知っていた。彼は一年に一度くらい、わが家とワットソン家の人々を聖《セント》マーク・アフリカ・メソジスト聖公会教会の礼拝へ招待してくれた。主教に敬意を表して、スペルマン大学やアトランタの黒人団体からやってきた聖歌隊が歌い、主教が説教をするということがよくあった。

アーチェリーには、聖《セント》マークAME教会と、いまだに人が住んでいる小作人小屋に加えて、もう一つ歴史的な記念碑がある。これは現在アーチェリーで最も重要な記念碑であり、傑出した市民の重要な出来事や生涯を記念してジョージア州に建てられているいくつかの歴史的記念碑の一つにもなっている。これには、有名なウィリアム・デッカー・ジョンソンの功績が二百語ほどの言葉で称えられている。（同時に一言、この碑には「第三十九代アメリカ合衆国大統領が彼の近くに住んでいた」と記されている）。

子供時代、私はプレインズ・バプテスト教会のどちらかといえば静かな、時間的にもきちっと決められた礼拝に慣れていた。そのため聖《セント》マーク教会の訪問は私にとって不思議な体験であった。小さな白い下見板造りの建物はいつも礼拝者であふれ返っており、初めて聞く音楽や熱気で割れんばかりであった。賛美歌の歌詞はほとんど知っていたが、奇妙なスローテンポのリズムについていくのには苦労した。音節がのびて単語になったり、単語が歌全体にのびていくこともたびたびであった。それでもいつのまにか、われわれも祭壇の後ろに立つ美しく着飾った聖歌隊の揺れるような動きに合わせて、前後に体を動かしているのであった。

ジョンソン主教が説教をするときは、彼の性格まで変わるようであった。教育も充分受けており、英語の達人でもあったが、重要な点を強調するときは、読み書きがおぼつかない物納小作人《シェアクロッパー》

ウィリアム・デッカー・ジョンソン主教

の言葉遣いに切り変えていた。声は時々あまりにも小さくなるため、聴衆は前かがみで聞こうとする、すると突然びっくりするほどの大声に変わるのであった。よく彼は聖書を引用する時でも歌のようなリズムで話し、それによって、聞き慣れた言葉が異なった意味を持つようになっていた。明らかに彼は教会員全員の心をつかんでいた。少なくとも説教の間は、キリストの下《もと》において互いに兄弟・姉妹であるという思いによって、人種の違いに対するわだかまりは吹き飛んでいたのである。私にとって、まさに彼は成功と権力を象徴しているように思われた。

いつ終わるともしれない礼拝の途中、皆の気持ちが最高潮に達したときに説教壇前のテーブルに献金入れの皿が置かれる。みんな列をなしてその前を通る。すると教会の事務長が一人一人の献金額を声高々に公表するのだ。父はいつも多額の献金をしたので、皆割れんばかりの拍手とアーメンで父を称えた。

ジョンソン主教はもちろん当時の人種差別上の習慣は充分心得ていたが、そのすべてに従うことが正しいとは考えていなかった。たとえば、父に話があってわが家を訪れるときは、正面玄関には来ない。しかし裏の勝手口の方にも来ないということが暗黙の了解となっていた。使いをよこしてわれわれが家にいるのを確認したあと、運転手付きの黒塗りパッカードかキャデラックで到着。前庭に止めてクラクションを鳴らす。すると父は外に出て車の所まで行く。ジョンソン主教は車の中にいて父と話すか、外に出て、大きなモクレンの木陰で父と二人立ったまま話すかのどちらかだった。家の近くまでジョンソン主教が来たという記憶はない。いつも二人がしゃべったり、笑ったりしているのが見えていた。父はそのあと、「主教《ビショップ》ジョンソンとは仕事のことや農場のことで意見交換をちょっとやってただけさ」と言うのが常であった。

ジョンソン主教の子供たちは父親同様、大変な成功を収めていた。娘のファニー・ヒルはオクラホマ州に住んでおり、夫は州の最初の黒人議員であった。(二人とも私が大統領選に出馬したとき、強力な支持者となってくれた)。息子の一人アルヴァンは、母の大切な友人で、アイヴィーリーグ(米国北東部にある名門大学の一群)の一つに通っていた。確かハーヴァードだったと思う。いずれにしても、故郷に帰ったときは、いつも母を訪ねてくれた。若く、より自由な世代に属するアルヴァンは、わが家の正面玄関まで来た。母はそこで彼を出迎えて、正面のポーチや居間の中まで招き入れた。父としてはこうした南部のエチケット違反を認めるわけにはいかなかったので、このような出来事は丸ごと無視していた。私の知る限り、そのことで父が母にあえて反対することはなかった。

大人になると人種差別の障害を乗り越えることのむずかしさを理解できるようになるが、それ以前から、私はジョンソン主教をたぐいまれな人生の成功者として崇《あが》めていた。彼は小さな田舎の出身ながら高い目標をかかげて良い教育を受け、自ら選んだ職業の最高位に登りつめた。もう一つ私にとって大切に思えたのは、彼がアーチェリーという土地やそこの人々と密接なつながりを保ち続けたということだ。私は今でも時たま彼のどちらかといえば質素な墓を訪ね、子供時代彼によって心に刻まれた深い思いが、どれほど私自身の夢をかき立ててくれたかについて思いを巡らすことがある。

当時世の中で認められていた一八九六年のアメリカ合衆国最高裁による〈分離するが平等〉の原則は悪用されることが多かったが、ほとんどの人はそれを見て見ぬふりをしていた。私が故郷を離れて二十年近く経った一九五〇年代の半ばから、ようやくアトランタの新聞や公民権運動のリーダーたちがこうした差別的慣習を批判し始めたが、南部の著名な弁護士や人々の敬意を集める宗教界の指導者たちの多くは、それは合衆国憲法や全能の神によって認められていると正当化した。

初期のニューディール政策において〈農業救済〉の努力が払われたにもかかわらず、大恐慌時代の南部には挫折感や絶望感が漂っていた。綿花の売れ行きは、一ポンド八セントという政府の援助価格にもかかわらず、思わしくなかった。ヨーロッパに戦争勃発の気配が渦巻くなか、われわれの最も重要な収入源である綿花の輸出市場は減退し、南部の倉庫には少なくとも一年分の持ち越し量が貯蔵されたままであった。更に、綿花の生産地が西部の州に移りつつあった。綿の実を食いつぶすメキシコワタノミゾウムシの害が少なく、機械化や灌漑が進み、生産効率が高かったからだ。

私の子供時代には、重点が綿花からピーナッツ栽培へと急速に移っていった。ピーナッツこそ私の人生に最大の影響を与えた作物である。子供時代も、後年、妻や家族と共に故郷に帰ったときも。初めは、現金収入のため塩ピーナッツやキャンディーバーに入れる小さなスペイン原産のピーナッツを主に扱っていたが、農場の豚の飼料用に使う生産性の高い蔓《つる》性のピーナッツも作っていた。その後双方のピーナッツの需要が高まってきた。ピーナッツの全生産量の三分の一が、都会の消費者に人気のあるピーナッツバターに使われるようになったからだ。これは、ジョージ・ワシントン・カーヴァーの革新的な研究のおかげだ。彼は、黒人の農学者で、アラバマ州のタスキーギ研究所で教鞭をとり、一九三五年アメリカの農務省に入り活躍した人物だ。

われわれの農場はいつも問題をかかえていた。というのは、根本的に改善不可能な状況があったからだ。南北戦争の時から私が大人になるまで、南部では限られた農地であまりにも多くの人々が生計を立てようと必死になっていた。当時貧困が極限状態だったにもかかわらず、南部の農業人口は一九三〇年から一九三五年の間に百三十万人の増加を見た。工場での仕事を失い、都会の家を捨てた人々が絶望的な思いでたどり着く所が、われわれの農村地帯だったのだ。私の知りあいの農家は、手持ちの農地を更に小さな土地に分ける必要に迫られていた。その結果、当時の平均三十五エーカー位の土地に夫婦と子供がギリギリの生活をしていた。（これに比べ、カンザス州の穀物農場は、進歩した機械のおかげで四倍の広さを誇っていた）。

　南部一帯、特にジョージア州南西部の地主は、極貧にあえぐ農民に頼る傾向がますます強くなっていった。彼らの持ち物といえば衣類といくばくかの調理器具。空いている小屋があればどのようなものでもよかった。そしていかなる待遇にも甘んじ、〈損益共同負担〉という条件の仕事や、日雇い労働の口を必死で探していた。一九三五年には、南部の農場労働者の半分以上が土地を持たない農民で占められていた。私は成長するにつれて、農民が物納小作人《シェアクロッパー》として働くためにわずかな土地を求めて奪い合うこの自殺的行為が、いかに一人一人にひどい結果をもたらすことになるのかということを、理解するようになっていった。

　そのころの南部を旅した外国人記者は、南部の黒人や白人の小作人のように極貧とわずかな基本的権利に甘んじている者は、農奴制の帝政ロシアやヨーロッパにさえいなかったと報告している。この最低の生活条件は、彼ら自身に変えられることではなく、アメリカの経済力や政治力でもってしても改善することはできなかった。

北部の新聞では、工業の発展が高らかにうたわれていた。しかし農業技術の方は植民地時代からたいして変わっていなかった。一九四二年にもなって「フォーチューン」誌は、あるジョージア州の優秀な農場経営者を表彰した。その農業の手法が〈革命的〉というのだ。トラクターもなく、五人の黒人の物納小作人、二人の黒人の日雇い労働者と十五頭のラバで六百エーカーを耕し、一家で年間千五百ドルの実収入をあげていたという。生産品種を多様化したことと家族用に年間五百ドル相当の食糧を生産したことが最大の成果として評価されていた。父はそれより大きな成果を上げていたが、私の家ともいうべき父の農場では、一九四一年私が大学入学のため故郷を離れた時点でさえ、機械化はされず肉体労働に頼っており、基本的な農業技術は植民地時代から変わっていなかった。ある人がこれを評して、二十世紀を三十年も過ぎたというのに、イエスやモーゼが深南部《ディープサウス》地方の農場に来れば、わが家に帰ったようにほっとするに違いないと述べていた。

子供の目から見ても、父の農業のやり方と他の人々のやり方には大きな違いがあることが分かった。私が共に暮らし仕事をしていた物納小作人達との違いは特に大きかった。農場経営を多角化した方が良いことは理論上は誰にも分かってはいたが、その可能性は農家の収入に比例していた。まず農業を多角化するには余分な金が必要だったのだ。父には新しいアイデアを試してみるだけのゆとりがあった。優秀な乳牛を買い、豚や牛を飼育し、その飼料も生産できた。そして家族の消費用に生産していた非換金作物に必要な労賃や種、それに機械の費用もまかなうことができた。これによってひき割トウモロコシや小麦粉、シロップ、豚肉その他日用品も、小売価格で買うよりもはるかに安くついたのだ。しかしながら、われわれよりも経済的に困窮し、人に頼らざるを得ない物納小作人《シェアクロッパー》たちには、こうした選り好みをする余裕はほとんどなかった。地主が店や売店を経営し、こうした品物をことあるごとに売りつけようとしている場合は、なおさらのことであった。値段は不当につり上げられ、掛け売り勘定もべらぼうなものであることは珍しくなかった。

当時の生活レベルを一番よく表わすものは、農家の収入であるかもしれない。綿花が一ポンドで十セント、ピーナッツが三セントといった平均以下の売り値の状況では、どんな収入が期待できようか。生産者としては植え付けのときいつもかなりの高い値を期待するのだが、綿花一梱包《ベイル》（五十ドル）或いはピーナッツ一トン（六十ドル）を生産するのに約三エーカーもの土地を要していた。二エーカーでこの量を収穫した豊作の年は父も上機嫌であった。

小作人は貧困から逃れることはできなかった。馬一頭を所有し、綿花栽培に十五エーカーの土地のある農家では、高い収穫量がある時ですら一年の総収入は三百ドルから四百ドル。そこから地主に土地使用料とラバや農機具の借用料を払うと、手許に残るのはうまくいってその半分。これが自分と妻と子供を養うための、一年の労働の報酬なのだ。整地から収穫までの八ヶ月から九ヶ月間の生活のために、地主に百ドルから二百ドルを借金し、返済時には、これにさらに利息が加わる。そのためやせた土地にある農家ほど生活は苦しく、常に借金漬けで経済的余裕など夢のまた夢だった。日雇い労働者も利益を手にするなど不可能に近かったが、週払いの賃金があるので、少なくとも食料や衣類を買うことはできたし、借金返済や利息をまぬがれることはできた。

私は土地を所有している小規模農家の人たちを大勢知っていた。もちろんほとんどが白人で、その子供たちはわれわれの教会に来ていて、私の学校でのクラスメートでもあった。黒人の日雇い労働者と同じくらい貧しかったが、できる限り良い家に住み、衣類は店で買ったものを身につけ、子供たちにはより上の教育を受けさせるというのが彼らの理想となっていた。四十エーカーほどを耕す小地主は、同規模の農地を耕作する小作人とほぼ同じ収入を得ていた。しかし税金を払い、家畜や種、肥料その他必需品のコスト全額を自分で負担するとなれば、家賃を払う必要のない小地主のメリットなど消えてしまっていた。充分な土地を所有し、自分の作物も生産し、二、三人の物納小作人《シェアクロッパー》を養っている農家でさえ収益はごくわずかなものであった。収穫時点での価格下落というリスクを百パーセント背負わねばならなかったし、小作人に借金の不払いがあれば、そのまま自分の損失となったからだ。

わずかな例外を除いて、われわれの地域では皆が同じ経済の船に乗っていたのだ。天候が良く加えて綿花の値段が高いときは、皆のふところが豊かになった。当然のことながら地元の商売人も豊作を歓迎した。長年たまったツケを払ってもらえるし、新品の靴や作業着、ひょっとしたらミシンまで、いつもは火の車の客に売りつけるまたとないチャンスになるからだ。しかしそんな年は滅多にあるものではなかった。

私はプレインズ生まれで、実は将来わが妻となるロザリンも赤ん坊の頃隣に住んでいたのだが、はっきりと記憶にある最初の思い出は四歳の時で、父が農場の新しいわが家を見に連れて行ってくれたときのことだ。

その時、二歳年下の妹グローリアも一緒に四人で行ったのだが、着いてみると正面玄関の入口に鍵がかかっていた。その時父が鍵を忘れてきたことに気づいた。ポーチに面した窓の一つを開けようとしたが、内側に木の棒が取りつけてあり、上がっても十五センチくらいしか窓は開かなかった。そこで父は私をその隙間から押し込み、私は内側から回ってドアを開けたというわけだ。これこそ私が役に立つと認められた最初の事件で、父がほめてくれたことが心の中で鮮やかな記憶として残っている。

わが家はまさに当時の中流地主が住む典型的なタイプの家であった。舗装していない道から十五メートルほど入ったところにあり、正方形で、ほこりの色に合わせて褐色のペンキが塗られ、大きなポーチが正面にあり、屋根はこけら板で葺《ふ》いてあった。部屋はいわゆる〈ショットガン〉スタイルで一列に並んでおり、廊下が家の中心を通り抜け、その左側には居間、食堂と台所、右

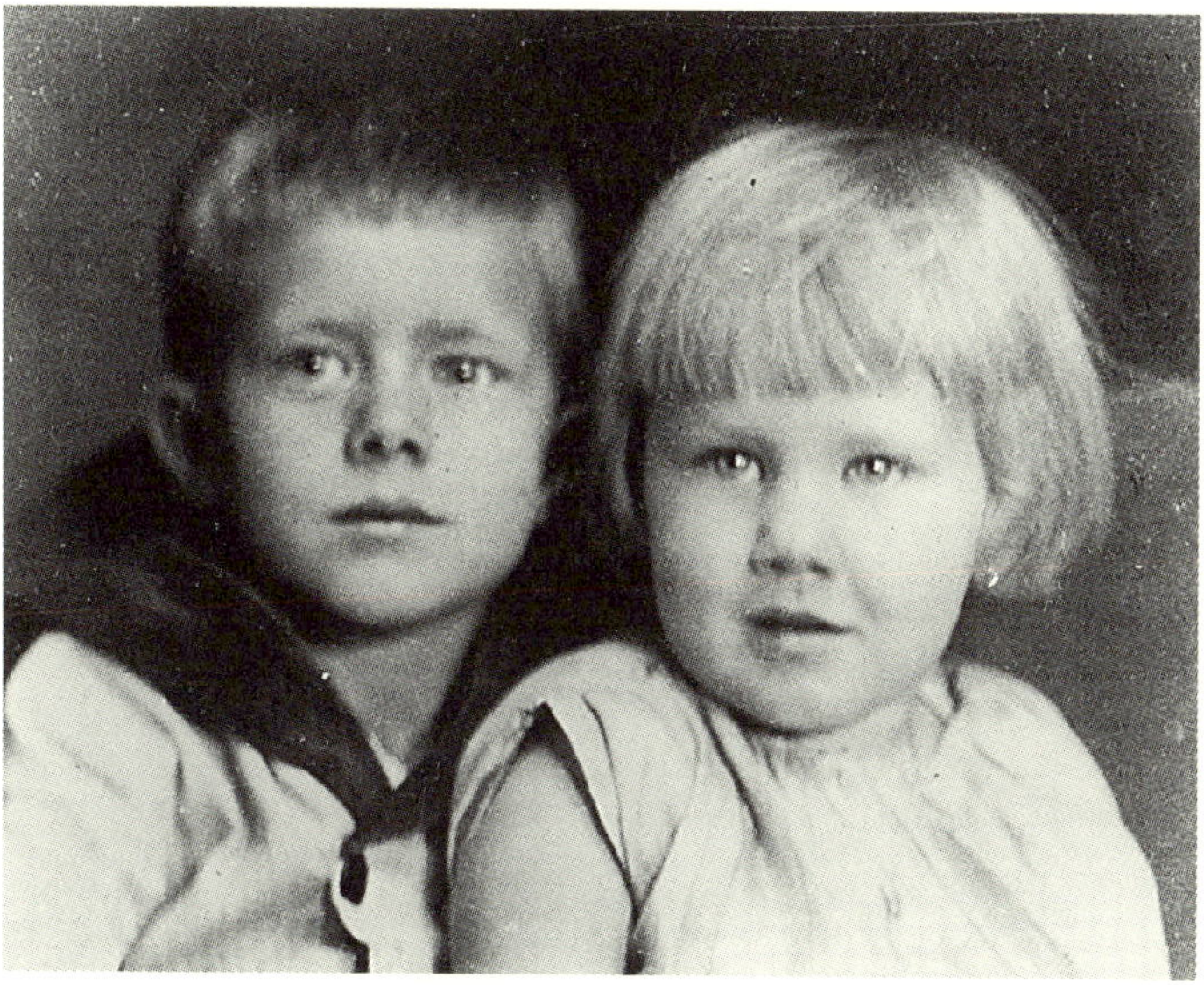

グローリアと私

私の少年時代の家

側には三つの寝室と分けられていた。家の裏側には網を張りめぐらしたポーチがあり、そこで作業をしたり、井戸から汲んだ水やにわとり用のトウモロコシなどをストックしていた。余分な薪を濡れないようにしまっておく場所もあった。一年のうち九ヶ月ほどが温暖な気候であったが、その間家族が集まるのは正面のポーチであった。天井からはブランコが下げられており、ロッキングチェアもいくつか出してあった。ポーチの床はわずかばかり傾斜していたが、父は昼食のあと、午後の仕事に戻る前、よくここで一眠りしていたものだ。まだ幼く、畑に出ても手伝いにもならない頃、私は父の横に寝そべるのが大好きだった。

そうした時代のことを今ではとても懐かしく思い出している。庭の井戸から水を汲み、台所と後ろのポーチに余分の水をバケツに汲んでおくことが年間を通しての私の日課であった。それに加えて、台所のかまどと暖炉用の薪作りも欠かせなかった。どの寝室にもおまる《スロップジャー》があり、毎朝裏口から二十メートルほど行った所にある野外トイレに運んで空にするのであった。この小さなトイレ小屋には大人用の大きな穴、子供用には低く小さな穴がしつらえてあった。用が済んだ後は古い新聞紙やシアーズ・ローバックのカタログを破いて拭いていたものだ。農場の他の家庭に行って見たものと比較して、これははるかに優れた「設備」であった。みな茂みの後ろにしゃがんでトウモロコシや木の葉で拭いていたのだから。

一九三五年、父が高い位置に木製のタンクが付いた風車を通信販売で購入し、組み建てた。そのパイプを通して台所に水道がつながり、トイレ付きのバスルームも可能となった。わが家にとって大きな出来事であった。大きな缶の底に釘で穴を開け、簡易シャワーさえ作った。風車ができてもう一つ良かった点は、羽根の近くまで高く登ると、近くの畑を見渡すことができたことだ。

わが家のまわりは白砂の庭でぐるりと囲まれていた。鳥や動物の糞やペカン（米国南部及びメキシコ産のクルミ科の高木）、モクレン、クワ、センダンの木の葉を取り除くために、しょっちゅう掃いていなければならなかった。使用していたほうきはハナミズキの小さな若木や枝でできており、丈夫で長持ちするすぐれものであった。年に数回、二頭立てラバ車で五キロの道のりを立て坑まで行き、新しい砂を積んで帰った。それを庭にまくと、真っ白な庭が復活するのだ。家の後ろには畑の柵に囲まれて、小さなガレージ（車用に使われたことは一度もなかった）と燻製作りの小屋、にわとり小屋それに大きな薪の山があった。

あかりは灯油ランプでまかなっていた。だれもいない部屋でランプをつけたままにしておくなどもってのほか、罪悪と見なされるほどであった。前面の居間だけは例外で、一・五メートルほどの高さのアラジンランプがあった。それはアスベストの芯のおかげで、広い場所でも読書ができるほど明るかったのである。これは奇跡のようなことであった。食事で部屋を離れる時は、この炎をぐっと下げた。燃料を節約するためと、燃え上がった炎でススが細い芯にベトッとつくのをふせぐためでもあった。もしベトッとつこうものなら、ススが燃え尽きて再び読める明るさになるまで、暗闇の中でじっと忍耐強く炎の調整に神経を使わねばならなかった。誰がやったか、その「犯人」は必ずあばかれるのであった。

私の両親の間で大きく違っていた点の一つに、読書の習慣があった。父の読書はほとんど日刊紙や週刊紙、農業関係の雑誌に限られていたが、ちょっとした蔵書も持っており、それをまだ私は手元に置いている。その中には、ハリバートンの『ロイヤル・ロード・トゥ・ロマンス』やA・コナン・ドイルのシャーロック・ホームズ・シリーズ、それにエドガー・ライス・バローズのターザンシリーズの全集が含まれていた。その一冊一冊に父は丹念に署名し、正しい順番を示すための番号をつけていた。父とは対照的に、母は常に何かを読んでいる人で、私たち子供にも同じことをするようしつけていた。忙しい毎日だったので、母と私は食事中雑誌や本を読んでいた。これは私のみならず後の私自身の家族にとって生涯の習慣となってしまった。唯一つ例外があった。それは日曜日の昼食《ディナー》の時で、なぜか堅苦しい雰囲気があって、食卓で読書などする気にならなかったのだ。しかし夕食時になると、そのような遠慮はなくなっていた。

一九三〇年代後半、農村の電化計画が実施されるまで、田舎には電灯のある家はなかったと思う。わが家には玄関を入ってすぐの居間に大きな蓄電池式ラジオがあったが、たまにしか使わなかった。使うとしても夜だけ。ラジオの周りに皆座って、ラジオを見ながら「エイモスとアンディー」や「フィバー・マギーとモリー」、「ジャック・ベニー」、「みなしごアニー」などの番組に耳を傾けていたものである。電池がなくなると、時にはバッテリーをピックアップ・トラックから持ち込んで、特別イベントのためにラジオを続行させることもあった。電報で送られるレポートに従って、アナウンサーが野球の試合を中継したためずらしいものも記憶している。他にボクシングの試合や、一九三六年アルフレッド・ランドンが大統領選で共和党候補に選出されたあの深夜のことも思い出す。選挙が長引き、わが家のバッテリーが底をついたので、ラジオを外に持ち出し、トラックのボンネットの上に置いて、党大会が候補選出にこぎつけるまでラジオを聴いたのであった。時計は優に深夜を回っていた。

一番思い出に残っているラジオ放送は一九三八年のことである。重量級のボクサー、ジョー・ルイスとマックス・シュメリングのリターンマッチがある夜だった。二年前このドイツ人チャンピオンのシュメリングが黒人のアメリカ人ルイスを負かしていた。そして世界がこのリターンマッチにくぎづけになっていたのだ。地元の人間にとって、この試合は人種的な意味合いが色濃く、白人専用のわが校では、ほぼ全員がアメリカ人ではなくヨーロッパ人の方を応援していた。

隣に住む黒人の代表が、放送を聴かせてもらえないかと父に頼み込んできた。そこでラジオを窓に置いて、庭に集まった人たちにも聴けるようにした。試合は第一ラウンドで突如として終わった。ルイスがシュメリングを殺さんばかりであった。その時外からは何の音も聞えなかった。家の中からも。ただ小さな声で「アール様、ありがてーござんした」と一言聞えただけであった。集まっていた黒人は庭から静かに立ち去り、道路や線路を横切り、自分たちの家に戻り、ドアを閉めた。とその途端、こらえていた歓喜の渦が一気に爆発、てんやわんやの大騒ぎとなった。祝祭はえんえんと夜を徹して行われた。父は口を固くへの字に閉じたままであった。このようにして、差別社会のおきてが完璧に守られたのである。

夏の暑さはあまり記憶にないが、冬の厳しい寒さは鮮明に覚えている。最も泣かされた仕事といえば、朝起きて、冷えきった家の中のどこかにひとまず火をおこすことであった。「ライタード」と呼んでいた焚きつけ用の松を充分ストックしていたので、これで火をおこし、長持ちするヒッコリーや樫の薪に焚きつけていた。しかし、石炭が灰の中のどこかでくすぶっていないか、そうすればもっと早く火がおこせるのにといつも期待していた。居間に暖炉はあったが、午後遅く、家族が集まるときにしかつけることはなかった。しかし、両親の寝室では夜明けに火をおこしていたので（後には薪使用のヒーターになった）、子供たちは朝になるとぶるぶる震えながら親の寝室に駆け込み、そこで衣服を着たものだ。私は北東の角部屋をあてがわれていたが、全く火の気のないところであった。しかしパジャマを着て寝るなど考えてもみなかった。寒い日に父や私は綿シャツやズボンの下にＢＶＤ（商標。男性用の下着）を着ていたし、寝るときもＢＶＤだけになっていた。パジャマがあればはるかに暖かかったに違いない。

われわれ家族が食べるものは、ほとんどがうちの牧場や畑や庭でとれたものであった。母は料理が好きな方ではなかったが、基本的な料理であれば結構いけるものもあった。父はバターケーキやめずらしいワッフルや魚のフライなど特別なメニューを得意とした。

豚を屠《ほふ》る季節になると、父は肉の塩漬けを作った。これは、頭や足その他いろいろな部位の肉を混ぜ合わせたもので、ゆでてこってりと柔らかく練り状にした肉にたっぷりとスパイスをきかせ、パン型に入れて固め、スライスして食べるというものであった。年中、自家製マヨネーズも欠かさず作り、クリスマスにはエッグノッグを作るのも父の役目であった。

母が看護婦をしていた時は、農場に住む女性が料理に来ていた。彼女自身の家庭の料理は質素なものであったが、米やチーズ、ピーナッツバター、マカロニ、缶詰などわが家にあった贅沢品が、彼女の家の食卓に彩りを添えることもあった。わが家では食べ物を無駄にするということは御法度であった。出されたものはすべて食べ、テーブルを離れる前に、食器には何も残さずきれいにしておくことがルールであった。

トウモロコシが私たちの主食だった。粗びきトウモロコシやひき割りトウモロコシ、焼きトウモロコシ、六種類ほどあったコーンブレッドのどれか一つが食卓に必ずのぼっていた。めんどりや若鶏などニワトリはいつも飼っていて、つかまえてしめるのはたいてい私の役目であった。下ごしらえして昼食《ディナー》や夕食用に焼いたりフライにしたり、パイにした。（皆がそろって食卓で食事をするときに「ランチ」という言葉が使われることはなかった）。

日曜日の教会のあとの昼食《ディナー》はきまってチキン料理であった。それにエンドウ豆やじゃがいも、さや豆、ライ豆、オクラ、カブカンランなどありとあらゆる緑の野菜が付け合わせに使われた。皆コラード（米国南部で栽培されるアブラナ科の緑葉野菜）が好物であったが、ほうれん草だけは出されることがなかった。それにマッシュポテトや米のグレービーソース添え、ホットビスケットや季節の果物やさつまいもで作ったパイが食卓を飾った。

豚肉の保存食は一年中切らすことがなかった。それから魚をよく食べていたのが驚きだ。父が地元の二人の男から買い付けていたものだ。彼らはプレインズからメキシコ湾に定期的にトラックで行き、ボラやサバ、海老、牡蠣を持ち帰っていた。鮭の缶詰は品質や大きさにより一缶五セントから十セントで、コロッケにしてケチャップをどさっとかけて食べていた。もう一つ常食していたものに、キットフィッシュがあった。これは干し鯖で、小さな木製の樽に塩詰めされていた。一晩水につけて塩抜きしフライにして、朝食にトウモロコシやホットビスケットと共に食べた。

少年時代を過ごしたわが家の農場は今でも記憶が鮮やかによみがえってくる。家の隣には土のテニスコートがあったが、この地域でテニスコートを持っているのはうちだけだった。父が引っ越しと同時に作ったもので、ほぼ一週間ごとに松の丸太に打ちつけたL字型の金属棒をラバに引かせて、かろうじて平坦に保っていた。その隣には父の売店、後ろには風車、そして囲いつきの広い菜園があった。裏庭から家畜小屋までは、わだち二本分の道が通っていた。私が成長し、一人前の仕事を積極的に引き受けるようになるとともに、この家畜小屋が私の生活の中心を占めるようになった。

この小さな道に沿って、菜園の後ろ手には、鍛冶仕事と大工仕事ができる作業場があった。周りにはありとあらゆる金属スクラップの山がうずたかく積まれ、農場のみんなによれば、ここはガラガラ蛇が子供を産むのに絶好の場所となっていた。ここでわれわれは父の総監督のもと、ラバや馬に蹄鉄を打ち、犂《すき》を研ぎ、機械類を修理し、簡単な鉄の道具を作り、木工をやっていた。父は加熱炉や鉄床《かなとこ》を使って鉄を鍛える仕事が得意で、かなり高度な鍛冶仕事もやってのけた。ここが、父のそばで仕事をさせてもらえるようになった最初の場所の一つだ。私は、炉の送風装置にある手動クランクを素速く回して木炭の火を燃やし、真っ赤になった鉄を火ばしで鉄床の上に置くことができるようになっていた。それを父が金槌で成形し、ジューッという音とともに水やオイルに入れ、鍛えていった。犂の先を鉄床の表面にピタッとくっつけておくには技術を要した。そうしないと金槌でたたいた時激しく曲り、手が痛く、火ばしや真っ赤な鉄が手元から飛んで行くこともあるからだ。農場にはいつも何かしら壊れたものがあったが、溶接のために町まで持って行くことなど滅多になかった。

私は、父だけでなくジャック・クラークからも多くのことを学んだ。ジャックは中年の黒人で、農場では監督者的な立場にあり、ラバや馬の蹄鉄打ちはほとんど彼がやっていた。

作業場の前には大きなシアーズ・ローバック社製の研ぎ石があった。木の腰かけに座ってペダルをこぎ、分厚い円形の石を回した。石の下には半分に割った車のタイヤに水をはったものが置いてあり、石はその中で回っていた。ここでは鍬《くわ》や斧、鎌、ナイフ、ハサミといったものを研いでおり、忙しい場所であった。自分たちでできることに金を使うなどもってのほかというのが父の信条で、蹄鉄の残りものを使って、家族全員のはき古した靴のかかとや底を付け替えていた。成長すると、私は作業場の仕事を全部手伝うようになったが、なかでも木工仕事が何より好きだった。鉈《なた》や鉋《かんな》、ドローナイフ、南京鉋《かんな》で形を作り上げるのが特に気に入っていた。

農場生活の中心にあったもの、そして常に私の探求心をかき立てていたもの、それは、わが家の完璧な対称形をしていた大きな家畜小屋であった。スコットランド系の渡り大工ミスター・バレンタインによって建てられたもので、その基本的デザインは、われわれの農村地帯ではよく見られるものであった。父はその外見や実用性をたいそう気に入っており、おかげで家畜用の大量の飼料を処理する労力が最低限で済んだ。そこにはオート麦やトウモロコシ、ベルベットビーンズ、干し草、まぐさ他、糖蜜、「ショーツ」と呼んでいた糠《ぬか》や綿実のひき割り粉など店で購入した必需品を貯蔵する特別の箱や容器やタンクがあった。羊や山羊や牛は互いに離して、ラバや馬からも離して小屋に入れていた。治療中の動物も他と離して入れていた。豚の方は豚専用の囲いがあり、小屋の中に入れることはなかった。

私が本格的な畑仕事ができるような年齢になるまでは、父は、私がジャック・クラークと過ごすことをすすめていた。それが農場生活について学ぶ最善の道だと信じていたからだ。というのもジャックは自分の知識や想像力をもとに、社会について常に自分なりの考えを豊かに持っていたからだ。

ジャックは色がとても黒く、中背で、剛健な体つきをしていた。びっくりするほど腕が長く、決まって清潔な作業ズボン《オーバーオール》を身につけ、ひざまであるゴムの長靴をはき、麦わら帽子をかぶっていた。父の代弁者であるという立場をふまえて（あるいは少なくともそれを当然のこととして）、他の労働者には何やら荒々しい声で命令や指示を出していた。誰がどの畑を耕すか、どのラバに引き具をつけるかといった事柄についてもめごとがあれば、いつも最終的な仲裁者としての役割を演じていた。ぶつぶつと文句が出ても無視していた。皆が割り当てられた仕事に出たあと、家畜小屋やその周辺にいるのはジャックただ一人であった。小犬のようにあとをつけ、質問を浴びせる私は別だったが。われわれは親しい友だちになったけれども、彼の親しさにはいつもどこかに遠慮があった。たとえば、父はよく私を抱き上げたり、肩車をしてくれたりしたが、こうしたことはジャックには考えられないことであった。もちろん有刺鉄線の柵を乗り越えるため私を持ち上げてくれたり、ラバや馬の背に乗せてくれるときは例外であった。

家畜小屋からは門や柵が張りめぐらされ迷路のようになっていた。家畜を移動させるとき、逃亡の危険をできる限り抑えるためだ。この家畜の移動が私に与えられた初期の仕事の一つであった。たいした技術もいらないし、両開きの門扉の開け閉めさえ出来ればよかったからだ。最初の囲いの並びには搾乳小屋があって、一度に四頭の牛を入れることができた。一日に二回、二交替で搾乳していたジャージー種やガンジー種の乳牛を八～十二頭入れるには充分であった。後になって、A型フレームの豚用分娩小屋を十二作った。これは私が学校の「米国農業教育振興会《FFA》」（米国の公立高校の農業課程に在学中の生徒が加入する国立の団体。一九二八年設立）の授業で習った画期的な設計デザインを持ち帰ったのをきっかけとして作ることにしたもので、父を手伝って完成させた。分娩の時期が近づくと一頭の豚に一つの小屋をあてがった。この設計デザインのおかげで豚を乾いた状態に保つことができ、餌や水やりにも便利にできており、重量級の母豚がうっかり子豚をつぶしてしまう危険性も最小限に食い止めることができた。豚や乳牛用の小屋は絶えず使用中といった状況で、乾季が長期にわたる場合を除いては、泥や肥料で作業靴の上の足首までぬかるみにつかるほどで、素足の方がよっぽどよかった。

家畜小屋のそばには戸のない小さな納屋があり、ポンプが格納されていた。一回ポンプを押すごとに、浅い井戸から約二カップの水が汲み上げられていた。これは小さな二サイクルのガソリンエンジンで動いており、一日に一、二回クランクを回して作動させていた。これによって、家畜小屋や納屋の周りの飼葉おけや水入れに水をためておくことができたのだ。これは農場で唯一のモーターによって動く代物で、みんなから疑いや恐怖の眼差しで見られていた。はたして水が一番必要なときに始動するかどうか、疑いたくなるのももっともなことであった。もしも動かなかったらどうなるか――すべての家畜に手こぎポンプでそれぞれ一、二時間水を与えねばならぬという恐怖が待ちかまえていたからだ。

ポンプの納屋と家畜小屋の間には馬具用の納屋があった。一方が開いた形になっており、一頭立て馬車一台、荷馬車二台、そして農場に必要なありとあらゆる鞍や手綱その他の馬具がしまってあった。家畜小屋のそばにはもう一つ、一メートル強の深さのコンクリート製消毒用水槽があった。防腐剤のクレオソートを含んだ刺激性の強い溶液が入っており、その中を牛や山羊や毛を刈ったばかりの羊を歩かせて、一時的にせよハエやラセンウジバエから守ろうとしていた。

私は、農場経営とは実に素晴らしいシステムだと常日頃感じていた。それはまるで多くの部品の一つ一つが他の総てと関わりあっている巨大な時計のようで、父はその複雑な機械を設計し、所有し、動かし、ジャック・クラークが毎日そのネジを巻き、正確な時間を維持していた。私もいつかこの素晴らしく、複雑な機械を操れる人間になりたいと夢見ていた。

農場の労働者は全員黒人で、五つの小さな下見板造りの家に住んでいた。そのうちの三軒は主要道路に面し、一軒は道路からかなり奥に行ったところにあり、もう一軒は、われわれの家の真前を通っていた線路を越えたところにあった。

これが私が育ったところで、すべては家畜小屋から石を投げて届くほどの近い距離にあったのである。

ジャック・クラークは例外的に月給制で、天候に関係なく週七日間働いていたが、他の労働者は天気や必要性に応じて日雇いとして働き、日給制だった。もっと厳密に言うならば、父とジャックは日雇い労働者の労働量を一日の四分の一の単位で帳簿につけていた。労働量に応じて日当は段階的に増額されることになっており、丸一日とは夜明け前から日没後までとされていた。一日働くと、ラバでの耕作を任せられる場合、成人男子で一ドル、女性で七十五セント、十代の若者で五十セント、子供は二十五セントであった。ただし収穫期は例外で、各人が摘んだ綿花の重さや、畑から引き抜き乾燥用に積み上げたピーナッツの量によって支払われた。日雇い労働者は土曜日が賃金の支払日で、その日に借金を返済したり、父の店でその週購入したもののツケを支払うことにもなっていた。私はいつまでも子供の賃金のままになっていると感じていて、「昇進」を待ち望む毎日であった。

私はジョンソン主教のことを、私の知る人たちの中で最も成功を収め、広く各地に精通していた人として尊敬し、あこがれていたのだが、私自身の人生に一番深く影響を与えたのはジャック・クラークとレイチェル・クラーク夫妻であった。彼らには子供がなかったので、私といるのが楽しかったようだ。ジャックは、わが家の仕事について誰よりもよく知っていた。彼の担当は、家畜小屋、ラバ、馬他すべての家畜、そして農機具や馬具等であった。畑で作業することはほとんどなく、普段はわが家の庭や共同のさつまいも畑を耕していた。仕事日の毎朝、「太陽時間《サン・タイム》」の四時と、そして正午に農場の大きな鐘を鳴らすのもジャックの務めであった。これは時計で正確に計ったような時間ではなく、決まって日の出より一時間前と、太陽が空の一番高い地点に到達する時点となっていた。ジャックは父の直属で働いており、われわれ子供たちにとっては農場の最高権力者のように思えた。またそのように思われ続けることをジャックも大切にしていた。

クラーク夫妻の家は、よく遊びにいったので、自分の家を除けば、私にとって一番身近な場所になっていた。わが家の三分の一くらいの大きさで、農場の他の小作人の家とは基本的に同じつくりであった。ジャックとレイチェルの小さな寝室は、片側がほとんどベッドでいっぱいになっており、トウモロコシの皮やわらを詰めたふとんがかけてあった。角には大きな松の洋服ダンスがあり、衣類や夫妻の持ち物が入れてあった。家の中にクローゼットがなかったため、ほとんど

ジャック・クラークとレイチェル・クラーク（1976年）

レイチェル・クラーク(1935年頃)

の衣類や持ち物は釘にかけられたり、壁沿いの棚に置かれていた。メインルームは寝室よりも大きく、粗削りの長さ一・二メートルほどのテーブルがあり、両側にはベンチが置かれていた。他に背がまっすぐの椅子が二脚あり、暖炉のそばや外のポーチに持っていけるようになっていた。壁際には床に直接粗末なわらのベッドがあり、それは寝室に置かれた幅の狭いマットレスに似たものであった。両親がいないときいつも私が寝ていたのは、まさにここであった。寒い夜などはそれを暖炉のところまで引っぱっていった。明かりとしては、テーブルの上に天井からぶら下がった灯油のカンテラと、家の中を自由に持ち運びできるランプがあった。

たまにレイチェルの母親タマーかタマーの成人した娘バーサ・メイが二、三日遊びにきていたり、農場の労働者たちがクラーク家に出入りしていた。白人の大人たちがいない時の畑や森と同じように、その場は大声でのおしゃべりや議論、微妙なジョークなど、開放感があふれていた。私にはまだ理解できない話もあったが、聞いているだけで楽しかった。わが家の自分の部屋以外では、ここが一番くつろげる場所であった。テーブルでは三、四人でセブンアップというトランプをやっていた。ラミーに似ていたが、一枚一枚が心理作戦で動くゲームだ。それに賭け用のチェッカー盤もあった。これは動きの速いチェッカーで、無冠のコマでも一度に一スペース進むだけでなく、占領されていない対角面まで進むことができた。キングが前にも後ろにも進むことができたのはもちろんである。

家の裏手の納屋が台所になっており、薪ストーブ、薪入れ箱、壁沿いには幅広の棚、そしてバター製造用の撹乳機があった。後ろのドアを開けると小さなポーチに出るようになっており、そこにある主なものといえば、棚の上の洗面台と釘にかかっているタオルくらいのものであった。その真下にはレイチェルの餌床があり、ミミズを養殖しており、汚水やコーヒーのかすその他台所から出た生ごみがあれば何であれ残さず与えていた。家の正面にも端から端まで幅の狭いポーチがついており、その前はすぐ道路となっていた。ポーチの階段に座ったり、中から椅子やベンチを持ち出してくつろいでいた。

タイプは違うがある特別な家族が農場で一番小さな小屋に住んでいた。この家も道路に面し、クラーク夫妻の隣であった。フレッド・ハワードはどちらかといえば若く、もの静かなタイプで、農場では最も信頼の置ける一人であった。人に頼らず、支払いも期日までに済ませ、ギリギリの生活ではあったが、しょっちゅう子供が欲しいと言っていた。妻のリーはレイチェル・クラークの血縁で、目が覚めるほど美しかった。膚の色は薄く、ほっそりとした小柄な体格で、長い絹のようにつやつやした髪を耳元からあげて、アップにしたり長いポニーテールにしていた。それが花柄の帽子の下から見えていた。衣服は柄が印刷された小麦粉や肥料用の袋で出来ていたが、そんなことは全くどうでもよいことで、気にならなかった。リーはいつも何か私に対して内気な感じで、人と話すときはきまって下を向いていた。優雅な物腰で歩いたり仕事をする彼女を見れば、だれも放っておけなかった。なぜか彼女がいると私は落ち着かない気分になった。黒人や白人の男たちが彼女に、自分の美貌でちょっとばかり小銭をかせぎたくなったら喜んで手伝うよなどと遠回しに言っているのを聞くと腹が立った。リーのおばのローザはタッチング・レース（舟型の小さな道具を使うレース編みの一種）編みの名手として広く知られており、彼女の家計の足しにできればと私の母は美しいレースの販売を手伝っていた。

タンプ（これ以外の名前はほかにないと自分で言っていた）は、農場で一番おもしろい男の一人だった。一人で生活しており、ネズミを食べるとのことだったが、ほかの労働者よりもさらに教育レベルは低かった。殊にタンプが何を言っているのか聞き取るのは至難のわざであった。というのは、ジョージア州沿岸のグラーなまりでしゃべっていたからだ。前置詞や形容詞や副詞など「必要なし」と思った言葉は全部除き、自分の言わんとすることを表現するためにトーンやピッチを自由自在に変え、風変わりなリズムでしゃべっていたのだ。農場で最も剛健なる男として尊敬され、ほかの人では全く歯が立たないようなことがあるとタンプにお呼びがかかっていた。なぜか父は風車の下に鉄製のウエイトを置いており、上にアイボルトがついて、「五〇〇ポンド」（二二五キロ）という文字が押してあった。それを持ち上げて歩けるのはタンプただ一人であった。母のきょうだいであるレムおじさんとは特別に親しかったようだ。アンクル・レムは年に一、二シーズン、ピーナッツの収穫とサトウキビの製糖所で父の手伝いをしていた。

ある晩、製糖所を閉めて家に帰る途中、アンクル・レムは言った。

「タンプ、どうもお前さん、おれのように早く仕事に来てないようだが」

それにタンプは答えて言った。

「レム様、それは違いますぜ。みーんな来とるときにゃ、おらも、もう来とります」

アンクル・レム続けて曰く、

「じゃあ、明日の朝、お前より先におれが仕事に来るか、二十五セント賭けようじゃないか」

一日の賃金が一ドルの時代、この賭け金は大きかったが、タンプは動じなかった。

「はい、だんな。賭けますぜ」

私がアンクル・レムに何があっているのか尋ねると、おじは笑って言った。

「タンプは知らねえんだ。おれが今夜アライグマ狩りに行くってことを。製糖所にはまだまだ暗いうちに戻ってくるから、二十五セントはおれのものってことさ」

これは私には不公平に思えたが、何も言わなかった。

翌朝、家畜小屋で農場の鐘がまだ鳴る前、アンクル・レムは製糖所にやってきた。するとタンプが一晩明かしたサトウキビのかすの山からぬっと身を起こして言った。

「そこにおられーのはレム様でないだべか?」

わが家でも小作人の家でも、平日は労働時間が長く、また店で買う灯油の値段も高かったため、週末を除いて、日没後遅くまで起きているというぜいたくはなかなかできなかった。労働者の小屋はすべて粗削りの板でできており、それを作るのは、松の伐採に時折農場に立ち寄っていた移動製材職人であった。下見板が唯一外の暑さや寒さ、雨風を防ぐものであったため、住人は板の内側に古新聞を練り粉で貼りつけていた。寒い季節には木の窓は閉め切ったままになっていたので、ランプや暖炉で小屋の中を明るくせねばならなかった。ドアや窓には網が張ってないため、ハエや虫が自由に出入りしていた。床を封じるのは不可能で、板と板の隙間から下の地面が見えた。簡素な下見板張りの小屋にはこうした構造上の限界はつきものであったが、父は小作人の家の状態には気を配っていた。必要な修理は冬、収穫期と開墾期の間に行われた。こうした作業を通して、私が作業場で学んだ技術も磨かれていくこととなった。

他に建物といえば、わが家からは遠かったが、小川にシロップ製造所があり、納屋が二つあった。納屋は、急な雨の時の人や綿実、肥料などの避難場所となった。

すべての畑にはホッグワイヤーで編んだ柵がめぐらしてあり、高さ九十センチほどで木の杭に打ちつけてあった。柵の一番上には二本の有刺鉄線が張られて、牛やラバ、馬などの大きな家畜の逃亡を防いでいた。ある時父は下が螺旋状になった鉄棒を買ってきて、一時的に柵の支柱として使っていた。柵の角はしっかりと補強され、門扉は同じ高さですぐ開き、子供が乗っても問題ない頑丈な作りであった。

父はよく言っていた。小作人の家や柵の様子を見れば、その地主が何を誇りとし、どんな努力をしているかがわかると。

家畜小屋から北にのびた一本の道が、すべての敷地や畑、牧場、森をつないでいた。森林地は柵で囲まれており、家畜用の飼葉なども手に入る大切な場所であった。灌木や木々の葉をはじめ、どんぐり、ヒッコリーの実、くるみ、栗、チンカピン栗（米国南東部原産のブナ科の低木性のクリ）などが、牧草や畑でできた飼料をうまく補っていた。牛が届く高さの葉や松葉は食べ尽くされており、おかげで森や沼地には空間ができて、われわれ少年の探険や狩人の犬の追跡にもってこいで、家畜を探したり監視したりするのにも好都合であった。道の先には大きなアメリカザクラの木があり、熟した実の食べ過ぎで酔っぱらったアオカケスがバタバタしているのを見かけることがあったし、時にはつかまえることもあった。

私の遊び仲間はほとんどが農場に住む小作人の息子たちであったが、遠くの家から遊びに来る者も何人かいた。クリーク（運河のことでなく、中程度の川をクリークと呼ぶ。それより大きな川はリヴァーと呼び、本書ではそれを川と記す。）近くに家から一番遠い納屋があったが、ここをわれわれは「クラブハウス」と呼んでいた。みんなでクリークの土手で夜を明かすこともあったが、起きていられなくなったときなどは、一晩その中で寝たりした。私が農場周辺を探険しようと、遠い森や沼地に行こうと、両親がダメだと言うことは一切なかった。

やるべきことをきちんとやり、基本的な安全ルールを守り、食事に間に合うように帰りさえすればよかった。それ以外、わが家の農地三百五十エーカーをいかに探険して回ろうと全くの自由であった。

ちょうどわが家の西側に、農地の境界線まで続くペカン園があった。九歳の時、父の手伝いで、接ぎ木した苗木をまっすぐ植えていったことを鮮やかに記憶している。その木はまだ同じ場所にあるが、母が面倒をみていたころのようには手入れが行き届いていない。ペカン園は母が自分の収入作りのために考えた特別な事業であった。

わが家の農場に隣接して、風車のある大きな家があった。それはわが農場奥の丘、通路から入った所にあった。農場の土はどちらかといえばやせていて砂っぽく、何組かの白人家族が移ってきては二、三の作物に挑戦していたが、長くは続かなかった。そのうちの一家族にはちょうど私と同じ年ごろの子供がいて、数ヶ月間私と黒人の遊び仲間に加わって遊んでいた。一九三〇年代の終り頃、私が農場を離れる少し前には、母の両親がそこに移り、数年間暮らしていた。

プレインズからのびるほこりっぽい道は、ちょうどわが家にたどり着く手前で西へ向きを変える。それまでは幾分くねった状態で続いていたが、これがシーボード・エアライン鉄道のまっすぐな線路にぶつかり、急に右へ曲っているのだ。そのため一マイルほど道路と線路がほぼ平行に走る格好になっていた。注意の標識もなかったので、柔らかい砂地のカーブに車がはまり、毎週一度は必ずといってよいほど事故が起こっていた。しかし幸いなことにそこが砂地だったため、カーブに近づくとおのずとスピードが出せなくなり、たいした被害にはならなかった。車は自然にカーブの外へと転がり、柔らかい砂地にそって滑り、横倒しになって止まるといった具合だった。われわれ子供たちはこうした事故には敏感で、いつものあの独特の音を聞くや「事故だ、事故だ！」と言ってかけつけたものである。事故現場はいつもわいわいがやがやとおもしろく、時には事故の生々しい話を聞くこともできた。ケガをしたとか何か特別なことがない限り、親たちが外に行って見るといったことはなかった。

　この問題のカーブはちょうどジャック・クラークの家の前にあり、ジャックは事故を起して困っている人の面倒を見ていた。彼は「土地の責任者」であり、全てのラバや馬具の管理をしていたので、この任務もごく自然なものであった。状況を調べ、怪我をしていないか確かめ、ドライバーと二言三言交わせば、そのあと何をすべきかジャックにはいつも分かっていた。二頭のラバと耕作用の連結装置を使い、車体にチェーンをかければすぐに問題は解決というわけだ。トラックのように大きく積荷のある車の場合は、農場からも手を借りた。まず積荷を降ろし、そして再び積荷を積む前にトラックをまっすぐに起こす必要があったからだ。ジャックは家の正面ポーチの下にいつも大きな巻き上げ機《タックル》を置いていた（ジャックは「ティックル」と発音していたが）。重量が大きい場合は、それをトラックと庭の木の間に置いて対処していた。ジャックはこうしたサービスに対し一ドル以上請求することはなかった。父もラバや馬具の使用代など請求することはなかった。たいていの小型車やピックアップ・トラックの場合、謝礼は相手に任せていた。余裕のない家庭もあることを知っていたからだ。

なぜか自分には分からなかったのだが、道はところどころ波うっており、六十センチおきかそこらに浅いくぼみが斜めにできていた。これには最適のスピードというものがあった。遅すぎると、車輪は一つ一つのわだちの底に落ち込み歯がガタガタする始末だ。速い方が、でこぼこの上をかすめるだけで良かったのだが、スピードを上げ過ぎた場合や、カーブでは命取りにもなりかねなかった。タイヤが表面としっかり接触しなくなるからだ。郡の地ならし機が二、三週間毎に、たいていは大雨のあと、道路を平らにしてくれるのだが、すぐ元の洗濯板状態に戻ってしまうのであった。

われわれ少年にとって、家の真ん前にモーター式の大きな「地ならし機」が来るのは、実にわくわくする出来事だった。それを操作する人を、人間として最高位の、幸せな人だという思いで眺めていた。また同時に操作する側も、われわれ少年や土地の人間に対し、自分の仕事の方がえらいんだといわんばかりの態度であった。彼らは少なくとも四回道路を行ったり来たりした。まずは溝から砂などを除外してきれいにする。そして、両方向の表面をスムーズにならし、道路上に水がたまらぬよう、少し中央を高くして山型にしていた。「洗濯板」を取り払い、排水路が庭や畑に向かわぬよう、溝をつたってクリークや小川に流れ込む仕組みを作って行く作業は、まさに見事な職人技であった。

わが家の立地場所には一つだけ問題があった。プレインズとアーチェリーの間に墓地と幽霊屋敷があったのだ。両親も妹たちもそこを通る必要は全くなかったので気にもとめていなかった。しかし私は、特に冬場、暗くなってから町での仕事や学校の帰りにここを何度となく通ることがあった。黒人の友だちにとって、夜ここを通るなど考えられないことなのだ。その彼らの恐怖心が私にもうつってしまっていた。墓地だけでも最悪だというのに、さらに幽霊屋敷だとは。しょっちゅう噂があって、一人の女性が屋根裏部屋の窓から見えたとか、長いひらひらとした白いドレスを着てろうそくを持っていたとか、それはきっと失くしたものとか誰か人を捜しているんだといった具合だ。過去この家に住んでいた人たちの話を引用して、地元紙がこの家についていくつかの記事を出したこともあった。一時その家に住んでいたソニー・フェアクロスは、大きな黒い犬が、庭で自分のアライグマ用の猟犬と一緒にいるのを何度も見たと言っていた。たびたびソニーから聞いた話だが、ついに勇気を出してその犬に近づいてさわろうとしたところ、手が犬の体を貫通して何も感じなかった。その瞬間髪の毛が逆立つほどこわかったというのだ。

私はこういった類の話を必死で無視しようとしたが、時々その女性がチラッと見えたと思うこともあった。本当は西側の窓に夕陽や金星が反射して、人の姿が映ったように見えただけかもしれないのだが。ついには、私もホラー話を他人にするようになった。

ハイスクールの時、医者のドクター・タッド・ワイズがその家を買い、ミセス・ガッシー・エイブラムズ・ハウエルと暮らしていた。彼女は地元でも人望を集めていたワイズ・サナトリウム病院の看護婦長であった。ワイズ医師が重い病に伏した時、ミス・エイブラムズ（いつもこう呼ばれていた）がドクター・タッドの看病のために二、三日泊っていってほしいと私に頼んだことがあった。夜遅く、ミス・エイブラムズと私の二人が台所で食事を用意している時、ドクター・タッドの飼っていた犬三匹すべてが、それまで聞いたこともないような奇妙な声でうなりだしたのが聞こえた。その時ミス・エイブラムズは寝室に駆け込んだが、ちょうどドクター・タッドが息を引き取ったところであった。ドクターの魂が家を離れていくのを犬たちが見たにちがいないと私たちは思った。

友だちや私にとって幸いだったのは、線路というもう一つの道を通って家に帰ることができたことだ。普段は道路の代わりに線路を使った。一本のレールの上をバランスを取りながら歩くのだが、長年の練習のおかげで、一度も落ちることなしに、プレインズとの四キロの道のりを行き来していた。

これがアーチェリーだった。私が十四年間生活し、働き、遊んだ小さな農村地帯だ。その頃心の中で一番強く希っていたことは、農場で役に立つこと、そして父を喜ばせることであった。

第二章　物納小作人《シェアクロッパー》の暮らし

……土地は、あなたのゆえにのろわれてしまった。
苦しんで食を得なければならない。
土地は、あなたのために、いばらとあざみを生じさせ……
（創世記三章十七、十八節）

大恐慌時代、多くの農民は、神のアダムへの厳しい言葉がまだのろいとして生き続けているのだと感じていたにちがいない。土地も持たず、日々つのる絶望の中で畑を耕していた人々は、担えきれないほどの重荷を背負って生きていた。
「物納小作農《シェアクロッピング》」と私たちが呼んでいた農業制度は、今日では激しい非難を浴びている。この言葉そのものが、権力をふるう非情な地主が、素朴で苦難に耐え続ける奴隷を低賃金で搾取するという響きをもっている。この制度には確かに悪用乱用されている部分もあった。私が農場で子供時代を過ごした頃、それを目のあたりにしたこともある。しかしながら、納得のいく代わりの制度を編み出すことは、不可能とまでは言わなくとも、困難なことであった。物納小作農《シェアクロッピング》は古くからある制度で、ある意味では自然なやり方であった。ジョージア州がまだ英国の植民地であった頃から、地主は耕地の一部を、土地は持たないが家畜や農機具を充分に所持している白人の農家にまかせていた。収穫をどのように分けるかについては、双方の合意があった。なかでも小地主の運命は、良きにつけ悪しきにつけ小作人《テナント》たちと分かち合うことになるのは避けられないことであった。

解放後自由になった奴隷の多くは熟練した農民であったが、生活の糧を得る手段を持ち合わせていなかった。一方で彼らの元所有者は、自分たちだけでは耕作できないほどの農地を持っていた。同じ地域に住み続けたい人には二つの選択肢があった。日雇い労働者になって収穫は全部地主に渡すか、または、合意の上で収穫物《クロップ》とともに生産過程のリスク全ても分かち合う《シェア》か、のどちらかの生き方であった。物納小作農制度の神髄は、双方に、提案される条件を受け入れたり拒否したりする自由があったということで、それは大恐慌時代においてもその百年前と変わりなかった。土地をどのように使うかということに関しては、ほとんど無限といってよいほどの選択肢があった。私は子供時代を、少しずつ進化しながら出来上がっていった多様な農業の仕組みの中で過ごしたのである。

　多くの白人農民は土地を所有しておらず、土地を借りるか物納小作農に頼るほかなかったのだが、私が白人の小作人を思い浮かべることはまずない。そのような人がわれわれの農場にいなかったためである。個人的に関わっていたのは、黒人の農民たちだったのだ。土地の借用条件は、作物の種類や必要な労力、使用される肥料、競って仕事を求める日雇い労働者の確保状況、それに地主との個人的な相性によって違っていた。労働力は充分あった。経験豊富でも土地を持たない農民は多かったので、小作人希望者は常に存在していた。私は、われわれの農場財政を成していたこの二つの基本的な仕組みについて熟知していたのだ。

　土地やラバを持たず、鍬《くわ》、斧以外の耕作道具を持たない者は、日雇い労働者とほとんど変わらない低い地位にあり、たいてい「半々」ということで働いていた。地主は耕作可能なだけの土地を一つの家族に割り当て、たいていの場合二頭のラバ、荷馬車、耕作道具、肥料、種それに小屋と庭をあてがう。家族の大きさにもよるが、二十から四十エーカーの土地を耕すことを要求された。ほとんどの収入は綿花とピーナッツからのものであった。薪を取る権利も与えられていた。収穫時には、地主は農場で生産されたもののすべての半分をもらい、その年に小作人が生活のため借りていた借金を徴収した。作付け期前に双方の合意で金額を決め、週三ドルから四ドルの貸付けというのが相場であった。もちろんこのほとんどは地主の店で使うことになっていた。こうした店は地主にとっては重要な収入源になっており、小作人には貸付金や必需品に対して不当に高い利息や価格を押しつけていた。南部でのある調査によると、金利は平均二五パーセントであった。こうしたレートが私たちの地域ではまかり通っていたようだ。

プレインズ周辺のほとんどの農場主とは異なり、父はこの「半々」というやり方を好まなかった。農場運営のため、もっと頼りになる有能な農家の人々と取り引きをしていた。そうした人たちは自分の家畜や農機具も持っていたため、「三分の二」や「四分の一」といった取り決めもあった。農地使用と引き換えに、換金作物の三分の一とトウモロコシの四分の一を地主に渡すというしくみだ。いろいろなやり方で、どちら側がどれだけの種や肥料を準備するかといったことが取り決められた。小作人がそのすべてを用意できる場合、換金作物の一定量が地主に「直接的な賃料」の支払いとして渡されることが一般的であった。綿花を何ベイルとか、ピーナッツを何トンとか、その二つを合わせたものといった具合だ。

ほとんどの場合、貧しい物納小作人《シェアクロッパー》にとって、膨らむ借金の返済に見合うだけの換金作物を作ることすらままならなかった。年々地主に対する借金は増え続け、借金額がそのまま残っているのはまだ良いほうだった。実際、彼らに交渉の余地は全くなかった。農場主が帳簿を管理しており、時には年末の決算が不正に行われることもあった。読み書きが困難な小作人がどうにか自分で簡単な記録をつけたり、地主の記録をだれかに調べてもらい間違いが発見されたとしても、どうしようもなかった。発言権や法的正当性は地主の方に与えられており、その公正さを疑うなどもってのほかであった。特に小作人が黒人（われわれの地域では約八〇パーセント）で、地主が白人の場合、小作人からの告発など考えられなかった。時には、ある地主が他の同業白人地主の目にも過酷で不公平に映り、そこで働く不運な家族に同情がいったとしても、彼らへの救済措置がとられることは皆無であった。

ガソリンスタンドや家畜小屋で昔から語り草になっていた話の一つに、ある地主の話がある。物納小作人と精算を済まして言った。「やあ、ジム、今年も何とかトントンってとこだろうけど、二十ドルまだ貸しがあるよ」。ジムは答えて言った。「だんな、やれやれ今年は豊作でありがてえ。まだ種を除いてない綿花がもう一ベイル納屋にありますぜ」。そこで地主曰く。「わしとしたことが利息を忘れとった。もう一度勘定のやり直しだ」

毎週土曜日になると、父は店で農場労働者に支払いをし、信用貸しや貸付金を小作人に渡していた。そこですべての貸付金と売上金の細かい記録をつけていた。毎週最低限の額しか手にすることのできない貧しい農民たちは、値のはるようなものを買うことは決してなかった。赤身が入ったベーコンの代わりに買うのは背脂だけ、シロップの代わりに糖蜜だけ、小麦粉の代わりにひき割り粉だけ、医薬品の代わりにひまし油といった具合である。男物の綿シャツや女物の服には、柄が印刷された中古の小麦粉や肥料の袋を使っていた。作業ズボン《オーバーオール》は一番安いもの、作業靴は一ドルのもの。古い衣服や裸足がどうしてもダメだという時にだけこれらを着たりはいたりすれば数年はもった。良質のクズリ皮の靴は三倍近くはしたが、何年ももった。

私は一度、父が一九二九年と一九三〇年につけていた店の収支をまとめてみたことがあったが、平均してお客は、一ドルのうち五十二セントを食料に当て、その内の二十四セントが小麦粉か粗びき粉に、ラードに十一セント、肉類に十セント、コーヒーに五セントそして糖蜜に二セントという割合であった。支出が一日一ドル以下という一家にとっては、これだけの余裕しかなかった。というのは、他にも灯油、マッチ、塩、薬用テレビン油やひまし油そして必ずかぎタバコやタバコの葉を買う必要があったからだ。一番貧しい者でも、ほとんど店に来るたびにプリンス・アルバートやサー・ウォルター・ローリーのタバコ一缶、或いはブラウンズ・ミュールかみタバコ、またはバターカップ、CCやマッコボーイのかぎタバコを買っていた。父と商取引のあったふところに余裕のある客だけが、既成の巻きタバコやチーズ、マカロニ、ピーナッツバター、粗びきトウモロコシ、サケ缶、お茶、スターチ、ソックス、手袋といったぜいたく品を買っていた。

ひょっとしたら父も含めて私の家族のだれよりも、私は黒人家庭の窮状を理解していたと思う。それほど彼らと一緒に過ごしていたからだ。一年のほとんど、食事は日に二回だけで、たいていはトウモロコシ粉、背脂、糖蜜、それに共同畑からのサツマイモといったものであった。更に頑張れば小さな菜園を持てる者もあり、季節のトウモロコシやジャガイモ、コラード、カブ、キャベツが手に入った。それに、柵に沿っては二、三の畝《うね》に蔓《つる》状の豆類が植えられていた。絶え間ない重労働と栄養不足、それにタバコの吸い過ぎが重なって、貧しい人々の健康をむしばんでいた。畑仕事ができなくなった年老いた女性は別として、小作人の家で太めの人など一人もいなかったと記憶している。

黒人男女の寿命は五十歳にも満たなかった。母は医者のサッド・ワイズに大きな影響を受けていた。彼はプレインズのワイズ・サナトリウム病院を創設した三人兄弟の一番年上である。ドクター・サッドは、特に皮膚病のペラグラのように人を衰弱させる病気の原因は食生活にあるとし、食事の改善に心血を注ぐようになった。医学界の中ではかなりの議論があったが、母は、新鮮な野菜の不足が、疲労やだるさ、口内の病気など冬場に現れる症状の原因になっていると確信していた。そのため、彼女は面倒をみていた家族に小さな菜園を持つようにすすめ、またわが家の季節の野菜も分け与えていた。黒人女性はミネラル補給について先祖から代々教えられているようであった。というのは、石灰岩があらわになった発掘現場を荷馬車で通りかかると、決まって道端に止めていたのだ。それからこの白いミネラルを山のように食べ、空の小麦粉袋に詰め、家族に持って帰るのだ。味はそんなにひどいものではなかった。柔らかく、ほぼ純粋な炭酸塩カルシウムの中に入っている砂が気にはなったが。

一九三〇年の米国国勢調査によると、ジョージア州の農場で使用されたすべての農機具や機械の平均価格は一三四ドルであった。父のような大農場経営者のみが、干し草用熊手、馬鍬《まぐわ》、種植機、肥料散布機、茎用カッターや複式犂《すき》耕作機を手に入れることができた。私がこうした農機具をどれも扱えるようになったのは、ハイスクールに入ってからであった。

農家の人間はだれでも長時間働いていたが、とりわけ女たちの仕事はきつかった。彼女たちは畑で男たちよりきつい作業をしたうえに、加えて料理、バター作り、その他の家事、家庭菜園の手入れなどすべてが女たちの責任であった。仕事は夜明けとともに始まり、男たちや家族全員が畑に出る前に朝食を準備せねばならない。ストーブ用の薪割りや運搬は欠かすことのできない仕事で、小屋や庭のニワトリや豚その他の家畜へのえさやりも同様であった。ほとんどの家には近くに井戸がなかったため、飲み水や洗濯のため、時には遠くの泉から水を運ばねばならなかった。当然のことながら、女たちは子供を産み、育てることにも責任があり、特に避妊法もなかったため、多くの家庭では規則正しく赤ん坊が生まれていった。小作人の家族は、ほとんどが森林地帯にある耕作地をそれぞれ平均三十エーカー受け持っていた。それぞれの家は一キロくらい離れていたので、女たちには子供たちがそばにいたものの、ふだんは孤独な生活であった。

小作人《テナント》や物納小作人《シェアクロッパー》に女性がなったということは、私の記憶には全くない。しかし農場経営者の未亡人がその経営を引き継ぐことはよくあることであった。大変な尊敬を集め、地域の人々からは百パーセントの支援を得ていた。黒人や白人の作業長がたいてい農作業を監督し、女性の方が全体的な経営や財政を取りしきっていた。後に、私自身倉庫業に携るようになったが、その時、大切な顧客には大農場を経営する女性が何人もいた。

一年で一番忙しく神経を使う時期は、換金作物であるピーナッツと綿花の収穫時であった。食糧や飼料となる小麦やオート麦、ライ麦は、春の終りに刈り取って束にしてから脱穀するのだが、農家の財政にとっては小さな役割しか果していなかった。すべての農場が同時にピーナッツと綿花の収穫を行うときは労働者不足に陥った。両親はわれわれに毎日学校に行くよう命じていたので、収穫期に学校を休んで農場を手伝っているクラスメートをうらやましく思ったものである。その代わりに私は放課後や、土曜日などはまる一日、一分たりとも無駄にせず畑で働かされたので、ちっとも嬉しくなかった。

ピーナッツを「振るう」作業が特に辛かった。暑いし、ほこりだらけで、地面にずっとかがみっぱなしだったからだ。松の若木で支柱を立て、ピーナッツが少なくとも地面から三十センチくらいの所にあるように板を平らに打ちつける。ピーナッツを掘り起こし、一つ一つ泥を振り落とし、根付きのナッツを板の上の支柱近くに置く。それから雨を避けるために、積み上げたピーナッツの上にどさっと草をかぶせて六週間以上置く。その間ヒゲ根とナッツが少しずつ乾燥していくといった仕組みだ。きちんと積み上げておいて、晩秋か初冬が来るとナッツを殻からはずし、市場に出す。

綿花のさやはひとたびはじけても、白い綿がさやの中で天気の影響も大して受けずに二、三週間はおさまっているのだが、少しでも早く市場に出して現金をかせぎ、しびれをきらしている貸し主に支払いを済まさねばならなかった。

八月の中旬から、地域の強健な人間は一人残らず収穫に駆り出された。父も夜明けよりはるか

ピーナッツの収穫

前から日が沈んだあとまで働き、労働者を畑へ連れて行ったり来たりの多忙な日々を送っていた。ピーナッツの収穫の決め手は脱穀機であった。われわれはこれを「摘み機《ピッカー》」と呼んでいた。根からピーナッツをはずし《ピック》てくれるからだ。脱穀機はトラックの後ろの車軸か車輪から平らなベルトを引っぱるしくみになっており、乾燥したピーナッツの束がラバの引く木の橇《そり》でそこに運ばれて来た。ナッツはかごや洗濯おけに集められ、ピックアップ・トラックや荷馬車に投げ込まれた。乾燥した栄養分豊かな根の方は、家畜の餌として俵状にまとめられた。農場一帯のすべての男たちが総動員される大変な仕事であった。

一九四〇年九月終りのある月曜日の朝、父や周辺の農場経営者にとって足がすくむようなショッキングなことがあった。労働者が一人も仕事に現れないのだ。われわれの農場に暮らしていた日雇い労働者でさえ、女房たちをよこして、病気がひどくて小屋から出られないと言うのだ。八時までには、父と他の経営者たちにある事実が判明した。すべての黒人教会で、ピーナッツ摘みの労賃を一日一ドルから一ドル二十五セントに増額要求することが決議されていたのだ。

機械は止まったまま、ラバや馬は小屋に入ったままという状況の中、地域の白人リーダーたちは全員一致で、この要求を承認しない、ましてやこの「無法な」、「破壊的な」最後通牒に屈することはないという公式決議に達した。私はその午後、学校から帰ってこのことを知ったのだが、父が農場に戻って何をするかと思うとこわかった。父は母とちょっとひそひそ話をしただけで、子供たちには何も話そうとしなかった。

父は夕食後、小作人の家を一つ一つ歩いて回り（クラーク家を除いて）、明日の日の出までにピーナッツの脱穀機の所に出頭するか、家族と荷物を全部まとめて出て行くようにと命じた。翌朝は全員が仕事に戻っており、何ごともなかったかのようにその出来事に触れることはなかった。

しかしながら話はここで終わったわけではない。父は可能な限り最高のアドバイスを求めることにした。その週末父はウェブスター郡まで出向き、ウィリス・ライトと長時間語り合った。ウェブスター郡にはわが家の最大かつ最も遠い農場があり、ウィリスはそこで暮らし働いていた優れた黒人リーダーだ。ウィリスは父にはっきりと言った。労働者たちは忠実で父を信頼しているが、賃金が上がらないことにはこれ以上生きていけないのだということを。父はウィリスに言った。新しい年の第一日目から、男女共に一日二十五セントの昇給、そして綿花を四十五キロ摘んだり、ピーナッツの土を一山分振るい落とすごとに、割合に応じて増額すると。ただ、これは労働者からの圧力に屈して行うのではないということをしっかり理解してほしいと言った。他の経営者たちも全員この増額を採用することとなった。

第三章　厳しい時代と政治

大恐慌が最もひどかった数年の間は、わが家の前で放浪者をよく見かけた。多くはコロンバスかサヴァーナに向ってひたすら歩いていたが、汽車が通過するときには貨車のドアから顔を出している者も見えた。たいていは一人か少人数の男たちであったが、時たま一家全員がわが家の前を通り過ぎて行くこともあった。一九三八年になっても、アメリカ人労働者の約四分の一が失業していた。工場で新たな機械化が進んだことが大きな原因であった。

母が家にいるときは、裏口に食べ物や水を求めてやってくる人を追い返したりすることは決してなかった。そうして訪ねてくる人たちはいつも決まって礼儀正しく、サンドイッチや残り物のフライドチキンやホットビスケットをもらって、代わりに薪割りや庭仕事をやらせてくれという者がほとんどであった。彼らとの会話は楽しかったし、それによって彼らがかなりの教養があり、種類や条件を問わず仕事探しに懸命になっていることが分かった。

ある日隣の農場のご婦人が訪ねてきたときのこと。その週に何人放浪者の面倒をみたかという母の話のくだりで、ミセス・ベーコンは言った。

「いや、ありがたいことですわ。私の庭にはそんなひと一人も来ませんの」

次に放浪者が訪ねてきたとき、母は、なぜわが家に来て、他の家に行かないのか尋ねた。しばらく躊躇していたが、一人が口を開いた。

「奥さん、わしたちにはいろんな目印があって、道沿いの家がそれぞれどんな態度をとるか表わしたもんなんです。奥さんちの郵便受けの箱には、ここの人は追い返したりいじめたりしないという目印がつけてあるんです」

彼らが行ったあと調べてみると、控え目にかき傷がつけてあった。母はそれを変えないようにとわれわれ子供たちに命じた。

放浪者に加えて、わが家の近くに道路工事に来るチェーンギャング（一本の鎖につながれた屋外労働の囚人たちの一団）には、いつも好奇心をかきたてられていた。当時、黒人と白人が全員一緒に鎖につながれ、並んで労働に従事している様は奇妙であった。しかし思い起こしてみると、ほとんどの囚人が白人であったのはなぜだろう。不思議である。それには明らかな理由があった。殺人事件でない限り、黒人同士の犯罪は大して重要視されないし、ましてや黒人の白人に対する犯罪は非常にまれであった。一方当時でも白人の方は当局に法的申し立てをする傾向があり、詐欺や不渡り小切手、窃盗で有罪になることが多かったのだ。それにもう一つ別の要因があった。地主たちが農場から剛健な黒人労働者がいなくなるのを嫌い、失われる労働時間を最小限にしてくれと保安官や判事に取りなしを頼むことがあったからだ。そのため現代にくらべて拘置される人間はきわめて少なく、長期の刑に服する者だけがチェーンギャングになっていたのである。

少年にとって、囚人やその刑罰には興味津々たるものがあった。遠くから鎖につながれた男たちをよく眺めていたものだ。そういうとき私たちは、謎めいたギャングを想像して、プリティー・ボーイ・フロイド、ベイビー・フェイス・ネルソン、アル・カポネやジョン・ディリンジャーのように世にその名をとどろかせたギャングの話をしていた。皆そうしたギャングが何をしたか詳しく知っていた。われわれのゴム鉄砲戦では、みんなＦＢＩの諜報員や地元の保安官よりもギャングになりたがった。

誰でも知っていたことだが、囚人が判決を受け刑務所に送られると、鍛冶屋が手かせ足かせをそれぞれの手首と足首に永久に離れないようにしっかりと固定し、重い鎖につないだ。足首の鎖はまともな一歩を踏み出すには短すぎるのがわれわれの目にもわかった。その真ん中あたりには、一メートルほどのストラッド・チェーンが取り付けられており、その先には鉄の輪がぶら下がっていた。これは輸送中や就寝中の男たちを束ねておくために使われた。囚人たちは小屋の中では、せいぜい動けたのはトイレくらいまでの距離だった。トイレといっても小屋の中心から奥の方へ掘られた溝であった。男たちは一人一人腰に革製の袋をつけており、作業中はそこにストラッド・チェーンが入れてあった。ジョージア州の法律により、チェーンギャングは民間の下請け使用が認められていたため、道路工事や保線工事などの労働にかり出されていた。全員幅広の白黒縞模様のおそろいのズボンとシャツを着せられ、散弾をこめた双身銃や連射式散弾銃をかかえた看守に厳重に監視されていた。

ある日、母がチェーンギャングの近くに車をとめた。監視人とちょっと立ち話しをしたあと、私や私の遊び仲間を台所に呼んで、バケツ一杯のレモネードを監視人とチェーンギャングの男たちの所へ持って行くよう命じた。これほど彼らの近くまで行くなど大冒険であった。しかし、何やらがっかりしてしまった。近づいてみると、日曜日に一緒に教会に行く年長の少年や若者たちとさほど違いないのだ。たいていの罪は、極貧生活ゆえにやってしまった盗みといった程度のものであった。そのため、彼らが映画のように格好よく歌うこともなく、全員単調なリズムでぼそぼそと口ずさみながら、斧や草刈り鎌、つるはし、大鎌を振りかざす姿に、アーチェリーのほとんどの人はなにがしかの同情を禁じ得なかった。

私たちにとっての最高の音楽は、囚人よりも鉄道労働者からもたらされるものであった。区間の六人の黒人鉄道員よって構成され、ミスター・ワットソンの監督のもとで働いていた。アーチェリーの真ん中にあった皆の家を出て仕事現場までは、線路の上を小さなトロッコで行き来していた。木製のシャフトの両端を上下にポンプのように押すことで動いていたが、汽車が走れる

ミスター・ワットソンと鉄道労働者たち

ようにトロッコを横にはずしてから男たちは仕事を始め、手際よく一つ一つの枕木を点検し、悪くなったものは取り替え、レールをきちんと固定するために大釘を打っていた。彼らの仕事は最も重要なものとして地域の人々から大切に思われており、彼らは誇りをもって自分たちの作業着を着ていた。それはシーボード・エアライン鉄道から支給されるもので、一つ一つに同社のマークがついていた。こうした男たちは幸せな人たちであった。仲間と共に働いて過ごし、いずれ一番優秀な息子が自分の仕事を引継ぐであろうと考えていた。アーチェリーの彼らの家の近くにある聖《セント》マークAME教会に全員通っていた。われわれがその教会に礼拝に行くと、彼らが聖歌隊の中にいるかどうかすぐに分かった。彼らのハーモニーは完璧で、それを真近で聴けることは喜びであった。

当時われわれは、他の地域を全く知らなかったので、自分たちの地域と比較しようにも出来なかったが、フランクリン・D・ローズヴェルトが大統領になった頃、いかに貧困と無力が蔓延していたかということが、統計によって分かる。

三〇年代の初め、一家の収入が激減する事態が起こった。一九三二年の『農業年鑑』によると、一九二九年から一九三二年の間に、南部の農家の全収入が六〇パーセント以上減ったというのだ。綿花一ベイルの値段が半分になったにもかかわらず、機械その他の必需品に対してはほぼ変わらぬ額を払い続けねばならなかったからだ。土地は既に農民であふれ返っていたのだが、工場閉鎖や大幅な人員削減で都会や町から大勢の人々が戻ってきた。赤十字社によると、白人黒人双方に広く飢餓が発生していたとのことである。実際に飢餓状態にあった人を私は知らないが、栄養不良や貧困からくる荒廃はわれわれの地域にも広がっていた。だれもがこの事態に心を痛めており、それが皆の心を結びつけるきっかけにもなっていたが、とはいえ仕事や収入を求めて競争が激しくなればなるほど、より弱い、無力な者の窮状がひどくなるという矛盾をも引き起こしていた。

農場のみんなは、天候や手の出しようがない市場価格のせいで予期せぬ失望を味わうことに慣れていたが、必ず事態は好転するはずだと信じていた。しかしわれわれはまちがっていた。農作物の価格は下落し続け、生産経費以下まで落ち込んでしまった。一九二八年の大統領選では南部のほとんどがハーバート・フーヴァーを支持していたにもかかわらず（ジョージア州は別だが）、経済的絶望感がますます深刻となった結果、ローズヴェルトが四年後に圧倒的勝利を得たのだというのことが、八歳たらずの私にも分かっていた。彼は新しい政策《ニューディール》を約束し、農業の救済に力を入れると発表した。父も含めて大多数のジョージア州民は、連邦議会で南部の有力者が多くの委員会を牛耳っていることを知っていたため、ローズヴェルトが選挙戦での公約を必ず果すに違いないと確信していた。しかしながら、一九三三年三月のローズヴェルトの大統領就任によっても、綿花生産農家が積極的に市場に応えようとする気持ちを生むには到らなかった。その同じ月に、綿花は史上最低価格に暴落し、農家はさらに一〇パーセント以上耕作面積を増やすこととなった。

さらに、その春は天候も最高で、一九三三年五月、連邦議会が農業調整法を急遽可決したころには、見事な収穫が予想されていた。ところがワシントンでの決定は、なんと綿花の相当量を廃棄せよということであった！　ほとんどの南部の農家は、綿花生産をこれまでの半分に減らせば、一エーカーにつき予想される純利益と同額を現金で収穫時に支払うという申し出を受け入れた。父を始め多くの人々の激しく絶え間ない反対にもかかわらず、この法律は施行されることとなった。

わが家の友人に、カーティス・ジャクソンという人物がいる。当時ロザリンの祖父の農場で暮らしており、後に製材所の事故で片足を失くした。最近彼と例の綿花事件について話す機会があったのだが、彼は実に鮮やかに当時のことを記憶していた。

「キャプテン・マレイの農場ではひどかったよ。ミスター・キャプテンは捨てるために作物を掘り起こすとは神の御旨《みむね》に反することじゃと言っておったが、やむをえんじゃった。ラバに畝《うね》の上を歩かせるなんてえ、できんじゃった。ラバの方もむち打ちなしでそげなとこに上がったこともないからのう。畝と畝のほぼ真ん中を歩かせて、わしは綿花の茎に当たるよう犂《すき》を大きく横に動かして行ったが、えらいことじゃった。つらかったよ。泣きそうじゃった」

農場の人々はみな同じ気持ちだった。「ニューヨークタイムズ」紙がある農夫のせりふを紹介していた。隣の農夫に「仕事を交換しよう。お前さんが私の綿花を掘り起こしてくれ。私があんたのをやるから」と提案したというのだ。

こうした涙ぐましい出来事もあったが、連邦政府の綿花政策は出だしはうまくいっているかのように見えた。一千万エーカー以上の綿花畑が破壊された。全収穫量の約四分の一に相当する。秋には価格は一ポンド十セントにまで戻った。われわれの手許にはまだ余剰分が残っていたが、これで政府が価格安定にずっと取り組んでくれるようになったものと思っていた。

さらに政府は農民に、綿花の「掘り起こし」に加えて、二十万頭の子豚を殺し、焼却することを義務づけた。父をはじめ一部の人たちにとって、これは冒涜《ぼうとく》であり、自由を重んじるアメリカ国民個人の問題に連邦政府が介入するという全く許し難い行為であった。忠実な民主党員であったにもかかわらず、父はローズヴェルトを許すことは決してなかったし、彼に票を投じることは二度となかった。二年もたたないうちに、綿花の制限措置は全農民に義務づけられ、その後タバコやサトウキビとともに、ピーナッツも減反政策の対象作物に加えられた。それに対する罰金はとても支払えるような額ではなく、父はいやいや従わざるをえなかったのである。

　こうした政府の努力にもかかわらず、南部の農業問題はあまりにも根が深く、すぐに解消できるというものではなかった。一家を養うにはあまりにも小さすぎる農場に、まだまだ多くの農民はしがみついていた。農場の事業拡張やそれに必要な新しい農機具を手に入れようにも資金がなかった。小作人制度は残り、半数以上の農場が、土地を持たない農民によって耕されていた。一九三四年までには、ニューディール政策によって南部の農業総収入は増加していたが、綿花による収入はまだ一九二九年当時の四五パーセントにしか過ぎなかった。そして政策の恩恵が一番貧しき者にまで行き渡ることはほとんどなかったのである。

　二十エーカーの綿花栽培をする物納小作人《シェアクロッパー》が五エーカー減反させられると、収入は年間わずか三十五ドルで、しかもその内の半分は地主の手に渡っていた。連邦政府の雇用促進局《WPA》の調査報告によると、物納小作人一家の一人頭年間平均収入は二十八ドルで、ラバや農機具を所有していた小作人でさえたったの四十四ドルであった！

　こうした悲惨な事態の進展が、いかに個々の家族を傷つけ、黒人、白人の関係をこじらせていくものであるか、子供の私にも明らかだった。プレインズの町中では、「くずのような黒人野郎に仕事をせんでいいよう金をばらまいている」と、連邦政府の政策に対する人種差別主義者の非難の合唱が絶えず聞こえていた。しかし同時に、ニューディール政策がいかに役立たずだったかということ、いかに問題ばかりを生み出す政策であったかということを、私は直接小作農の人々から聞いていた。減反とひきかえに政府から支給される補償金は、当然のごとく地主を通して支払われていた。法律によれば、支給額は借地契約に明記されている割合に応じて双方が受け取ることになっていたが、地主が小作人の借金を政府の支給額から差し引くことは正当と認められていた。しかしその額が、連邦政府からの受け取り額よりも多いことがほとんどであったのだ。結局全額が地主に行くという仕組みであった。さらに、節操もない地主が小作人一家を農場から追い出し、耕作されない作物に対する支払いを受け取ることもよくあった。極貧生活にあえぐ多くの農民にとって、ニューディール政策はのろいにこそなれ、恵みになることはなかった。

最も困窮度の高い家族のために、他にも連邦政府の救済プログラムがないわけではなかったが、黒人にとっては最低限の役にしか立っていなかった。こうしたプログラムは有力者をメンバーにした委員会によって運営されていたが、メンバーの多くは、救済金を支給すれば農場の仕事を拒否するようになるとして、支給に強く反対している人々であった。全国レベルではわずかな支給額であったが、たいていの小作人一家が一月に得ていた額よりも多い額が設定されていた。一九三二年の別の政府調査によれば、わが地元の農家は、白人の場合、月に十二ドル支給されていたが、法律により、平均的な黒人家庭はたったの八ドルとなっていた。黒人の方はもっと安く生活できるからという前提があったからだ。郡に対する政府からの資金が充分でない場合、最初に救済を受けたのは誰か、想像に難くない。

父のような正直者で、小作人を良心的に公平に扱っていた者にとっても、彼らの窮状を軽くすることは不可能であった。農場で暮らす家族に前貸しする資金など全く無し、それがあったとしても返済のあてはなしという状況であった。物納小作人《シェアクロッパー》よりも、そのつど支払う日雇い労働者の方が、効率的で便利な労働力となっていた。

小規模農場経営者の場合、農業縮小へ向けて様々な圧力を受け、家族一人一人が極限まで働かねばならないというところまできていた。そうした努力にもかかわらず生活は荒廃の極みに達していた。三百エーカー以下の土地所有者の三分の一以上が、銀行や保険会社の差し押さえにより土地を失った。

そんな時代のことを私はよく覚えている。何年もの間プレインズ周辺の土地は、ほとんどが不在地主の管轄下にあった。おじのウエイド・ラウァリーはそれまで仕事でうまくいったためしがなかったが、大手保険会社の農園管理人として、やっとまともな仕事を手に入れることができた。道を走っていても、そうした農園はすぐに分かった。というのは、管理人がリスクを避けるため、手のかからない穀物だけを栽培していたからだ。ほとんどの場合小麦であったが、それによって種や耕作や労働力に対する出費を最小限に抑えることができた。

プレインズ地区全体に対しても悪い影響があった。かつての日雇い労働者や小作人、商売人、農機具業者、綿花業者、倉庫業者、地元銀行は仕事を失い、われわれの郡のほとんどが地図から抹殺されてしまったかのようになっていたのである。ワシントンで描かれた政策と、それが私の知っていた人々に与えた影響との間には断絶があった。これこそ私が目にした最初の断絶なのである。

父があまりにもニューディール政策とローズヴェルト大統領に反対していたため、ユージーン・タルメッジ知事が、私たちの生活の中で大きな政治的関心の的となっていった。彼は農業のことを身近に知っていたし、一見派手な選挙運動を行っていたが、それに加えて、南部の百科事典によれば、「トム・ワットソン（一九〇四年と一九〇八年の人民党大統領候補者《ポピュリスト》）の人民主義《ポピュリズム》とトーマス・ジェファソンの倹約主義」とがうまくミックスされていた。彼は農業やビジネス関係者の個人の暮らしにまでニューディール政策が関与してくることに強く抗議していた。そしてたとえば、自動車のナンバープレートを三ドルにするとか、ジョージア州の貧しい自作農民からの収奪だとして「肥料信託《トラスト》制度」を廃止するなど、単純明快な政策を提唱していた。

こうしたユニークな発想が父の熱烈な支持を得ることとなった。父はよく平台型二トントラックに藁《わら》を敷きつめ、ジーン（＝ユージーン）の政治集会に山のように男たちを乗せていったものだ。

一番の思い出の一つは、一九三四年タルメッジが知事再選をねらっていたときのことだ。父が私を連れて行ってくれた。オールバニーには早く着いたのだが（父のいつもの癖であった）、大変な群衆で、トラックを開催場所から一キロも離れた所に駐車せざるを得なかった。興奮と熱気が渦巻くなか、私たちはまず何列も掘られた長い三十センチくらいの深さの坑《あな》を見に行った。その中には何百もの豚が残り火の上でくすぶっていた。バーベキュー担当者は、「肉は真夜中から焼き続けています。政権演説が終わればすぐに食べられます」と一人一人に説明していた。もう一つ皆の注目を集めているものに、作動中の二台のパン・スライス機があり、近くに人が押し寄せないようロープが張ってあった。飲み物売場は盛況で、コカコーラが他を大きく引き離し飛ぶように売れていた。土産物屋もいくつかあり、ほとんどがタルメッジの選挙運動グッズを売っていた。なかでも一番人気があったのは、タルメッジのトレードマークである幅広の赤いズボン吊《つ》りであった。見渡す限り無帽の男などいないといってもよかった。貧しい自作農民は、身につけている作業ズボン《オーバーオール》や晴れ着の着方のぎこちなさで、すぐに分かった。

北部ジョージアのフィドリン・ジョン・カーソンズ・バンドと男性ゴスペル四重唱団が交互に出演しており、音楽は周辺の松の木に結びつけられたスピーカーから鳴り響いていた。プレインズから来たわれわれのグループは、ステージから三十メートルほど離れた木の下に集まっていた。父はよく見えるよう、私を持ち上げ木の枝に乗せてくれた。正午頃、司会者が、地元の有力政治家の紹介を始め、ほとんど聞いていない聴衆に向かって一人一人が数分あいさつをした。一時間ほどして、群衆のまわりから熱狂の波が起こり、「ジーンがやってくるぞ！」というニュースが待ちかまえる人々の間を駆けめぐった。皆一目見ようと必死だった。オートバイに乗った数人の州パトロール警官が、屋根付きありオープンカーありの車のパレードを先導し、われわれの前を通り過ぎて行った。そして遂に一台が止まり、ダークスーツとフェドラ帽（フェルト製の中折れ帽）を身につけた偉大なるタルメッジが現われた。鳴りやまぬ拍手喝采に応えて、手を、それから帽子を上げ、握手を交わしながら演壇の方にゆっくりと進んだ。市長と議員のあいさつの後、民主党議長が立ち上がり、タルメッジ知事を紹介した。

彼は演台に近づくと帽子を脱いだ。そのとき黒い前髪が額に垂れ、角縁《つのぶち》めがねに触れそうになった。拍手が鳴りやんだ後、やっと演説が始まった。彼の熱烈な支持者であれば暗唱できそうな短いせりふを繰り返し使った。まず三ドルの自動車ナンバープレートの件に触れ、それから電力料金の値下げと新しい学校の教科書について語った。ニューディール政策について山のような批判を浴びせ、連邦政府がいかに自由なアメリカ国民の生活をコントロールしようとしているか力説した。彼は、「市内電車が走るほど大きな町のある郡では選挙活動をしない」と公言していたが、皆そのせりふが出てくるのを待ち、出た途端拍手喝采であった。ひとつひとつの短いせりふのあと、彼の声の抑揚や態度で、拍手の入れ方が適切であったかどうかはすぐに分かった。タルメッジが失望させられることはなかった。彼の対抗馬と同様、タルメッジも厳格な人種差別主義を提唱してはいたが、必ず決まって、聴衆の中でも目立つ場所を占めていた黒人農民支持者の集団に皆の注目を集めることも忘れなかった。

演説の終り近くになると、主要支持者の一人が「ジーン、コートを取れ！」と叫び始め、またたくまに群衆にこの叫びが広がっていった。最初は驚いた様子を見せるのだが、ニヤリと笑い、これまで何度も繰り返されてきたいつもの役を演じた。支持者の多くが既に買い求めているズボン吊りと同じ赤いズボン吊りを彼も身につけているのが分かるや、拍手がとどろきわたった。胸の所でズボン吊りをパチンと鳴らし、聴衆に感謝し、全員の変わらぬ支持を頼み、別の集会があるからと足早に去っていった。その時になってやっと食事が出たのだが、（人数が予想以上に増えたため）これまでに前例のない一人一皿のみという制限が加えられた。中身はポーク・バーベキュー、ブランズウィック・シチュー（ウサギやリスの肉にタマネギなどを入れたシチュー）、コールスロー、甘いピクルスとスライスしたばかりのパン、これらを無料で配られた甘いアイスティーで流し込んだ。

食後はわれわれプレインズ組も家路につくことになった。人生で最も忘れがたい思い出のひとつを胸にしまって。とにかくもすさまじい集会であった。アトランタの野党系新聞でさえ、その日三万人が集まったと報じていた。同年の民主党予備選挙（当時、「選挙と同等のもの」とみなされていた）で、ジーン・タルメッジはジョージア州一五九の郡中一五六郡を勝ち取った。これには市電のない郡が全部含まれている。そのとき私は、いつかジーンと同じ政治の道を歩み、知事公舎までたどり着くことになるなどとは夢にも思っていなかった。

わが家の生活を根底から変えてしまう事件が一九三八年に起こった。農村電化事業局《REA》がその年、地区のなかでも最も便利な場所にあるいくつかの農場に電気を引いたのだ。この恩恵に浴した家庭のほとんどは、一部屋に一個の電球を取りつけただけであったが、わが家では全部屋に電気が灯り、電気冷蔵庫やレンジまで入れてしまった。たぶんこのわが家の異常な電力の消費量のおかげだろう――時には一ヶ月に十ドルも消費していた――父は間もなくサムター郡電力協同組合の運営理事会のメンバーに選出された。この組合はその後間もなく地元の最も強力な経済・政治団体のひとつにのし上がった。次の電力配線箇所の決定、電力料金の設定、更なる拡張のための政府による特別低金利融資の維持管理といった権限が与えられていた。組合の年次総会は地域のイベント中最大のもので、ほとんどの加入者が出席し、バーベキュー料理を楽しんだり、大物政治家のスピーチを聞いたり、理事会が作成した決算報告書を入念にチェックしたり、加入者同士の議論に熱中したり、高価な家電製品の当たるくじ引きに参加したりして過ごした。

父ほか四人の役員はＲＥＡの全国大会にも出席し、連邦議会での有利な法律制定に向けて、ロビー活動を活発に行なった。この活動を通して、それまでプレインズ地区に限られていた父の政治的関心が、アメリカ全土へと広がることになったのである。農村の電化事業を心から大切に考えていたにもかかわらず、それが在任中のフランクリン・ローズヴェルト大統領のお陰だなどということは決して認めようとしなかった。ニューディール政策の初頭で、綿花の「掘り起こし」と豚の屠殺を強制的に命じられたことを、一生忘れることができなかったのだ。

実際、政府の農業政策は私の人生に直接的な影響をもたらすこととなった。家族以外で、私を最初に（最後もだが）雇ってくれたのはアメリカ政府であった。十六歳、ハイスクール最終学年の身で私は耕作地測定の資格を得、農業調整局（ニューディール政策で一九三三年に設立された農務省の一つの局）の仕事をすることになった。農家が割り当てられた面積の範囲内で綿花やピーナッツを栽培しているかどうか、政府の侵食防止基準に従っているかどうかを判断する仕事であった。雇用促進局《WPA》の職員と同じように時給四十セントもらえることが嬉しくて、一週間に七十時間も働いていた。何エーカー栽培されているか測量するのだが、変形の畑もあり、単純な幾何学計算でうまくいくものではなかった。しかし、一エーカーは十平方チェーン（チェーンは測量用の鎖）という決まりがあったので、幾分楽ではあった。私にはアシスタントがいて、二十メートルのチェーンを引っぱって、私の半分の給料をもらっていた。しかし実際は彼の方がかせぎは多かった。というのは、私の方は車を自分で調達せねばならず、稼ぎの中から出ていくガソリンやオイル代がばかにならなかったからだ。母が幼い弟のビリーと家にいて、三九年製プリマスをただで使わせてくれたおかげで赤字にならなくて済んだくらいだ。

測量の仕事は細心の注意を払って行った。地主の計算と一致しないことが時折あったが、深刻な騒動になったのは一度だけであった。ある土曜日の夜遅く、プレインズ・マーカンタイル社で仕事を手伝っていたときのこと、ソルターという農夫がカウンターにやってきて私の肩をつかむなりどなった。

「なんでてめえは、国からおれがもらう金をまきあげようとしているのか？」
もちろん彼が誰だかすぐに分かったし、最近行った測量のどの分が問題となっているのか推測はついた。彼は彼の家から道をはさんで反対側に小さなペカン園を所有していたのだが、そこに赤いクローバーを植えていたのだった。土壌保全費受給に必要な樹木が充分でないと説明しようとしたのだが、話を聞くどころか彼は私を床に倒し、こぶしでなぐりかかってきた。腕で顔を防ごうとしていたが、やっとおじや他の事務員が来て彼を私から引き離した。閉店時には裏口から抜け出し、ソルターの顔を二度と見ることもなく家にたどり着くことができた。アメリカスにいた上司が次の週やってきて、ソルターと会い、私の判断の方を認めた。次の植え付け期は何かほっとした気分になった。母も仕事を再開し、私は大学に進学し故郷を離れることになっていた。

まだ子供だったのではっきりと認識していたわけではないが、農業が近代化へ向かっていく小さな動きが既に表われていた。連邦政府による農場経営への介入は日増しに強くなっていた。換金作物の植え付け面積は減らされ、利益は大農場経営者の方に流れていた。機械化を進めていくことは避けられなかったが、実際に南部ジョージア州にその波が押し寄せてくるのは遅かった。最初に来たものといえば、人が歩いて操作する耕作機や二列用殺虫剤散布機といった程度のもので、まだラバが引いていたのだ。迅速な改善が強く求められるようになってはいたものの、ほとんど何の効果も見られなかった。成功を収めた革新的な農場経営者であった父ですら、初めてのトラクターを買ったのは、私が大学に入学して一年後のことであった。それに、綿摘み機やピーナッツ・コンバインを持つことは一生なかった。

一九三〇年代、小作人家族の約四分の一は農場から出て行かざるを得ない状況であった。さらに一九四一年、第二次大戦に突入後、その数は増大した。一九三〇年にくらべて一九四〇年の方が、車を所有する農家が南部では少なくなっていた。農業人口は比較的不動のままで、この小作農の基本的な仕組みは、さらにそれから二十年も続くこととなった。農場外での雇用の機会はほとんどなく、農村の人々にとって、より良い生活を探そうにも行き場がなかった。

今、こうした状況を振り返ってみるとよく分かるのだ。なぜ両親が一度たりとも私を農場に引き留めようとしなかったかということ、数年間大学で農学を勉強したあともなぜ農場に帰るよう説得しなかったかということを。私の最終的な希望は、海軍に入ることだとだれもが認めていたのであった。

第四章　子犬のような時代

　アーチェリーの農場に移ったその日から、私の一番の友だちはアロンゾー・デイヴィスとなった。いつもA.D.《エイディー》とよばれていて、彼のおじさん、おばさんと農場で暮らしていた。私はプレインズで生まれてから四年間は白人の子供たちしか知らなかったので、縮れ毛で大きな目をして、もそもそとしゃべるこの極めて内気で小柄な黒人少年に会ったことは、大きな出来事だったに違いない。A.D.の恥ずかしがり屋も大人がいる時だけで、二人きりになればすぐに打ちとけた。そしてわれわれの人種的な違いは、会って一時間もすればすっかり忘れてしまっていた。その後それを意識することはなかった。農場のほかの友だちも黒人だったので、自分の方がアウトサイダーであると考えるのは当然で、彼らの習慣や言葉を必死でまねようとした。A.D.の方はといえば、私の親がいる時は別として、何ら自分を変えようとはしていなかったように思う。私の親の前ではおとなしくなり、用心深く事の成り行きを見守り、二人きりになるのを待ってから、また自由な、元気いっぱいの彼に戻るのであった。

間もなく私は、父やジャック・クラークといっしょにいるときは例外であったが、目覚めている時間のほとんどをA.D.と農場で過ごすようになっていた。彼の親代わりになっていたおじさん、おばさんは彼の生年月日を正確には知らなかったが、私とほぼ同年齢だったので、どんな祝い事も一緒に祝いたいという彼とおばさんによって、私の誕生日が彼の誕生日にもなってしまった。A.D.は私より少し大きく強かったけれど、それほど敏捷ではなかった。しょっちゅう取っ組み合いやかけっこなどの競争をしていたが、二人ともほとんど互角だった。私にとって彼の家はわが家同然で、おじさんやおばさんに親のように従っていた。彼も、少なくとも幼かった頃は、わが家では同じようにリラックスしていたと思う。台所では二人一緒に食べることがあり、家族が食事をするテーブルではなかったにしろ、それが異常なことであるなどとは感じていなかった。

誰か仲間がほしいときは、私は決まってA.D.を選んでいた。共に働き、遊び、魚を捕り、獲物を罠にかけ、探険し、物を作り、けんかをし、大人のルールに違反すれば一緒に罰せられた。いつも遊んでいた友だちにはほかに、A.D.のいとこのエドマンド・ホリスと、一キロほど先に住んでいたミルトンとジョニーのレイヴン兄弟がいた。われらアーチェリー仲間に加わった者では、レンバート・フォレストだけが白人であった。

レンバートはミスター・エステス・フォレストの二人の養子の年上の方だった。フォレスト夫人が亡くなったあとだったが、私と同じ年頃のレンバートが重い病にかかり、命も危ぶまれた。大農場と製材工場を経営していたミスター・フォレストは、看護婦の母を雇い二十時間の看護を頼んだ。ということは、母がレンバートにとって看護婦兼母親になったわけだ。少しずつ回復してくると母はレンバートをわが家に連れて来ては数日間滞在させていた。というわけで、六歳の頃レンバートと私は仲良しになったのである。

レンバートが病から回復すると、彼の父親はシェットランド種のポニーを彼に買い与えた。私はうらやましくて仕方なかった。時々わが家までポニーに乗ってきたので一緒に乗って遊んだ。このポニーはすばしっこく神経質で、突然跳ね上がってわれわれを振り落としたり、疲れるまで全速力で走り続けるということがあった。よくレンバートと私は、それぞれの父親の綿花やスイカ畑で並んで一緒に働いたものである。

私たち少年は仲が良かったのだが、それぞれに特異な個性があった。たとえば写真を撮るとなると、レンバートはわざわざ着替えて、髪もとかしてポーズをとるというタイプ。片やA.D.は、いかなる写真でも撮られることを拒否した。カメラが「体から何かを奪ってしまう」とどこかで聞いてきたからだ。

私は六歳で学校に行くことになったが、生活の中心はずっと農場にあった。登校前に一、二時間遊んだり仕事ができるよう早く起きていたし、学校からは飛んで帰って、また農場へ出て行く毎日だった。

後列左から私、フレッド・フォスター、レンバート
前列左からグローリア、アニー・メイ、ルース

看護婦をしていた母はしょっちゅう家を留守にしていて、時にはそれが長期にわたることもあった。父は日中さまざまな農場経営の仕事で忙しかったため、エドマンドのいとこであるアニー・メイ・ホリスという若い黒人女性がわが家でフルタイムで働いており、私と妹のグローリア（二歳年下）と末っ子の妹ルースの世話をしていた。私の子供時代の生活はまさに黒人女性たちによって成り立っていたのだ。彼女らの子供たちと遊び、彼女たちの家でしょっちゅう寝泊まりし、食事をし、後には彼女たちの夫や子供たちと共に狩

りや釣りをしたり、畑を耕したりした。自然界の見方を私は彼女たちから教わった。誕生から死にいたるまで、多くの点で、彼女らはわが家にとってなくてはならない存在だった。(アニー・メイは、後にハリウッドでチェイスンズ・レストランを経営する裕福な家庭のもとで働くため移って行ったが、一九五三年、私の父が癌で病の床に伏していると聞くやプレインズに戻り、看病のため母の手伝いを買って出た。七月、父が最後の苦しい息を引き取るとき、私は同じ部屋にいた。そのときアニー・メイが父を腕の中に抱いていた)。

農場で暮らしていた人たちの中で、一番注目に値する人、私に最も大切な生涯にわたる影響を与えてくれた人はレイチェル・クラークであった。小柄で口数少なく、夫のジャックより膚の色は薄かった。格好は控え目であったが、彼女のまわりには何か特別なオーラがあった。もしアフリカでレイチェルの先祖をたどれば、きっと王族であったに違いない。これは私だけの意見ではなく、彼女を知る者誰もがそう思っていた。私の親をはじめ白人たちは黒人女性を家で召使いとして雇うことが多かったが、レイチェルにそのような仕事を頼むのはふさわしくないように思われた。レイチェルは畑仕事に天性の素晴らしい能力を持っており、地域でも有名であった。綿摘みの量は驚くほどで、日没時に一日の摘み量を他の人とくらべると、一・五倍はあった。

農場を流れていたクリークでの魚釣りを教えてくれたのはレイチェルであった。時には家から八キロも歩くことがあったが、道中まわりの動植物について話してくれた。そしてわれわれ人間が、神が創られたものの面倒をしっかりと見なければならないのだと教えてくれた。親よりも彼女の方が、人生を形づくる宗教的、道徳的価値観について、より多くを私に語ってくれた。私は、一生懸命彼女の言葉に耳を傾けていた。彼女は私がどのようにふるまうべきか、説教臭くならないよう、自然な形で私に教えてくれたのだった。

農場での年長者として、ジャックとレイチェル夫妻は、私の両親が出るほどでもないもめ事の時には判断をまかされていた。私は農場に住む黒人の家では、自然体で、くつろいで過ごしていたが、なかでもジャックとレイチェルの家では特別だった。しかし一つだけ気に入らないことがあった。彼らの家で寝たり、敷物や藁《わら》のベッドに座っただけで、南京虫に刺されるということであった。農場ではどの家でもこれが悩みの種であった。しかし母は看護婦だったので、わが家の虫よけには常に神経を尖らせていた。ベッドの足を灯油の入った皿につけ、敷物はしょっちゅう外に持っていってはたき、両面を虫干ししていた。また少なくとも年に二回は家の床をオクタゴン石鹸とレッド・デヴィル苛性アルカリ溶液を混ぜ合わせた洗剤でこすってみがき、床板のすき間が虫の棲み家にならないようにしていた。

わが家の農場に住んでいた人々は、みな信頼できる勤勉な日雇い労働者であった。そのだれもが物納小作人《シェアクロッパー》として自分の作物を生産できる資格をそなえていたはずだ。しかしながら、実際彼らが物納小作人となるためには、別のさらに遠方の農場に移らざるを得なかった。しかも借金をして自分のラバや農機具を購入せねばならず、毎週定期的に支給される賃金もあきらめなければならないのだ。

父は一つ一つの家庭について、どれくらいの収入があるのか、どれくらいの借金があるのか、どのような道具を持っているのか、農民としてどのような経験を積んできたか、どれほど勤勉でやる気があるか、そしてもちろん週末に何をして警察ざたになったかということまですべてを知っていた。父とは違って、母は看護婦の仕事で小作人の家にいることが多く、それぞれの家族のことや健康状態、一人一人の衛生状態や身だしなみの習慣を把握していた。しかし黒人の家で共に暮らし、食事をし、家族のプライベートな会話の中にまで入れてもらっていたのは私だけだった。黒人の親は特に女性の場合、心配事について私に直接話しかけてくることもあった。私も成長とともに、彼らが私の親に直接話す代わりに、こうして私に伝言を託しているのだということが分かるようになった。このような問題や悩みに対して、なんらかの手助けができそうな場合は、私もうまく家で話を持ち出すようにしていた。

小作人の家での食事はたいてい私ががっかりするような内容であった。コーンブレッドと豚の背脂と野菜少しだけといったところである。時々、私のために通常よりも品数を増やしてくれることもあった。糖蜜とパンはいつもおいしかった。野菜はわが家と同じように（しばしば同じ女性たちによって）調理されていた。サツマイモはみんな大好きだった。

わが家では決して食べることのなかった料理の一つとして、「パールー」と呼ばれているものがあった。狩りがうまくいった後に食べると格別に美味だった。どこから「パールー」という言葉が来たのか、辞書にも出ていないが、プレインズでは今でも使われている。パールーはリスやウサギやアライグマなどの野生動物を煮込んだこってりとしたシチューである。めったにないごちそうで、大きな鍋にトウモロコシ、粗びき粉、タマネギ、ジャガイモ、トウナス類、オクラ、胡椒、それ以外にも香りが強くなければ手に入るものを何でもぶち込む。それに細切れにした肉を加えて煮ると、肉の風味が強くなり、全体にじっくりしみ込んでいくというわけだ。時には数家族が材料を持ち寄って作ることもあった。ごちそうにあやかった者が招待側にこの特別な煮込みの中身をたずねると、いつも決まって、「もし本当のこと言ったら、食べられなくなりますよ！」という答えで、一同大笑いとなるのであった。

われわれ農場に住む少年たちは、屋外でのびのびと過ごしていた。畑や森でラバや犂《すき》、鍬《くわ》を使って仕事をしたり、休日には釣りに行ったり、馬や自転車に乗ったり、狩りに行ったり、木や風車に登ったり、クリークや泥沼の中で遊んだり歩いて渡ったり、格闘したり、取っ組み合いをしたりと活動的な毎日であった。

天候と両親がゆるす限り、私は早くは三月から遅くは十月頃まで靴をはくことはなかった。一年の最初の暖かい日が訪れると、それは新たな生命復活の季節を意味するだけではなく、私にとっては新しい自由の季節の始まりでもあった。走ったり、すべったり、水たまりの中を歩いたり、耕されたばかりの畑の土の中に足を踏み入れ、足首まで埋もれていく感触を楽しんだりしながら、生活にまた新たな広がりが生まれていった。農場でのこの解放感がたまらなかった。しかし十三歳になって七年生にもなると、教会や学校には靴をはいて行くようになっていた。農場で暮らしを営んでいた男たちの多くは、寒い冬は別として、生涯裸足で通していた。はっきり言えることは、大地に対する親近感は、まさにこの習慣によってつくられたものなのである。

殊に春の初頭、まだ足の裏がやわらかい頃は、イバラが問題ではあったが、一番悩まされたのは夏の熱い表土だった。新しく耕した畝《うね》はひんやりとして犂の後ろから歩いて行くにも気持ちがよかったが、スイカを切り取ったり、作物に施肥をしたりメキシコワタノミゾウムシに殺虫剤をかけるときは、焼けつく大地の表面と足が直接触れることになるのだ。足の裏の親指のつけ根あたりは厚く堅くなっていたが、熱い砂やもろい土が裸足の上からかかると、柔らかいところなので、痛かった。炎天下の正午から午後の半ばまでは、摺り足ダンスのようなことをしたり、スイカの葉や何かの陰で休憩をはさまないことにはやっていけないほど熱かった。家畜小屋あたりでは堆積した動物の排泄物を避けて歩くことはできなかった。実際避けようとも思わなかった。ラバや馬をつかまえて馬具をつけ、ニワトリや豚に餌を与え、毎日牛の乳しぼりをせねばならなかった。こうしたことをやるにも、やはり靴をはくよりは裸足の方がましだったのだ。

とはいえ裸足にも不利な点はあった。いつ古い有刺鉄線やさびた釘を踏むか分からず、破傷風の危険性もあった。また、学校の松の床は紙ヤスリでみがかれずに荒削りのまま、使用済みのモーターオイルを定期的に塗って、ほこりが舞い上がらないようにしてあったが、われわれは一歩踏み出すごとにすかさず足を上げねばならなかった。とげがあちこちにあるし、表面をほんの二、三センチこするだけでも裸足にとっては危険だったからだ。

　われわれが一番よくかかっていた病気は、風土病のグラウンド・イッチ（十二指腸虫の幼虫が皮膚貫入して起こる発疹）や白癬《はくせん》、癤《せつ》、癰《よう》、ものもらい、それに自らが招くとげや切り傷、すり傷、打撲傷、ハチ刺され、そしてわれわれが「つま先ぶつけ」と呼んでいたものなどであった。南部のレッドバッグつまりツツガムシ病のことはあまり気にならなかったが、森や沼地から帰ると、母から言われてマダニがついていないか調べていた。母がうまくピンセットで取ってくれていたので、刺されたあともひどくはならなかった。手に入る防虫剤はなかった。シトロネラ油（イネ科の香料植物からとれる刺激性の油）があるにはあったが、効果が大してなく、しつこいキンバエや雨後数時間すると現われる蚊の大群がいたにもかかわらず、ほとんど使うことはなかった。他所者《よそもの》には耐え難い小さな黒いブヨも、われわれは完全に無視できる能力を生涯にわたって身につけていた。

　水虫の類はもっとやっかいであった。小さいらせん状のものが密集して指の股あたりにできることが多く、ひどいかゆみで、ぐるぐる回る小さな鬼のような生き物がこれを引き起こしているのだと信じていた。後になって驚いたのだが、いかなる蠕虫《ぜんちゅう》や昆虫もこのような形態をとることはなく、カビのようなものだということが分かった。時にはこれらとレッドバッグの間で、どちらがかゆくて人がかきむしることになるか競争しているかのようだった。レッドバッグは釣りに出かけてクリークの土手に座ると必ずつくと考えられていた。

たいていの人は、われわれがグラウンド・イッチと呼んでいた十二指腸虫にやられていた。友だちも私もその第一段階は経験した。一九三〇年代の農村地帯の黒人、白人の子供たちを調査した結果、十二指腸虫症罹患率は二六から四九パーセントであった。私と他の子供たちとの違いは、母がいつも足の指の間に薬をはさんでくれたことだ。これによって寄生虫が肺からのど、そして小腸へと移るのを避けることができた。治療がなされない場合、何百万という小さな虫が、貧しい人々の体内に残るわずかな栄養素をも食いつくしてしまうのであった。十二指腸虫を避けるためにもっと重要な役割を果していたのは、屋外トイレの存在だったと思う。人間の排泄物を含む土を踏まずにすんだからだ。

別々の時ではあったが、両腕と三本の肋骨を折ったことがあった。しかし一番記憶に残っているケガといえば、手首にたった一つの小さなトゲが刺さった時のことだ。ある朝、いつも通り、母から昼食用《ディナー》にニワトリをつかまえてくるように言われた。そのときA.D.と私はオーストラリアのアボリジニが狩に使用していると教わったブーメランの「実験」の真っ最中であった。小さいのは自分に戻ってくるし、まっすぐに近いものはターゲットをねらい打ちするために使っていた。狩猟用の道具を持ってニワトリをつかまえに行った。ニワトリは燻製小屋の後ろ、ウイキョウの小さな畑にいた。まっすぐにのびた茎の上のもじゃもじゃしたウイキョウの頭はすでに切られ、六十センチくらいの切り株が残っていた。上手投げでブーメランを投げると、激しく振り回した手首が鋭い切り株に当たり、その先が手首の骨の間に深く刺さって折れてしまった。傷は目に見えないほどで、微少な穴があるだけ、それでやっとケガをしたということが分かる程度のものであった。

母にニワトリを一羽持って行き、手首が痛むと言った。母はそれを見て、マーキュロクロームをちょっと塗った。しかしだんだんと手を動かせなくなり、考えていたより深刻な事態になっているのではと私は思い始めた。一、二日すると手と腕が腫れ、母は私をプレインズの病院まで連れて行き、ボーマン・ワイズ先生に診てもらうことになった。先生は患部周辺をさわっていたが、何もないということで小さな包帯をして私を家に帰した。

季節は真夏であった。農場では綿を摘み、ピーナッツの土を振り落とす時期であった。猫の手も借りたいほどで、だれもが仕事にかり出されていた。腕の腫れはたいしたことはなかったのだが、手首を曲げたり指を動かすと激しい痛みがあり、私は畑に出ずに家にいた。ある日の昼食後、父が仕事に戻るとき私に言った。「みな一生懸命仕事をしているというのに、ジミーは家で寝そべって本でも読んでいるのか」。この言葉に私はショックを受けた。父が私のことを「ホット」や「ホット・ショット」と呼ばずに「ジミー」と呼ぶときは、私のことが気に食わない時だということを承知していたからだ。両親は共に休むことなく働いていたし、子供たちも立派に決められた仕事を成し遂げることがわが家の鉄則であった。仕事をして良い評価を受けることは私にとって大切なことであったし、父から認めてもらうことはそれにもまして重要なことであった。

どうしてよいか分からず、私は家の近くの牧場に出て行った。父は日頃よりも忙しい状態にあるというのに、自分が怠けているのが恥ずかしかった。治りたいという必死の思いで、私は指を上に向けて手の平を柵のくいにベルトできつく巻きつけ、手首が曲るようにゆっくりと腕を持ち上げた。と突然うみがどっと出て、その真ん中になんと黒ずんだ一センチほどの木のかけらがあったのである。急いで家に帰り、自転車に乗り、全速力でこいで綿畑まで行き、父に出動報告をした。木片のとげを見せると、父は喜んで言った。「ホット、また一緒に仕事ができて嬉しいよ」

耕作期には、犂《すき》や鍬《くわ》を使って仕事がしたかったのだが、子供の頃の仕事はたいてい、畑で働く何十人という人たちに飲み水を持って行くことであった。井戸がとても遠かったので、いくつかの天然の湧水を唯一の水源としていた。一番良質の水源は特に大切に管理されていた。砂は掘り出され、水源は木の板で囲われ、近くの木にはひしゃくやほうろうのカップがぶら下げてあった。水へビがふらふらと現われても見えるように周辺のやぶは取り除かれ、水源への道も整備され、何百という足跡で固められていた。多くの家は掘り井戸がなかったため、良質の水源の近くに集まっていた。また、道路沿いの水源は広く知られており、旅人が立ち寄り休む場所にもなっていた。

このような水源から水を汲んでくることは大変な労働であった。ほとんどが険しい傾斜地の底にあり、地面はぬかるんで沼地のようになっていた。畑は遠く平地の方にあった。父は畑の労働者には日当で支払っていたため、水を飲むたびに仕事の手を休めることを良しとしなかった。そのため私が給水係りになる必要があったのだ。両手にそれぞれ十リットルのバケツを持って行った。これが私の汲んでこれる水の量であった。水がばちゃばちゃとこぼれるのを少なくするため、水面に板切れを置いてはいたのだが、丘を登り畑に歩いて着く頃には、汲んだ水の全部がのどの渇いた労働者たちに回るとは限らなかった。

この仕事には、ほかにもフラストレーションをおこす要因があった。少年である私には何の権限もなく、しつこく早く早くとせがまれ、彼らの飲む量を制限することもできなかった。いくら飲んでもおさまらないような者には、二番目のバケツの底数インチになるまで待たせ、その残りを飲み干させるということを覚えた。無意識にやっているのだろうが、一、二杯ひしゃくで飲み、最後にもう一口飲んで残りを地面に捨てるといった癖の持ち主もいた。これは私にとって自分の血液が捨てられるも同然のことであった。夏の太陽のもと、時には三十人もの労働者に水を運ぶこの仕事は、農場での他の仕事にまさるとも劣らない大変な仕事であった。犂《すき》や鍬《くわ》を扱う人たちをうらやましく思ったものだ。こんな仕事は自分の一人息子などではなく、最も頑強で大柄な男にさせるべきであるという思いを常々父に対して抱いていた。しかし、父は自分を愛しているはずだという確信もあった。この拷問にもかかわらず。

短髪のおかげで、われわれ男子はシラミの難を免れることができた。母が厳しく管理していたため、わが家の衛生状態は良い方だったが、それでも妹たちは二人とも時折この問題で悩まされることがあった。髪をすごく短く切るか坊主頭にするという対処療法以外で通常行われていたのは、硫黄と灯油の混ぜ物を塗りつけ、きつめのストッキング・キャップ（編まれた長い円錐形の帽子）をかぶってしっかりと押さえておくという方法であった。学校でクラスの女子が一日中帽子をかぶっていれば、何が問題になっているのか、みんな分かっていた。

どんな病気の治療でも楽しいものはなかった。製薬会社は、ひどい味や臭いでなければ菌と戦うことができないとでも考えているのであろうか。われわれはいつも疑わしく思っていた。あるいはそう信じる買い手にただ合わせようとしていただけのことかもしれない。ひまし油、マグネシア乳、６６６、パレゴリックはみな効果は証明されていたし、熱いパップ剤はクループ（子供の咽頭と気管の病気）で冒されている胸に、ヨードチンキは切り傷やかすり傷に、それぞれ頭を下げたくなるほどよく効いた。私にとってこれまでで最悪の医療体験は、父がある人から聞いて、子供はインフルエンザや流行病を防ぐために、腰の回りに「悪魔の糞《デヴィルズ・ダング》」とよばれているアサフェティダ（オオウイキョウの根から採ったゴム樹脂）をつければよいと信じてしまったことだ。これは何かの根から採ったエキスでひどい臭いがしたが、病から守ってくれると評判であった。病原菌を持っている者が、このひどい臭いを身につけている者に近づこうとしないからだ。病気の危険がなくなったということを父が納得するまで、われわれはそれを身につけるはめになったのであった。

虫やネズミによって伝染するマラリア、チフス、腸チフスその他の病気については、学校の授業や母からも聞かされていたが、いたるところに存在する有害動物や昆虫についてはほとんどお手上げ状態であった。ハエ対策としては、家から追い出すのに毎日何回となく網戸を開け閉めしていた。牛乳や食物の容器にはカバーが必要で、チーズクロース（目のあらい薄地の綿布、最初チーズを包むのに用いた）をよく使った。ハエの「人口削減」のため、ハエたたきや天井からぶら下げたハエ取り紙などを使ってみるのだが、裏口の外には常に元気な群が待ち構えており、近くの家畜小屋では新しいのが次々と誕生している有様だった。昔のジョークによれば、ハエを家から追い出したければ手だてはただ一つ、とてもくさいチトリンズ（豚の内臓料理）を作ることだと言われていた。

犬はわれわれの生活で重大な役割を果していた。農場や狩りでしょっちゅうついてまわっていたが、それだけではない。子供時代の一番恐ろしい悪夢は犬によるものでもあった。狂犬病の恐怖は幽霊屋敷や肺炎や小児麻痺よりもひどかった。幼いときから狂犬病被害者の恐ろしい話を聞かされ、洗脳されていた。狂犬病と分かっていた犬から噛まれた良き家庭人の農夫についての話を聞いたことがある。まだ自分の意識をコントロールできる状態の時、彼は自分を頑丈な鎖と錠で木にしばりつけ、鍵を捨てた。狂気とけいれんの最終段階で、自分が妻と子供たちを襲わないようにしたのだ。こうした話は、全く治療不可能な狂犬病の破壊的症状がいかに恐ろしいものであるかを知らしめるため作られたものであったが、その恐ろしさは誇張されているとは思わなかった。

繰り返し見る夢で最悪のものは、犬が出てくる夢であった。犬といってもいつも可愛らしい子犬なのだが、それが狂気を帯びているのだ。私が走るとその子犬は追いかけてくる。子犬はつまずいたり、ぐるぐる回ったり、離れていったりするのだが、いつも私のそばに戻ってきてしまうのだ。重く濃い糖蜜の流れを必死で歩いて渡ろうとしている感じで、足はスローモーションのようにゆっくりとしか動かなかった。犬がよだれをたらしながら口を開け私を噛む、とその瞬間目が覚めるのであった。寝汗をかき、激しい呼吸で、恐怖で体が硬直していた。六十年以上がたった今でも、この世のものと思われないような犬のうなり声や、私を追いかける途中犬が自分の後足を噛み、血が流れ出している光景を鮮やかに記憶している。

子供のころ狂犬病の犬を実際に何匹か見たことがある。私の夢の中に出てきた犬に劣らず、逃げ出したくなるようないやなものだった。もしわれわれが飼っている犬の一匹でもおかしいのがいれば、元に戻る見込みのない場合、しばりつけるか小屋の中に閉じ込めて撃つということにしていた。狂犬病に冒された動物が家の近くの道路や畑で狂ったように走っているのも見た記憶がある。プレインズにいるときも、二回狂犬病の犬が通りに現われたことがあった。うわさはまたたく間に広がり、みな自分の家や店の中に駆け込み、戸や窓も全部閉めて閉じこもっていた。ライフルや拳銃を持った男が一人か二人、(できるならば車で)犬に近づき、殺すというやり方であった。

町にピーナッツを売りに出ていて忘れられないことがあった。狂犬病かと思われる犬が店の前の街灯につないであった。けいれんを起こしはじめたので、神経質な町の警察官がおずおずと犬に近づき、六回ピストルを放ったが、地面に打ち込んだだけで終わってしまった。そこでおじのオールトン（いつも私はアンクル・バディーと呼んでいた）がメイン通りで経営していたプレインズ・マーカンタイル社の店員の一人が陳列棚からライフルと弾を持ち出して、やっと犬を撃ったのだった。

農場の少年にとって、犬に噛まれずに済む方法というのはなかったので、予防接種の有無がわからない犬に噛まれると大変な問題となった。犬の頭を切断し、州の試験場に送っていた。もし狂犬病という結果になれば、噛まれた被害者の方は、当然やってくる死を避けるために、連続して二十一回の痛い注射を受けねばならなかった。（一九七一年に初めて狂犬病でも生存し得ることが分かった）。

ある日私がわが家から一・五キロほどの一軒家の前を自転車で通り過ぎようとした時、小さな雌のテリア犬が綿実倉庫の下から走って出てきた。そして私のかかとをひどく噛んだのだ。予防接種済の札は首輪についていなかった。父と犬の持ち主の関係は以前から良くなかったので、深刻な争い事にまで発展してしまった。父は犬の頭を至急検査に出すよう言い張ったが、綿実倉庫の下でその雌犬が子犬を育てているとの理由で飼い主は断った。わが家の隣の住人が郡裁判所に出向いてくれ、その犬が狂犬病の予防接種を受けているという正式な証明書を持ち帰ったところで、やっとこの騒動にけりがついた。それでも母は念のために注射を三本打つようにといって、私のお尻には長い針が刺し込まれることになったのである。

予防接種デーは、プレインズでも最も楽しい年中行事のひとつであった。祝日といってもよかった。郡の獣医が全員そろい、地域の人たちは普段とは違うロープやチェーンで犬をしっかりとつなぎとめて、町に連れてきた。闘犬が何回となく行なわれ、あたり一帯犬の吠え声で大変な騒ぎで、商店も繁盛していた。しかしこの義務は人々にとって真剣なものでもあり、郡の保健及び警察当局と、住民相互の監視の下、きびしく施行されていた。金属製の予防接種札をつけていない犬は、その場で処分されても仕方がないということを飼い主は承知していた。

ネズミには常に悩まされていたが、これはさらに手に負えない問題であった。ここでいうネズミとは、ハツカネズミではなくドブネズミのことだ。しっぽを入れないで二十五センチにもなるのだ！　物置小屋の戸を開ける時や、家畜小屋の二階に上って飼葉おけに干し草やまぐさを落とし入れる作業の時、必ずといっていいほどこの化け物の一、二匹に出くわす。小屋のあちこちにある秘密の隠れ家が、自分たちの領土だと思っているのだ。建物の周辺にたむろしている猫さえも追い散らし、のろまな犬とほぼ互角の力を持ち、自分を守る能力をそなえていた。その鋭い歯にかかれば、鉄とコンクリート以外はひとたまりもなかった。コンクリートの床の下には四方八方に穴が掘ってあり、ネズミたちでも落ち込むほどのすごさであった。ドブネズミから守るため、父は家畜小屋用には中古の鉄製の箱を買い、その中に特に貴重な種や医薬品、化学薬品を入れ、保管していた。ネズミの方がウサギよりも繁殖力旺盛であることは誰でも知るところだ。ドブネズミは不潔な病気の運び屋であるだけでなく、常に心配と悩みの種であった。われわれの家畜よりも穀物の消費量は多いほどなのだ。またヒヨコや若鶏、ガチョウのひな、アヒルのひなにとっても恐るべき存在であった。

当時効果のある殺鼠剤《さっそざい》といえばストリキニーネだけだった。しかしこれを使うと農場の生きものがすべてやられてしまうため、ネズミ退治には、穏やかではあるが効力も低い毒や、大きなネズミ捕り、訓練されたテリア犬、そして家畜小屋周辺によく現われていた野性に近い巨大な雄猫に頼るしかなかった。この対ネズミ戦争は家畜小屋や物置小屋周辺で絶えることがなく、ときたま勝利することはあっても、ほとんどは人間側が惨敗という有様であった。ときどき父が近くの農家に頼んで、ネズミ獲りテリア犬や訓練された野良犬を大勢引き連れてわれわれの農場で一日、二日過ごしてもらうことがあった。こうした犬は猛然とネズミの穴を掘り、憎きネズミどもをやっつけてしまうのだ。その日畑仕事のない者はみな家畜小屋に集まり、建物の下に張りめぐらされたトンネルや地上で繰り広げられる血なまぐさい戦いを観戦していた。

わが家の回りの庭は家畜小屋周辺よりもはるかに清潔であった。しかし、ドブネズミが好む穀物や食料には封をしていたにもかかわらず、薪の中や燻製小屋や物置にいつも数匹はいた。物置には、自分のポニーや、学校の農業教育の一環として自宅で飼育している子牛のために餌を置いていたからだ。父は家の回りに猫が来るのを嫌ったので、二二口径のライフル銃を使って、裏庭と店の建物をネズミから守っていた。大きいのを見つけると、父か私が裏口の階段にねばり強く座って待ち、確実に射止めるのであった。それにくらべて、小さなハツカネズミの方は、台所や食料庫以外ではほとんど無視していた。そこにはチーズやピーナッツバターを置いたネズミ捕りを仕掛けるくらいであった。

二十羽かそこらのガチョウも飼っていたが、これは主に綿畑の昆虫を退治するために使っていた。飛べないように羽根を短く切っていたが、農場を自由に動き回り、柵も越えて行くほどであった。子供の頃に接した動物の中で、私はガチョウが一番こわかった。巣の上にいるときやひなが孵化したあとなどは、雄のガチョウはことのほか攻撃的で、近寄らないことが肝心。家から家畜小屋に到る狭い道にガチョウがいるのが見えるや、私はくるりと向きを変えて大きく回り道をするほどであった。

年に二度ガチョウを囲いに入れ、一羽ずつつかまえ胸から綿毛を抜いた。成長してこの仕事をまかされるようになったが、これは大変な難行であった。ガチョウの背中を自分の胸にあててしっかりと持ち、左腕を左羽根の下から首の後ろへまわし、手は右羽根をつかむという格好だ。ガチョウの方は私に噛みつこう逃げようと必死で、繰り返し糞もするのであるが、それにもめげず、私の方は右手で胸から羽毛をむしり取り、袋の小さな口からすばやく入れ込むといった悪戦苦闘を行うのである。この実に細かい産毛は、ほとんど重さを感じない最高の羽布団になったのである。家ではベッドカバーにも使ったが、余分はプレインズやアメリカスの店にいい値で売られていった。

子供時代、私はかなりの時間を費してジャック・クラークの乳しぼりを手伝っていた。毎朝ジャックは、まず労働者にラバと道具や、肥料、種を持たせて畑に送り出さねばならなかったので、乳しぼりは私が学校に行ったあと、時には妻レイチェルの助けも借りながら行っていた。私の仕事は午後、家に帰ってから乳しぼりをすることであった。私が普通三頭くらいを担当して、ジャックがそれ以外の牛をやっていた。われわれの農場にいた八頭から十二頭の乳牛からは家族で消費しきれないほどの牛乳が得られたが、父はそれを全部無駄なく利用していた。

わが家では新鮮な牛乳が飲み放題で、みなよく飲んだが、母だけはいかなるタイプの牛乳も飲もうとしなかった。台所の調理用薪ストーブのそばには、炻器《せっき》の五ガロン（一ガロンは三・八リットル）用バター製造攪乳器があり、真ん中に穴のあいたゆるいフタがついており、いつも少なくとも半分は牛乳が入れてあった。クリームが全部上に上がり、ストーブの熱で牛乳が半凝固状になったころ、定期的に三十分ほど木製の攪拌器を上下に動かして攪拌すると、クリームがバターになり、上の方に浮かんでくるのであった。バターをすくいとり、塩を加え、木型できれいな形に固めた。残りのバターミルクは（今でもそうだが）私の大好きな飲み物の一つであった。

プレインズのスウォーニー・ストアからは、われわれの余剰ミルクからとれる純クリームを丸ごと全部ほしいと、いつも父のところに注文が来ていた。裏のポーチにはクリーム分離器があった。アルミ製の大きなボールで、ハンドルをすばやく回す仕組みになっていた。遠心分離器のようなもので牛乳からすばやく軽いクリームを分離していた。基本的な原理は分かるのだが、ハンドルの上で前後にゆれる小さなちょうつがい型の金属がカチカチと鳴らす音については、今でも不思議に思えてならない。カチカチという音が、クリームが分離すると変わるのだ。(この容器の中で起こっていることと、ハンドルの端に当たる小さな鉄片との関係について、読者でご説明いただける方がいらっしゃるかもしれない)。クリームを取り除いたあとの残りのミルクは、われわれが「ブルー・ジョン」と呼ぶスキムミルクになり、子豚や子牛の餌になった。(このスキムミルクは、今では妻のロザリンと私が脂肪やコレステロールをカットするため、シリアルや料理に用いているものだ)。

父は毎日全乳の二、三ガロンで、バニラやチョコレート、時にはストロベリー風味の飲み物を作っていた。これを小さな広口のビンに入れ、ろう付きの厚紙でフタをしていた。父には決まったルートで回る店やガソリンスタンドがあり、そこでわが家の牛乳を販売してもらっていた。それぞれの場所で、父は売れ残りのビンを回収、出来たばかりのものと置き換え、差額を回収していた。ここでも、返品牛乳は家畜の餌として使われた。農場には最悪の危機が何度かあったが、その一つに、乳牛が、牧場の遠い片隅に苦いブタ草を見つけたときのことがある。数日間牛乳がひどくピリピリするような辛い味になり、全部豚行きになってしまったのだ。牛をすばやく移動させ、この有害な植物を取り払わねばならなかった。

わが家の庭は、いつもニワトリに七面鳥、ホロホロチョウやアヒル、くじゃくでにぎやかであった。ほとんどどれもが卵から大きく育てたものだ。年に一、二度、父はシアーズ・ローバックや他の会社から数百羽のヒヨコを購入していた。自家用や販売用のブロイラーや卵のためだ。前にも書いたように、フライドチキンやチキンパイを作るとなると、母が私に「ジミー、大きな若鶏かめんどりを取ってきてちょうだい」と言う。そこでニワトリをつかまえ、首をしめて殺し、パタパタする動きや出血が止まると、内臓を取り出し、下ごしらえをするため裏のポーチまで持っていくのが私の仕事であった。わが家では、ホロホロチョウのダークミート（黒っぽい肉、主にもも肉）をいやというほど食べた。走る車の前を横切るほどまぬけな鳥だったからである。飼っていためんどりは——ほとんどが白のレグホン種やプリマス・ロック種、ロードアイランド・レッド種であったが——建物横の物置や低い木の股にわれわれが置いていた巣を使うことが多かった。野性ニワトリの巣も含めて、他の鳥の巣は隠れたところにあった。

その時代、ニワトリの卵は通貨の一種として喜んで受け入れられていた。サイズによって異なる卵の卸値、小売値をだれもが知っていた。鮮度を保証できることは売り手にとって名誉なことであり、悪ければ自動的に替えてもらえる仕組みになっていた。腐った卵と知りながら店に卸し、結果的には何の疑いも持たない主婦に売りつけることは、その人の信用を致命的に損なう行為であった。しかしながら、いくら注意していても、たまに悪い卵に当たるのは避けられないもので、ホットビスケットやケーキ用の練り粉に混ぜて大騒ぎになることもあった。われわれは習慣として、家の庭でとれた卵でも、事前検査として別のボールに割ってチェックしていた。というのは、奥深く見つけにくい巣に生まれた卵は、見つかるまでに数日間取り残されていた可能性があるからだ。

家や庭で、また家畜小屋や畑でもやるべき仕事が山のようにあったが、それでも友だちや私には他のことをする時間もあった。農場ではだれもが野性の果実や木の実がいつ熟するかよく知っていた。われわれ少年は、一ヶ月から六週間毎に巡ってくる季節の変化をいつも楽しみにしていた。まずは五月の終り、スモモ、クロイチゴ、野性のサクランボ、ブルーベリーで一年が始まり、そして七月いっぱいはイチジク、リンゴ、モモ、八月はメイホー（バラ科サンザシ属。ジョージア州南西部の限られた沼地に自生。堅いトゲがあり、赤い実がなり、食用される）、マスカディン種のブドウとスカッパノング（どちらも米国南部原産のブドウの一種）。十月には栗、チンカピン栗、クルミ、ヒッコリー、ザクロ、それに柿。最後に十一月いっぱいペカンとシュガベリー（エノキの実）がとれた。小作人家族にとって収入源になる唯一の野性果実はクロイチゴであった。とげの間をぬって女性や子供が摘み、一ガロン十セントで売っていた。

私の誕生日の十月一日には、毎年恒例の「儀式」として、農場の森の端にあった大きな栗の木に家族総出で出かけていた。農場にはほかに二本小振りな木はあったが、実もならず、死にかけていた。みんなで地面に落ちてまだ動物に食べられず残っているわずかばかりの栗を拾い集め、短い棒きれを木に投げ込んで栗をふるい落とすのだ。栗の生育地としてはこのあたりが南限になっており、これほど実がなる栗の木は珍しがられた。私は学校にいくつか栗を持って行き、一つ一つ格好いいビー玉と交換したものだ。後になって、海軍から故郷に戻ってみると、この木は胴枯れ病の流行で枯れてしまっていた。

私はA.D.やほかの友だちを見習って、遊び道具は買わずにいろいろと自分で工夫して作っていた。友だちを自転車のハンドルに乗せて走るときは別として、いつもは自転車を置いて、友だちと一緒に歩くか走っていた。作ったものすべてを思い出すのはむずかしいが、みんなのお気に入りの一つは、木製の樽からとった直径三十センチ弱の厚味のある鉄の輪であった。われわれは、何マイルも、時には一度に何時間も輪を転がして走っていた。転がすのに使用したのは、硬くて強い針金で、一方はループ状の取っ手、他方は輪にはまるようV字型にしていた。

われわれ男の子は、ゴムパチンコと、弾として丸い石をいつもポケットに詰め込んでおり、これなしでは様にならなかった。他にも大切な遊び道具があり、危険な武器になるようなものもあった。一番作りやすく楽しかったものの一つに、大きなトウモロコシの穂軸で作った投げ矢があった。長さは十センチ強で、一方には針のように鋭い釘がさし込まれ、もう一方にはニワトリの羽根が二枚さしてあった。羽根は、標的や建物の側面に矢が突き刺さるまで適切に回転するよう、微妙な角度でさし込まれていた。

ウイキョウで作った槍にも同じ鋭い釘を使ったが、「アトラトル」という槍投げ器を使うと実に遠くまで飛び、目を見張ったものである。これは、「ボーイズライフ」（米国の少年向け月刊誌。一九一一年創刊）やインディアンに関する本を読んで作ったものであった。ゴム銃の基本デザインに改良を加えるため、何度父の店に出没したことか。長い銃身のピストル形に切ったあと、バネ付きの洗濯ばさみをつけ、しっかりと固定するためにゴム輪で巻き、銃身の先まで輪になったチューブを引っぱった。洗濯ばさみをきつく握ると、中のチューブの輪がはずれて飛んで行くという仕組みだ。最終的には、十二連発も可能な銃を作りあげることができた。これに撃たれて、どちらかの側の全員が「殺《や》られる」まで戦った。またアメリカセイヨウニワトコの枝の中身をくり抜き、弾には緑のタイワンセンダンの実を使って、おもちゃの鉄砲を作ることもあった。

私の七回目のクリスマスに、友だちのレンバートのポニーに合わせて、父がシェットランド種のポニーを買ってくれた。レイディーという名前をつけた。レンバートのポニーにくらべると背は低く、おとなしくのろまであったが、がっちりとしていてたくましく、少年二人を軽々と乗せることができた。数年間、A.D.と私は暇さえあればレイディーに鞍をつけ、農場周辺やクリークまで乗って遊んだ。父は、農場にあるものすべては、それぞれ何らかの形で利益を生むべしという考えの持ち主で、このポニーですら例外ではなかった。そこでレンバートのポニーと交配させるため、定期的に二、三日間一緒に過ごさせることがあった。レイディーの子供たちが生まれたときは大騒ぎであったが、父やおじのオールトンによって、あるいは郡の家畜競り市で、二十

レイディーに乗る私、レイディーの子馬レイディー・リーと猟犬のスー

五ドルほどで売られていく日は悲しかった。私は、いつも売り上げの半分をもらい、プレインズにある自分の銀行口座に預金していた。父は子馬の飼育販売の合間に、それぞれのポニーが食べたトウモロコシと干し草の量と、私の乗馬時間を比較し、ポニーが有効に使われているかどうかも調べていた。成長とともに私のポニーに対する興味も薄くなっていった。父から「最後にレイディーに乗ったのはいつだったかね?」と問われるのが恐くてたまらなかった。

私が知っていたプレインズの人たちは、みんな泳ぐことができた。アーチェリーに住み始めて最初の年、父が家の裏の小川を掘り、内側に板を打ちつけて小さなプールを作ってくれた。そこで泳ぐのが大好きであったが、毒を持った水へビの方も同様で、その沼地あたりによく出没していた。そのため、飛び込む前に注意深く水面を調べる必要があった。ある日、いとこのヒュー(アンクル・バディーの息子)と私が泳ぎに来て、大きな水へビがプールにいるのを見つけた。木の枝でヘビをたたいているうちにヒューが水に落ちてしまった。しかしすさまじい速さで自ら這い上がってきたので、後々、「洋服も濡れなかったほどだよ」というのが語り草になった。父が妹のグローリアと私に泳ぎを教えてくれたのはこのプールだった。しかししばらくすると、農村の友だちと私は、はるかに大きいチョクタハッチー・クリークで泳ぐようになった。さらにそのあと、プレインズの白人の級友とは、マグノリア・スプリングズに行くようになった。ここは私の両親が若いころ初めてダブルデートに行ったところだ。

父のヤギが無駄食いしているのが気になっていたので、A.D.と私はジャック・クラークに手伝ってもらい、古くなった子供用の自転車から車輪二つを取って、小さな荷車を作った。次のステップは、大きな雄ヤギ一頭に投げ縄をかけ、必死で押さえ込んで端綱をかけ、荷車につなぐこと。それから、われわれの行きたい方向にヤギを動かす訓練をすることであった。間もなく、ヤギの方がラバより怒りっぽいことが分かってきた。それに、われわれのような小僧では、農場の男たち（ましてや映画で見るカウボーイたち）のようにはうまく訓練できないことを悟った。この雄ヤギには、われわれの知事にあやかって、「タルメッジのおやじさん《オールド・ジーン・タルメッジ》」とあだ名をつけ、彼の有名なズボン吊りにちなんで引き綱を赤くペンキで塗った。いろいろ問題はあったが、このヤギ車《ゴートカート》は乗ると何が起こるか分からないというしろもので、冒険に満ちたものであった。一度だけ、「おやじさん《オールド・ジーン》」に乗って災難にあった。野生の馬のように私を振り落とそうとせず、全速力で有刺鉄線に頭から突っ込んだのである。ヤギの方は止まったが私は止まらなかった。今でも右ももに五センチの傷跡があり、ヤギ乗りの危険に対して変わらぬ警告を発してくれている。

好きな遊びの一つに凧あげがあった。竹を裂いて作った枠に薄くて柔らかい紙をのりで貼り、みんな自分の凧は自分で作った。最初のうちは誰が一番高く飛ばせるかを競ったが、後には誰が一番小さいのを飛ばせるかに変わった。さらに競争が激しいものに木登りがあった。小さいうちから庭にあるタイワンセンダンやモクレン、ペカンの木の枝は全てマスターしてしまい、そのうち森の大きな木に挑戦するようになった。枝に手の届くような木はたいした挑戦にもならず、高い木の場合は、われわれの腰と木の幹回りにロープをかけ、うまくいくかどうかを実験してみた。裸足を樹皮に固定させ、一度に五、六センチずつ体をてこのように押し上げ、やっと下部の枝にたどりつくのだ。母がペカンを収穫する際、またアライグマやオポッサム狩りの時、私の木登りの才能は大いに役に立つこととなった。私は庭の木に一つ、また森にはひそかにもう一つ木の上の家を作っていた。ホタルをびんに集めて、木の家の明かりにしようとしたが、うまくいったためしがない。

いつもの友だちと遊んでいて競争で負けることは一度もなかったが、アーチェリーの野球チームでは勝手が違った。チームの構成メンバーは十人。これには「バックストップ」というキャッチャーの後ろで荒い球に対応するポジションも含まれていた。大柄な黒人少年がいつも主力選手であった。ワトソン家の二人は白人で、鉄道区間長の息子たちであったが、私より二つ三つ年上、抜群の運動選手で、アーチェリーチームの常連メンバーでもあった。私は時々バックストップをさせてもらっていたが、バットとボールをいつも持っていたし、グローブの扱い方がうまかったからだと思う。しかし、バッターとしてホームベースにいる時は、豪速球が当たるのではとおびえてしまい、手も足も出せないままで終わるのだった。

ときたま家族揃ってアメリカスの映画館に行くことがあった。ついて行かなかったことも何度かあるが、それは「シンギング・フール」の中で、アル・ジョルソンが息子のデイヴィー・リーを悲劇で亡くし、「サニー・ボーイ」を歌う場面を見たあとで、もう映画館には行かないと決めていたからだ。私は地元紙からデイヴィーの写真を切り抜き、自分の部屋にある洋服ダンスの戸の内側に貼っておいた。悲しみからやっと抜け出たあとは、土曜日に映画に行くことが多かった。プログラムはいつも決まっており、西部劇とシリーズもののドラマと漫画とニュース映画で構成されていたが、ドラマが毎回心臓の止まるような結末になっており、毎週映画に行かざるを得ない仕掛けがしてあったのだ。

畑仕事が暇なとき、父の許しを得て、A.D.と私は何度か二人だけでアメリカスに映画を見に行ったことがあった。アーチェリーまで線路を歩き、近くに置いてある小さな赤い皮製の旗を捜してまくら木の端の穴にまっすぐに立てるのだ。これを見て機関士は停車し、われわれは区間長の家の前から汽車に乗るという仕組みだった。一人十五セントで、汽車に乗ると二人は別れて、「白人用」、「黒人用」と印された座席にそれぞれ座った。アメリカスに着くとライランダー劇場まで一緒に歩き、また別れ別れになった。A.D.は裏口で十セントを払って三階の天井桟敷《さじき》に座り、私の方は一階かすぐ上のバルコニー席に座るのだ。終わると、また二人で家に帰った。区別された汽車では物理的に別れ別れになっても、友情では固く結ばれていた。われわれの心に強く湧いていた気持ちはただ一つ、楽しい遠出ができたことに対する感謝の念そのものであった。私は当時義務づけられていた人種差別を疑問に思った記憶はない。それは、呼吸のようなもの、毎朝アーチェリーで目覚めることのように自然に受けとめていたのだった。

私が五歳のときから、父と私は、インディアンの遺物や、過去ジョージア州西部に居住していたインディアンの生活に夢中になっていた。われわれ一族の農地がかつては彼らのものであったということ、そしてわれわれの先祖が戦ったあげく、彼らに代ってこの地域に移り住むようになったという事実を知り、私たちは彼らの歴史に対してますます深い関心を抱くようになっていった。父がインディアン文化や遺物に関する本を二冊持っていたので、私たちは同じ土地で労働や狩猟をし、同じ川で魚をとった人々について可能な限りのことを学んだ。

畑や川沿いを歩くときは、常に火打ち石や土器の破片を探していた。大雨の後で畑仕事に手がつけられないとき、父と私はそろってお気に入りの場所に探索に行った。このあたりには火打ち石や土器の破片が広く散在しており、古代の村々が存在していた場所だと考えていた。（ジョージア州南部には、大きなクリーク沿いに広大な沼地があり、雨期に川が氾濫を起こすため、インディアンの居住地として最適の場所は、沼地から遠く、良質の湧水や小川近辺の乾いた土地であった）。冬場にできる限り収集を行なうことにしていた。その時期は、土地が深く耕され、数週間休耕状態におかれているため、雨が降ると、火打ち石や土器の破片が露出し、小さな盛り土の上に残っていることがあったからだ。興味を引く破片については念入りに調べ、ときには特殊な火打ち石の出所や、矢じり、槍先の形や大きさ、それに、近辺の土器の破片との関連について議論することがあった。何の発見もなくがっかりすることもあったが、たとえば百年間そこで暮らしてきた部族が遺した矢じりは、一日に矢を一本ずつ失っていったとしても、何万にもなるはずだということを自分たちに言い聞かせていた。

矢じり探しは私の生涯にわたる習慣で、人口密度が高い地域を歩いているときでも欠かしたことはない。ロザリンと私は数年間ゴルフをやっていたが、何千というゴルファーに気づかれることなく、グリーンとティーの間、人の往来の激しい道に素晴らしい矢じりを見つけたことがあった。父が亡くなり、私が海軍から故郷に戻ると、家族全員が、それまでよりもはるかに計画的に力を合わせて畑を探索するようになり、わが家のコレクションは拡大していった。ある午後、われわれの最も大切にしている畑の一つで、家族五人がそれぞれ三メートルほど離れて並び、行ったり来たり何度も往復を繰り返しながら歩いた結果、二十六もの完璧な矢じりを見つけたことがあった。興味深い出土品はどれも保存し、誰がどこで発見したかということを記したラベルを貼った。矢じりや大きな槍の根もとの形態で、正確にその時代が分かるということを知った。今でも発見した矢じりなど約二千点を保存しており、一番古いものは一万二千年以上前にも遡る。一つの時代からどれほどの発掘品があったかということで、その時代の原住民の人口を推測することができるのである。

最近では、トラクターや農機具が巨大化したため、急斜面の小さな畑は耕作用には使われず、松の木が植えられるようになった。一、二年もすると、地面は雑草やイバラでさらには枯れた松葉でおおわれることになる。矢じり探しをする者にとって、最適地の多くが失われてしまった――少なくとも伐採までの三、四十年間は。

子供時代を通して、私は狩りと釣りに夢中であった。これは私だけではない。父や町の男たち、農場に住んでいた家族、少年たちみんなが、仕事が休みのとき一番夢中になっていたものだ。本を読み、考え、話し、過去の体験を思い出し、未来の計画を練る。とにかくどれもがすべて、狩りや釣りに関することであった。生まれて最初の記憶では、もう釣竿を握っているし、ＢＢ銃以外の銃を持てるようになるはるか以前より、父の狩りに同行しているのだ。

ハトの季節になると、父から時には夜明けの二時間も前に起こされた。たいていはまずプレインズまで車で行った。ガソリンスタンドの一つが早朝から開いており、寒い戸外の狩りに出かけて行くハンターたちのために熱いコーヒーが沸かしてあったからだ。私がムーンパイ（チョコレートでくるんだクッキー。中にマシュマロが入っている）を食べるのを見て、一緒に食べようとする者もいたが、たいていは豚皮の炭火焼や、棚の上の広口ビンに手をのばして、塩漬け豚足やキュウリのピクルスをパクついていた。私はといえば、ただストーブの近くにいて、この儀式めいた男たちの集まりに参加を許された唯一の子供としての誇りを味わっていた。

それから鳥たちがいると思われる畑に出て行くのだ。ハンターたちは全員、畑の地主から持ち場を割り当てられていた。すぐに、小さな弾丸で空中が溢れ返らんばかりになるので、事故を避けるために一人一人が充分距離をおいていた。寒さが非常に厳しい場合は、父がたき火をしてくれた。まだ夜が明けきらない暗闇の中で、シマフクロウやヨタカなど夜鳥が鳴いているのが聞えた。ハトは暗闇でまだ見えないのだが、近づいて来るのが分かった。こうして最初のハトが無傷のまま地面に舞い降りてきた。白々と夜が明けていくなか、畑一帯の銃が一斉に火を噴き、ハトがバタバタと落ちてきた。私の任務は、父と反対側に立ち、飛んで来るハトのことを父に知らせ、父がしとめたハトが落ちるのを見届け、一羽一羽をすばやく回収に行くことであった。父は射撃の名手で、自分で決めた最大量までハトを袋に詰め込み、畑を後にするのはいつも決まって父が最初の一人であった。一年生か二年生のころ、授業開始後に学校に着き、他の少年たちの羨望のなか、教室に胸を張って入って行ったのを覚えている。上着にはハトの羽を一、二枚つけておくようにした。遅刻した理由を疑われないよう明らかにしておくためであった。

プレインズ一帯での究極のアウトドア・スポーツといえば、コリンウズラ狩りであった。これはあまりにもむずかしく複雑な遊び、あるいは芸術といってよいかもしれない。未経験者に説明するのは容易ではない。アメリカで最大の富を手にしていた家族の多くは、二十世紀の前半ジョージア州南部に移り、その莫大な富を使い、時には三万五千エーカーにもなる広大な農地を手に入れた。その目的はただ一つ、このすばしっこいウズラを見つけるため、猟犬を育て、訓練する場所が必要だったからだ。これだけでもこのウズラ狩りの値打ちがお分かり頂けるのではあるまいか。ジョージア州の多くの郡では、広大な土地が今でもウズラ狩りのための保護地となっている。

私の成長期にはこのような贅沢な場所については何も知らず、一九七〇年ジョージア州知事に当選した後初めて知ることとなった。その時初めてこのウズラ狩り地へ招待された。どこでやってもよいということであった。父やプレインズの男たちのウズラ狩りに深くなじんでいたにもかかわらず、この新しいウズラ狩りが私の生活の一部になってしまったのである。それほど魅力的だったのだ。十一月後半から二月後半にかけて少なくとも狩りのシーズン中は、それが話題の中心であり、その期間以外でも男たちは、猟犬の育て方、子犬の生ませ方、子犬の見分け方、若い犬の訓練の仕方、ポインター犬対セッター犬それぞれの資質に関する議論、さまざまな散弾銃の型や口径について、危険動物について、生息地の拡大について、春、ウズラの孵化を目撃した話、手柄話の繰り返しなどで話はもちきりだった。

父はいつも最低三頭、鳥用の犬を用意しており、畑では優れた仕事ぶりで有名になるほどのものもいた。ほとんどの農家では毎日犬小屋から犬を出し、庭や畑を自由に走らせるのが慣わしであった。最高の猟犬とは、二百エーカーの農場以上の値打ちがあるものだということを皆が承知していた。また大都会から来るハンターたちは、是が非でもそうした優秀な猟犬を手に入れたいと絶えずねらっており、農場では、誰もが見知らぬ者に対して警戒していた。

記憶の中にある最悪の一日に、われわれが飼っていた最高のポインター犬がいなくなってしまった日のことがあった。父は犬が夜戻ることを期待して、古い狩り用の上着と水を犬が最後にいた場所に置き、みんな一日、二日捜索に加わった。ついに最後の望みを託して、父は犬の居場所を教えてくれるのではと考え、地元の占い師の所に行くことになった。私もついて行くことを許された。占い師は家の前に看板を出しており、それには天体と、大きな手が描かれていた。その手の平には、重要なテーマである生命、死、富、愛を表わす線が書き込まれていた。かなり待たされたあと家に招き入れられた。実はその間、白人の紳士が黒人の庭にいるという、普通では全くありえない状況になっていたのだ。父が一ドルを払い、小さなテーブルをはさんで女性の占い師と面と向かい合い、状況を説明している間、私は後に控えていた。二、三分間であろうか、恍惚状態のようになった後、占い師が口を開いた。「アールのだんな、あん犬、もう見ることなか」。まったくその通りであった。

五、六歳の頃にはもう既に銃の正しい使い方を念入りに教わっていた。ＢＢ銃から始まり、レミントン二二口径半自動銃に移り、最後はボルト式四一〇口径ショットガンだった。父はジャック・クラークに犬の訓練を手伝わせており、私は二人について何度も歩いたおかげで、ウズラ狩りの厳格な安全ルールや礼儀作法を充分心得ていた。

ようやく一番年寄りでテンポの遅い犬を一人で連れて行く許可がおりた。その犬が獲物のいる方向を示してくれたとき、自分がどこにいたか、今でも正確に覚えている。ウズラの群を飛び立たせ、その方向に銃を撃った。一羽落ちた。私は駆け寄り、ひざまずいてその鳥を確認、家まで一目散に走り、父にその「トロフィー」を見せた。期待通り誉められ、嬉しかったのだが、そのあと父が私に尋ねた。「銃はどうしたかね？」。興奮のあまり私には見当がつかなかった。そのことは全く忘れていたのだ。すぐさま森に戻り探したのだが、あまりにも動揺しており、どの木も茂みも同じに見えるのだ。結局どこにも見つからなかった。それから数時間かかって父と捜査隊が樫の葉に半分埋もれているショットガンを発見。私が鳥を拾い上げるときに落していたのだ。あとで父がこのことで私をからかったり、町の男たちに話すことはなく、感謝の気持ちでいっぱいだった。

日雇いの渡り労働者は別として、少なくとも猟犬一頭と単身銃一丁を持たぬ家など農場では考えられなかった。一日二、三セントで家族が暮らしているような場合でも、犬には充分な餌を与えていた。われわれ少年は、一見しただけでどこの犬か分かったので、見知らぬ犬を見つければ父に知らせていた。狂犬病や羊をねらう野良犬の可能性があるからだ。狩りは雄々しく、かつ実益のある楽しみであったが、物納小作人《シェアクロッパー》に対しては、狩り好きの農場経営者から制限が加えられていた。競争を回避せんがためである。父は自分用にはコリンウズラとナゲキバトを確保、残りのウサギやリスは、われわれの農場で生活や仕事をする人たちに与えていた。広く小作人に許されていたことは、夜のアライグマやオポッサム狩りに猟犬を使用することであった。特に晩秋から冬にかけては、近くの小さな農地に暮らす小作人が数人集まり、力を合わせることもあった。

森の中を四、五人の男たちが少なくとも同数の猟犬のあとを、その独特の声に注意深く耳を傾けながら追いかけていた。

私も招かれて、わが家の近くに住む農家の人々と狩りに出掛けたことが何度もある。幼いときから、木登りの才とやる気を買われて、私は狩りの助手として人気者だったのだ。つまり、アライグマやオポッサムが身をひそめている枝をゆさぶるといったやり方で獲物を捕っていたからだ。獲物が地面に落ちると、猟犬にやられる前に男たちが待ち構えてつかまえる。オポッサムは普通丸くなり、死んだふりをするのであるが、アライグマの方は走ったり、キバを向いたり、時には犬に襲いかかるといったありさまで、再び犬が木に追い上げるということもたびたびであった。狩人間での通常の取り決めは、獲物を平等に分けるということであったが、獲物がわずかしかない場合は、動物の跡を最初に見つけた猟犬の持ち主に与えられた。今思い起こせば、この件に関して誰も異議を唱えなかったのは不思議だ。とはいえ、猟犬の声は独特で、それぞれの声の調子や迫力の違いが明白なため、どの犬が一番激しく追跡したかは、木に追い上げられた獲物に男たちがたどり着くはるか前から分かるのであった。

私は犬に関してはちょっとした有名人であった。プレインズ地区で最も優秀なリス狩りの猟犬を持っていたからだ。ボストン・ブルドックのボーゾーと自分が写った昔の写真を見ると、今でも胸が高鳴る。ボーゾーは子犬の時から片時も離れることのない私の遊び相手で、狩猟向きでもないこの犬が見事な狩りの本能を発揮することに、みな驚いていた。森に行くときは必ずA・D・

ボーゾーと一緒に

やレンバートと私のお供で、アライグマやオポッサム、リスを木に追い上げる才を磨いていた。ボーゾーにアライグマやオポッサムをあえて狙わせることはしなかったが、リスとなると、われわれは、BB銃やゴムパチンコや私の二二口径ライフル銃で撃ち落とそうと、時には一時間かそこら奮闘することもあった。ボーゾーは、獲物探しにおいて注意深く有能であっただけではない。しばらくすると、木の幹から一歩下がり、恐ろしい声で吠えることを覚えた。その間われわれは木の反対側で静かに立っている。そうすると、リスの方は犬から逃れるため、木の幹の反対側に出てくるのだ。そこをわれわれが狙って引きずりおろすという仕組であった。
父はわれわれ子供たちと一緒にリスを獲ることはなかったが、私と同様ボーゾーを誇りにしていた。ある日、私が十二歳の頃、父の親しい友人ミスター・エドガー・シップがアトランタから友人を連れてやってくるので、週末にボーゾーを借りたいとの申し出があると父に聞かされた。経験豊富なハンターだし、ボーゾーのこともしっかり面倒見てくれるよ、と父は言った。それでミスター・シップと父を信頼し、私は同意した。しかし翌月曜日、めったにないことであるが、父が学校に訪ねてきた。外に来るようにと言われて行ってみると、父が私を抱きしめて言った。ハンター達はトラックの後ろにボーゾーを乗せていたが、アメリカスのホテルの前で止まったとき、ボーゾーが慣れない町の通りに飛び出し、通行中の車にはねられてしまったとのことであった。他の子に泣いているのを見られるのがいやで、父の許しを得て、父と一緒に家に帰った。テニスコートの後ろの桃の木の下にボーゾーを埋めた。父も手伝ってくれた。

皆が二番目に大好きなことは釣りであった。われわれの地域には、地下に巨大な帯水層がある。これはフロリダに端を発し、大西洋の沖に流れ出る何千万立方フィートといわれるゆるやかな真水の流れである。私の少年時代には、製紙工場や田畑灌漑用に莫大な量の水を吸い上げる大規模な深いパイプなどなかったが、ジョージア州各地の町の広場に掘り抜き井戸があり、水が豊かに湧き出ていた。その水のお陰でそれらの町がそこにできたのだろう。われわれの農場には、どこでもそう遠くないところに湧水があり、十メートルも掘れば、手動ポンプでも井戸でも良質の水を得ることができた。絶えることのないこの湧水が小さな支流に流れ込み、それが大きなクリークに注ぎ込み、多くの州で川《リヴァー》と呼ばれるものになる。どこでも歩けば釣りのできる小川がある。また地主が自分の土地のクリークに立ち入りを禁ずることなど聞いたことがない。この一帯で暮らしていた家族は動物性蛋白質に飢えており、釣りは大人気であった。遠く離れた沼地で釣りをする人などほとんどいなくなった今日と違い、魚のとれる川には両岸にしっかりとした道がつけてあり、そこを歩いて釣りができるようになっていた。

日曜日に釣りなどめっそうもないと考える人が多かったし、土曜日はといえば丸一日を給料の受け取りや決済、買い物、社交に当てていたが、それでも農場の仕事にさしつかえない程度に釣りをする時間はあった。畑の耕作はすべて男たちの担当で、ことあるたびに畑に出ていたので、女たちの方が魚を釣る時間はあった。作物が大きくなり耕作が不向きになる農閑期の始まりから収穫期までの間は男たちも畑仕事から解放されていた。しかしそれより重要視していたのは大雨のあとだ。一日二日は鍬《くわ》や犂《すき》での畑仕事ができなかったし、水かさが増してナマズや大西洋ウナギをとる絶好の機会となったからだ。乾期、クリークの水位が低いときに獲れるのは、ほとんどがオオクチバスやチェーンカワカマス、そして数種のブリーム（コイ科の淡水魚）やサンフィッシュ（クロマス科の淡水魚）であった。

農場周辺で釣りをするとき、私にはいくつかのパターンがあった。プレインズの学校友だちと釣るとき、アーチェリーの友だちと釣るとき、それに父と、またはレイチェル・クラークと釣るときであった。それぞれに違った体験を味わった。町の仲間とはオオクチバスやわれわれの間で「ジャック」と呼んでいたチェーンカワカマスを釣った。自転車で水車用貯水池やそこから流れ出る小川まで行き、投げざおやリールを使い、最高の位置にルアーを入れた。クリークでの釣りはなかなか大変であった。というのは上からたれ下がった低木がキャスティングを邪魔したし、水面下の倒木がわれわれの錨針（釣り針を二、三本錨型に組み合わせたもの）をとらえてしまうからだった。シアーズ・ローバックから買った一個一ドルもする貴重な疑似鉤《プラグ》を引き上げんがため、水中を何時間もかけて探し回ったものだ。

毎年早春の頃、たいていは三月の満月の頃、プレインズで「サッカー（コイに似た北米産の淡水魚）が泳いでるぜ」といううわさが駆け巡ると、ある特別なイベントが行われていた。夜、大きな川に集まり、川に入って水面下に強力な懐中電燈を当て、産卵のため川を登る斑点紋様のサッカー目がけ、銛《もり》でしとめるのだ。これは迫力満点だがむずかしい釣りで、運が良くて一、二匹の収穫であった。この魚は大きいが小骨だらけで、切り身は鋭いナイフで一センチぐらいに切り離していかねばならないほどであった。そうすれば骨ごと調理でき、食べられるのだ。

農場の少年たちとの釣りは、畑が雨でぬかるんで仕事にならない日、クリークの水位が上がっている時行なわれた。一晩中川岸でキャンプを張り、ナマズやウナギを目指して、どろどろと濁っていく泥水の中で釣りをした。川岸の木から短い棒を何本か切り取り、一本一本に強い釣り糸と大きな針をつけ、全部流れに沿って並べた。水深三十センチほどの所には、レバーや魚の小さな切れっぱしをぶら下げていた。ざっと一時間ごとにカンテラを持って針を調べに行き、餌が食われていればまた餌をつけ、魚がかかっていれば引き上げるということを繰り返した。少なくとも一食分はその場で料理したが、それはたいてい、新鮮なうちに食すべしといわれていたウナギであった。残りは家に持って帰った。われわれの最大の問題は、淵にひそんでいるか、しだれ枝の上にいる水へビで、時には釣り針にかかることもあった。泳いで寄ってきて、われわれがひもで流れの中につるしていた釣果の魚を好んで食べるのであった。

父は近くのクリークでの釣りはやらなかった。しかし私が十歳ぐらいになると、ジョージア州東南部へ私を釣りに連れて行ってくれるようになった。たいていはオーキーフェノーキー・スワンプかリトル・サティラ川であった。この頃が父を一番身近に感じていた時代であった。大の男たちに同伴できる唯一の子供ということで、この時も心から嬉しく、誇りに思っていた。一日中、長いサトウキビの竿で釣りをし、夜は私が寝たあと、男たちはポーカーをやっていた。釣りの旅で一度、子ワニをつかまえたことがあった。父の許しで家に持って帰り、針金の檻《おり》に、隅には平らな器に水を入れて飼っていたが、二、三週間していなくなってしまった。父や母はクリークに戻ったのだろうと言っていたが、みな知っていた。犬に食べられていたのだ。

ジョージア州の東南部で得た体験でおもしろかったのは、女性が畑を耕し、夫たちは釣りのガイドをして暮らしているのを目の当たりにしたことだった。私の故郷での女性達の方が重労働

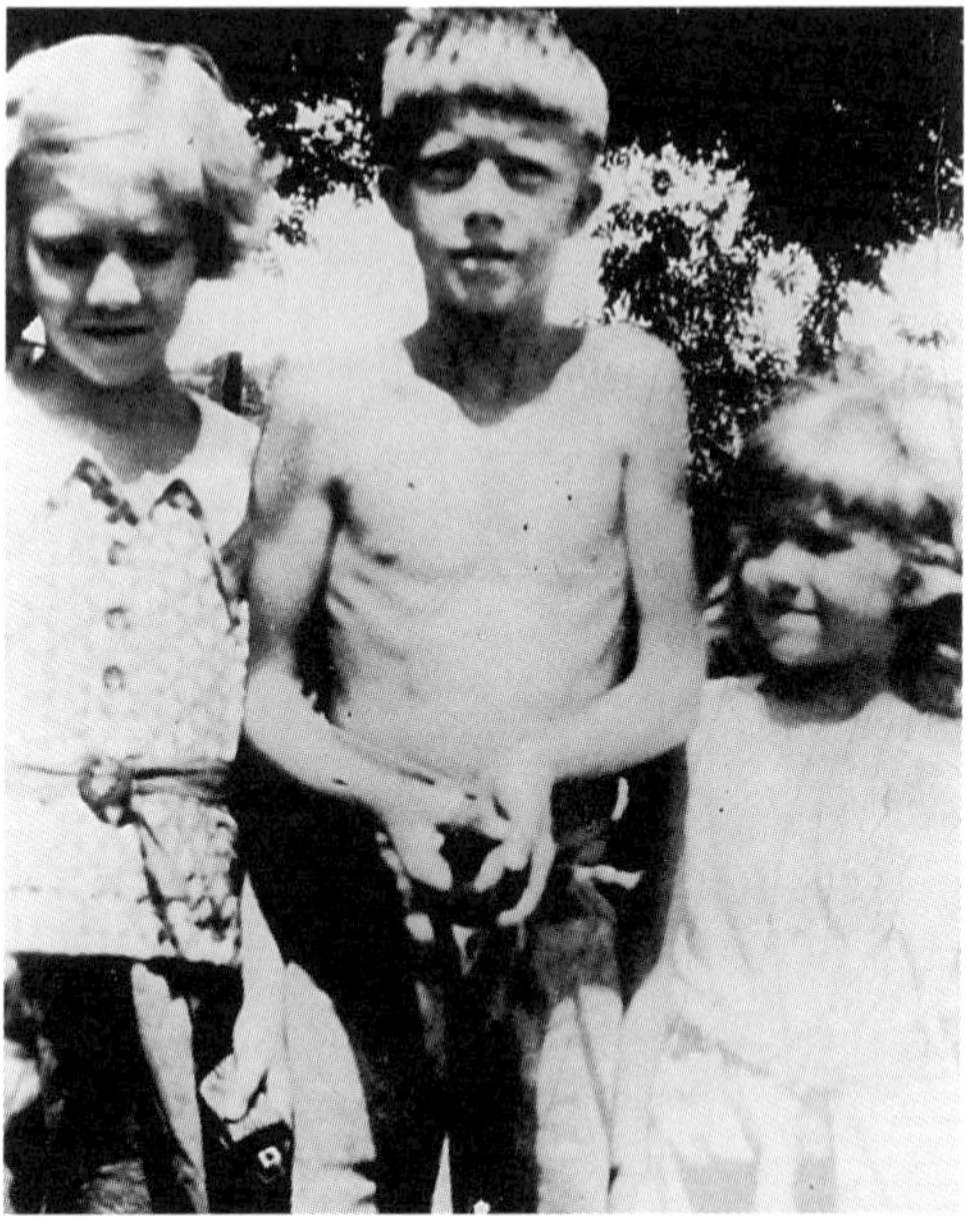

グローリア、私、ルース。私は子ワニを持っている（1933年）

だったかもしれないが、農作業は鍬仕事に綿花摘み、ピーナッツふるい、菜園の手入れ、そしてたまに乳しぼり程度と限られていた。

リトル・サティラ川は私の好きな釣り場であった。川に腰までつかり、浅瀬を歩いて渡り、反対側の岸に沿って釣った。そこは蛇行する川のカーブの外側に当たる所だった。人里遠く離れたさびしい所で、父と私は離れないようにしていた。沼ミミズを餌に、レッドブレストやウォーマウス、ブルーギル等の大きなブリーム類を釣った。どれもわれわれは「コッパーヘッド」とあだ名をつけていた。水中の成分タンニンで色が銅色《コッパー》だったからだ。ずっと川の中に入ったままなので、釣った魚は腰にゆわえたひもにぶら下げていた。

私が十歳の頃のある日、午後も遅くなってから、父から、下流の友人のところまで行ってくるから自分の魚を見ておいてくれ、と言われた。私はベルト通しに、自分のひもと一緒に父のひもを川下に向けてゆわえた。そしてそのまま釣りを続けた。川の流れがその日の釣果を小気味よく引く感触はなかなかのものであった。と間もなく、浮きが倒れ木の下でゆっくりと動くのが見えた。これは大物だとすぐに分かった。二、三分もすると、コッパーヘッドが現われた。その日の最大の獲物だ。釣り竿が強くしなり、私は魚をつかもうと悪戦苦闘しながら、二本のひもをほどこうとあせっていた。と、その時背筋が寒くなった。流れがひもを引くあの感触がなくなっていたのだ。そしてとれた魚も全部一緒に！　ベルト通しが切れてしまっていた。

近くの浅瀬に竿を投げ、針にかかった獲物のことも忘れ、一目散に川底めがけてもぐった。そこに私を呼ぶ父の声がした。

「ホット、どうかしたかね？」

「ぼく、魚、なくしちゃったんだ」

「全部か？　わしのもか？」

「はい」

狂ったようにもぐりながら、私は泣いていた。呼吸のため水面に浮かび上がるたびに、涙と水が一緒になって私の顔を流れた。

父は愚行や過ちに対して忍耐強い方ではなかった。しかし長い沈黙のあと言った。

「ホット、魚たちは逃がしてやろう。川にはまだまだたくさん魚はいるよ。あした、またとればいい」

父にひれ伏したい気持ちでいっぱいになった。

第五章　母と父

母は一八九八年、父の四年後に生まれた。生涯にわたって自分をみがいていく努力を怠らない人だった。

私がまず思い出すのは、やつれて見えるほどほっそりとした女性だったということだ。甲状腺腫のためヨード塩を処方してもらったり、体重の激減で医者に心配された時期もあった。母と父が、薬として毎日午後ビールを一本飲まねばと冗談を言っていたのを覚えている（米国の禁酒法は一九二〇年施行、三三年廃止）。濃い色の髪を真ん中で分け、目はいつもキラキラと輝いて、母はそれなりにきれいだった。家ではゆるいワンピースを身につけ、裸足かはき心地のよい茶色の靴をはいていた。これが家事をしたりカウチで本を読んだりするのに楽だったようだ。母が仕事で、糊づけした看護婦の白衣と白の帽子それに白い靴を身につけているときは、几帳面できぱきとしていて、ほとんど別人のようだった。母は看護婦の制服を心底誇りにしていた。

家でのレフリー役はほとんどが母の担当で、三人の子供には適度に規律を守らせていた。(これは、ビリーが生まれるだいぶん前のことである)。父の厳しい罰から子供たちを守るため尽力してくれた。規律に反したり、きょうだいをいじめたりすると、父に報告したあとすぐ「アール、私がもうあの子たちを罰しておきましたからね!」とつけ加えるのを忘れなかった。

私の少年時代、表面的には、わが家での最終決定は父によって行なわれていたように見えた。子供に対してはたとえ客の前であっても父の言葉は法律そのものであった。ハイスクールの年齢くらいになって初めて、いかに母が強い意志の持ち主であるかということ、いかにわが家で強い影響力を持っているかということに気づいたのである。文句なしに母が主導権を取っていた分野がいろいろあった。たとえば家事や昼間の二人の妹たちの過ごし方について、食料や衣類の購入と支払い者の決定に関してといった具合だ。欲しいものは何でもプレインズの食料品店から購入していた。直接行くこともあったが、電話で注文することの方が多かった。買ったものは父のトラックで農場まで運んでもらっていた。母は食料品の値段については全く無頓着、何も知らなかった。その請求書の支払いはすべて父の役目だったからだ。母は請求書など見たことはないと思う。

母は自分自身の出産の合間をぬって、地元の病院の手術室だけでなく、個人的に患者の家でも看護の仕事に力を注いでいた。十二時間労働で一日四ドル、二十時間で六ドルの収入を得ていた。

母とルースと私(1933年)

特に一九三〇年代の初頭、農作物の価格が暴落した大恐慌時代のことを考えると、これは破格の収入であった。学校から帰って母が家にいることはほとんどなかったが、居間の壁際にあった小さな黒いテーブルにたいていメモが残してあった。それによって母の帰宅時間が分かったし、いつもの手伝いに加えて、追加の仕事の指示も添えてあった。後になって妹のグローリアと私は、あの小さな黒いテーブルが本当のお母さんだといつも思ってたよ、と母をからかったものである。

母が看護婦であったためか、私は地元の病院の看護婦や医師に影響を受けて育った。ワイズ・サナトリウム病院での一番初期の頃の思い出といえば、母が勤務で留守にして弁当が作れないとき、昼食時になると学校から抜け出して、病院で看護婦たちと一緒に温かな食事をとったことだ。

プレインズがいかにすばらしい宝物を持っていたことか、私はそのときまだ気づいていなかった。ワイズ・サナトリウム病院は地域にありとあらゆる経済的、科学的恩恵をもたらしてくれた実に素晴らしい病院であった。他の小さな田舎町の病院とは違い、医学研修や診療のため医者や看護婦がひっきりなしにプレインズを訪れ滞在していたので、市民の医療全般に対する関心もおのずと広がっていった。

「ゴーディーさんの坊や」として看護婦たちから可愛がられていた私は、特別に恵まれていたと思う。年長の看護婦ミセス・ドゥウィット・ハウエル（いつも旧姓ミス・ガッシー・エイブラムズで知られていたが）は両親の親しい友人で、私の名づけ親でもあった。彼女は私に大変な期待を寄せていて、八歳の誕生日には、ヴィクトル・ユゴーの革装の全集と二十巻セットの百科事典をくれた。これは今でも私の大切な宝物になっている。

母は、看護に従事していないときは家事をやっていた。大量の洗濯物には人の手を借りていた。汚れた衣類は、長い、底が四角のホワイトオーク材のカゴに入れ、毎週プレインズ近郊に住む黒人の洗濯屋に出していた。家にいるときは、朝日が射し込む前に起きてわれわれに朝食を作ってくれたが、その時父の方はすでに家を出て、農作業の割り当てや準備にとりかかっていた。（父は、ジャック・クラークが夜明けの一時間前に鳴らす農場の鐘の音と共に起きていた)。学校のある日には、母が子供たちに食事と着替えをさせ、学校に送り出していた。夏になると、私も早朝から父と畑に出ており、畑が家の近くであれば、あとで二人で家に帰って朝食をとっていた。

母には二つの収入源があった。正看護婦としての収入と、ペカンの売り上げからの収入である。母と父の間には長年にわたる契約があり、農場のペカンの木はすべて母のものとなっていた。十一月も終り近くなると、母は収穫を取りしきるため、二週間ほど勤務表から自分の名前をはずしてもらっていた。収穫量が多く価格がいいときは、ペカンナッツからの収入が、看護婦としての年収と同じになるほどであった。母はこれを、よかれと思うことに自由に使っていた。これでシアーズ・ローバックに家族の必需品を注文していたし、自分と、妹のグローリアとルースの衣類も地元の店で購入していた。

母はさまざまな種類のペカンについて、その一つ一つの特徴を知り尽くしていた。ステュアート、マニーメイカー、薄い殻のスライ、そして接ぎ木をしないタイプなどについてである。木は剪定《せんてい》され、雑草が茂らないよう常に気を配っていたし、郡職員のアドバイスに従い、さまざまな病気や害虫の予防駆除も行っていた。高圧スプレーを持つペカン栽培農家が二、三軒あり、母はいつもその内の誰かと交渉して、それを使わせてもらっていた。一番高い木の枝まで殺虫剤を届かせるためだ。十一月になると、母は、自分で見つけた長い竹竿で武装し、女性や少年の「基幹部隊」を引き連れ、残らずナッツをたたき落とし、拾い、袋に詰め、外皮のついたまま磨いたり、丹念に殻から取り出す作業を指揮していた。それ以外の少年と私は、木に登り、竿の届かぬ高い枝をゆする係であった。たまに母も木登りに挑戦することもあった。母は、ペカン拾いは「地面からお金を拾い上げるようなもの」といつも言っていた。

母がペカンナッツを詰めた大きな麻袋を十も二十もトラックに載せてアメリカスに売りに行くとき、父が同伴することは決してなかったが、私はできる限り母について行くことにしていた。同行するたびに、これから起こる大イベントを考えると、何とはなしにそわそわしたり、高揚した気分になった。母のお気に入りの取り引き場所は、イライアス・アティアというレバノン系アメリカ人の活気に満ちた店の中であった。イライアス・アティアはこのペカンという重要な作物について、地元の誰よりも詳しかった。ペカン買い取りの際、一袋一袋について彼自らが立ち会い、彼の堂々たる体格にピッタリの、やたらふくらんだ椅子の近くに置いてある傾いた木製の貯蔵箱にざーっと放り込んでいた。それからナッツ全体をざっと調べ、二、三個つまんで殻から取り出し、実を検査していた。自宅の庭の木から収穫したわずかなペカンを、堂々と売り込んでくる者もいた。そういう人に対しては、実の外皮を調べてまずいものを選び、品質不良だとがっかりとした表情で頭を振り、低い値段をつけるのであった。

これは母には通じなかった。母は平然とした表情で見ているのだが、箱から二、三個とびっきり上等のナッツを選び、「さあ、この殻を割ってみてくださいな!」と言うのである。ミスター・アティアは笑みを浮かべて良質の実に目を向け、それから最終価格の交渉に入るといったやりとりであった。母は近所の人たちがそれぞれのペカンをいくらで売ったか必ず調べ上げていたので、まちがいなく最高値を手にしていた。母はミスター・アティアを心底気に入っており、公正な扱いをしてくれるとのことで全幅の信頼を寄せていた。収穫量が少なく需要が多いとき、他の卸し業者が熱心な買い付け人を農場によこして高値を提示することもあったが、母がそれに耳を貸すことはなかった。母のペカンは残らずミスター・アティアの所に行くことになっていたからだ。

私は一九二四年生まれ、グローリアは一九二六年、ルースは一九二九年である。弟のビリーは一九三七年に生まれた。家族ぐるみで出かける時をのぞけば、子供時代二人の妹と私が一緒に過ごすことはほとんどなかった。グローリアと私は互いに競争相手であり、ルースと私は仲が良かったのだが、日常生活ではたいてい二人を無視していた。私はできる限り家の外にいたし、庭からも離れていた。遊び仲間がいたし、畑で仕事をすることもますます多くなっていた。母や妹が畑で仕事をすることはあり得なかったので、私が斧や鉄床《かなとこ》、犂《すき》、ラバや銃といったものになじんでいくのに平行して、妹たちはミシンや調理器具、人形、衣服など謎めいた女性の楽しみに熱中するようになっていた。食事は一緒にしていたし、夕暮れ時や雨の日には一家そろって居間にいたが、それ以外は別行動であった。

母に、われわれが生まれる前の話を聞かせてもらうことは、子供たち全員にとって共通の楽しみの一つだった。暖かい季節には家の前のポーチや階段に座り、冬は居間の暖炉のそばで、いつもわたしたちの「話して、話して！」という大合唱から始まるのだった。母も私たちもこれが大好き。私たちは、ちょっと母に考える時間をあげてから（父の方は近くで新聞を読んだりと、この成り行きには無関心であった）、皆の意見がまとまるまでいろいろなテーマを出してみる。「お母ちゃんとお父ちゃんの出会いについて」、「おじいちゃんとおばあちゃんについて」、「私たちが生まれたときのこと」、「お母ちゃんが何々をしたときのこと」といった具合だ。私たちにとってこうした話はおとぎ話よりもおもしろく、母に質問をしては、前に話してもらった出来事をさらに大きくふくらませて語ってもらうこともあった。妹たちがまだ幼かった頃は、母はたいてい私の方に話を向け、質問ぜめにするのも私であった。こうした「お話」の時間を通して、親族の人たちはまるで神話上の人物のように何度も語られ、後に彼らに実際会うときには、私たちはすでに彼らがびっくりするほどの知識を貯えていたのだ。少なくとも母の印象を通してではあるが。

母ベッシー・リリアン・ゴーディーはリッチモンドの郵便局で働いていたが、病院での仕事を希望し、一九二〇年プレインズに移り住んだ。研修看護婦として病院に入ることができ、母も両親も喜んだ。母は二十二歳の頃にはすでに家族から「リリー、オールドミスなんかになるもんじゃないわよ」とききかされていたので、この仕事を持ったまま結婚をするのも悪くはないと考えていた、とわれわれ子供たちに話してくれた。

プレインズでの最初のデートは、ジョージ・タナーとであった。大柄でごつい製材所の男で、ルーシーという妹がいた。プレインズ近郊のリゾート地マグノリア・スプリングズにダンスに行くことになり、ルーシーの方は地元の食料品店を経営するアール・カーターと行くことになった。リリアンはアールをそれまでに一度見たことがあった。プールの飛び込み板からこれ見よがしに前とんぼ返りや逆とんぼ返りをして水に飛び込む彼の姿だった。母の目には、生意気な自慢屋と

上・母リリアン・ゴーディー、15歳の時。下・友人と共に。坐っているのが母

映っていたため、ダンスに一緒に行くなどご免こうむりたい心境であった。その晩一度だけアールにダンスに誘われたが、その時彼女の嫌悪感は最高潮に達し、ジョージ・タナーに説得されて、ようやくおさまったほどだった。

次の週、リリアンと研修看護婦の仲間が、寮からすぐ目の前にあるドラッグストアに向かって歩いている途中、若者の一団とすれ違った。その中にはアールもいて、すかさずドラッグストアに入り、ソーダ水売場にいた研修生グループに近づいてきた。「ミス・ゴーディー、おはようございます。これはまたお目にかかれ、嬉しいですね」と帽子を取って彼が言った。彼女はうなずいた。さらに彼がたずねた。「ちょっとお話ししてもよいでしょうか?」

二人が外に出たところで、彼は週末のドライブへと彼女を誘った。彼女もうなずき、二人で迎えの時間を決めたが、その後まもなく彼女は、自分のデートの相手に関して他の看護婦もいくつか情報を握っていることに気づいた。女性にはかなり手が早く、野球とポーカー好き。車はフォードのモデルTオープンカーということだった。プレインズ・マーカンタイル社に勤めているが、サウス・ボンド通りに小さなクリーニング屋も経営しているということも分かった。このクリーニング屋では、ロバート・ジャクソンという黒人の男がウールの衣類をドライクリーニングしており、彼の妻は病院で働いていた。

子供たちは、母にその時のことをきかせてもらうのが大好きだった。

「なぜかしら胸がドキドキ、ワクワクしてたの。何を着ていこうかしらと心配になって、やっと看護婦さんの一人から紺色のタフタのドレスを借りることになったの。ほとんどいつもみんな制服を着てたでしょ、だから誰かがデートってなると、自分たちの服を貸し合っていたの。その日、バルコニーから大通りの方を見てたらアールが来て車を停めてたの。それで、上まで迎えに来てちょうだいって合図をしたの」

「日没のちょっと前だったわ。プレストンの方までドライブしよう、家族が持ってる農場を見せてくれるって言うの。どんなにお金持ちだったか見せたかったんだと思うわ。だけど、チョクタハッチー・クリークに着くか着かないうちに大雨になってしまったの。車には屋根がなかったでしょ。たまたま車にとっても厚いウールのひざかけがあって、二人でそれに必死にくるまって、彼は農場の方へ車を走らせたの。馬車用の小屋の中に車を停めて、雨が降り止むまで待ってたっていうわけ」

「町に戻る頃には結構仲良くなってて、それからしょっちゅうデートするようになったの。お母さんはちょっとピアノが弾けたでしょ。アールは私のピアノを聴くのが好きなふりをしてたのよ。特に『十二番街《トゥエルフス・ストリート》ラグ』をね」

アールは以前、オクラホマで数ヶ月間ヘアーアイロンを売っていたが、やめてプレインズに戻り、陸軍に入ったとリリアンに語った。後にマギー・ジェンキンズという女性と婚約したが、お互い「破棄」することになった。古い家族のアルバムには、美しいブルネット髪が印象的なマギーが写っている。彼女は後に大学の教授となった。母はいつも二人の破談を、「アールは指輪を取り戻したの」という表現でわれわれに話してくれていた。

母は続けて言った。「アールの前では、彼のことについては何も知らないふりをしてたの。月に百ドルくらいの稼ぎがあって、駅のそばに氷屋を開く予定だって言ってたわ。彼の『やる気と行動力』にはまいっちゃったわ」

それからは、二人してウェブスター郡にあるカーター家の農場によく行くようになった。なぜか二人とも、一番遠いクリークそばの畑に魅かれていたようだ。六十年後、ピーナッツの成長具合を調べたり、松の植林のため母と二人でそこを訪れることがあったが、母は私に教えてくれたものである。「ここがアールと二人でデートしてたとこなのよ」

看護婦宿舎はまもなく通りの先、ドラッグストアの上の小さな部屋に移った。ここではミス・エイブラムズが舎監を務めていたが、規律に厳格な人であった。

母がさらに話を続けて言った。

「アールはミス・エイブラムズのお気に入りの一人で、私が勤務中でも、私に会えるようにって、時々お医者様が入るところまで彼を入れてくれたりしてたの。ある日彼がやってきて、可愛がっていた妹のジャネットが妊娠したということが分かって、ウエイド・ラウワリーと結婚せざるをえなくなった、胸が張り裂けそうだと言ってた。そしてその場で、彼が私にプロポーズしてきたのよ」

「私はその時、すぐにでも結婚する覚悟はできてたの。このひどい研修生活にピリオドを打つことができたらと思ってたから。だけどアールは、研修をきちんと終えて、正看護婦の資格を取ってほしいと言った。ということは、翌年の六月までは待たなきゃいけないということだったの。アトランタのグレイディー病院で六ヶ月間の研修があって、プレインズに帰れなかったの。会いたくて会いたくてたまらなかった。でも、アールったら自分で来ないで、婚約指輪をお医者さんの一人に託して送ってきたのよ。その時は本当に頭に来たわよ。そしてやっと卒業ということになって、アールがグレイディー病院に結婚の話をしてくれたので、すぐに州の試験を受けさせてもらえたのよ」

結婚して間もない頃の話を母にしてもらうのが特に好きだった。

まずウェロンズ家に部屋を借りる所からスタートした。二階の小さな部屋で、バルコニー付き、そして外には直接降りられる階段がついていた。北東角部屋で、母によれば「世界で一番寒い所」だった。トイレは屋外で裏庭の奥にあったため、部屋におまるを置いていた。この部屋こそ私の命を両親が知ることになった部屋で、サム・ワイズ先生が母に、階段の上り下りはもうダメだと言うまでの数ヶ月間暮らしていた。この時、エメット・クックとベッシー・クック夫妻の家の一階に移ったのだ。ワイズ先生は母のことを心配すると同時に、手術室で引き続き一緒に仕事をしてもらいたいと考えていた。

その時がくると、当時のお産がみなそうであったように、母も私を家で産むつもりだったようだ。しかしワイズ先生は、病院には空き部屋があるし、そこで出産すれば仕事にも早く戻れるとすすめてくれた。陣痛が始まった時、父はフィッシュ・フライ（釣った魚を揚げて食べるピクニック）とポーカーで家におらず、帰宅して母を病院に連れて行くまでには、かなりの時間が経っていた。このことを母は決して忘れず必ずつけ加えるのであった。

　私が生まれたあと、だれかが小さな犬をくれたが、それで家主と折合いが悪くなり、ミセス・クックから出ていくように言われた。それから両親は二回引っ越しをすることになり、その後やっとエドガー・スミス家の隣に家を購入した。スミス家には赤ん坊のロザリン（私の未来の妻）がいた。父はこの家を後日、プレキシコ家と交換することになる。その家こそ、シアーズ・ローバック社からただで手に入れた設計図を使ってプレキシコ家が建てたもので、アーチェリーのわが家となったものだ。

　父が聞いていようがいまいがお構いなしに、母はいつも新婚時代について包み隠さず話してくれた。

「アールは二十九歳まで独身だったでしょ。だからもう何でも自分のやり方があったの。結婚する前に、自分は毎週金曜日の夜ポーカーしてるんだって言ってたけど、私ならそれをやめさせることができるんじゃないかと思ってた。結婚して最初の金曜日、夕食後すぐに出かけて、家に帰ったのはなんと深夜もとっくに過ぎた時間。私はもう口をきかなくなっちゃって、一日二日ふくれっつらだった。でもおこったたってちっともいいことなんかないの。いやな気持ちも残るしね」

「いつも私よりほかの人にばかり親切にしてって、ぐちをこぼしてた。ある時、エセル・ウェロンズと私が二人とも妊娠中ってことがあった。そのときある方が私に上等なブドウを届けてくださったの。アールがなんて言ったと思う。『エセルが体調が良くないらしい。このブドウ、エセ

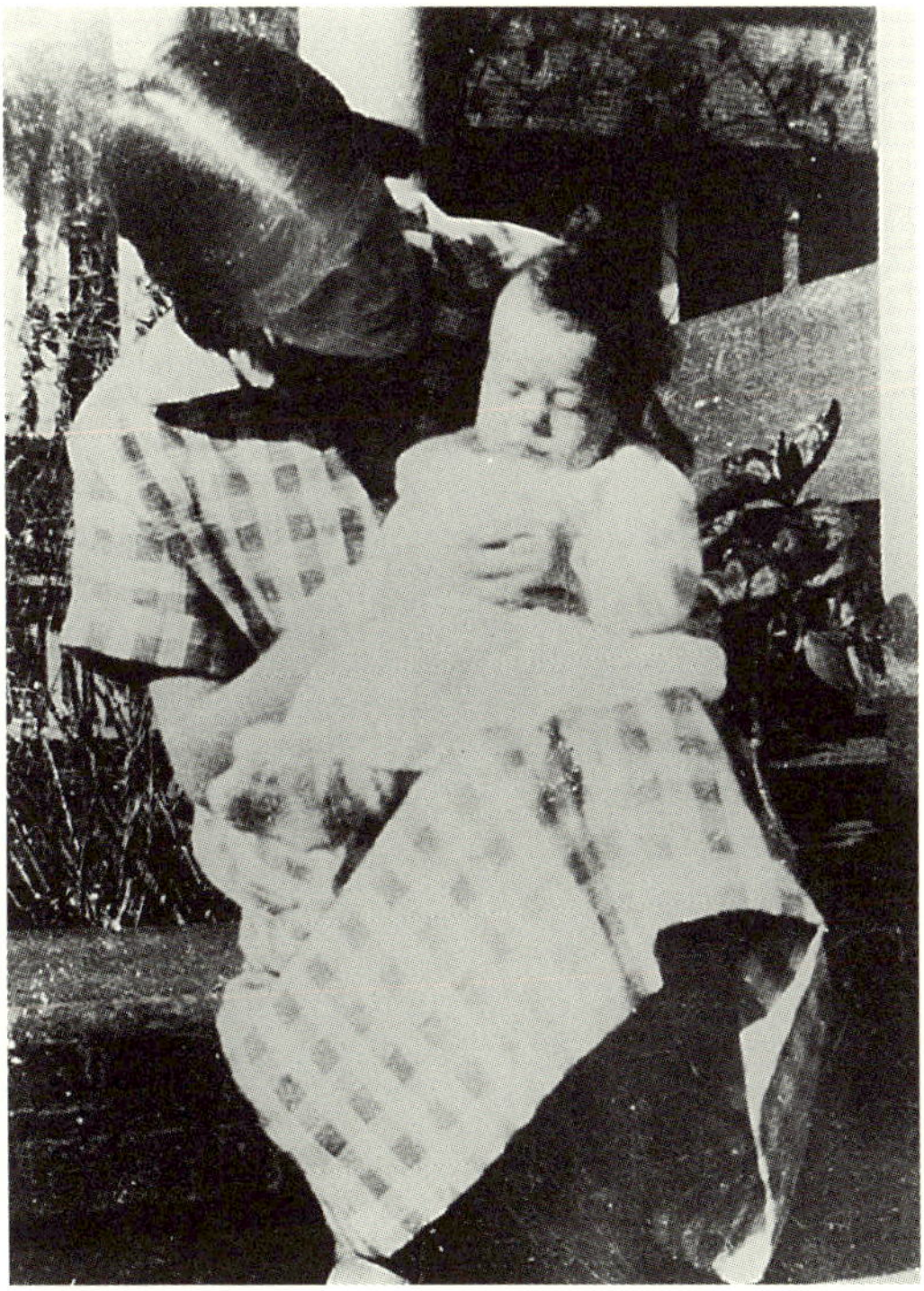

母と私（1924年）

ルに持っていこう』って。もう私そのブドウを彼に投げつけてやったわよ」

私も成長し、父が亡くなったあと、母に、父とはうまくいってたのかと尋ねた。母曰く、

「そりゃあもちろんよ。ほとんどはね。だけど二人にはいろいろと違いがあったのも確かね。それぞれどれくらい歩み寄ればいいのか、分かるまでにかなりの時間がかかったわねえ。グローリアとルースが生まれたあと、看護婦の仕事も少しずつ減らして、もっと家にいるようになっても、まだまだ食い違いはあったわねえ。いのちある限り、アールは土曜の夜には二人で出かけて大騒ぎしたいっていうのに、私の方はうんざりだった。あんたたちも知ってのとおり、アールはエルクス・クラブ（全米規模の慈善互助団体）のアメリカス支部を引き継いだような格好だったでしょ。うまくいってるか見とかなきゃいけないから、そこに行くんだって。二人で二、三杯飲んでから、あとはきれいなご婦人方とダンス。ほとんどの女性たちと踊ってたみたい。私ときたらそれほどダンスが好きな口じゃないから、彼が度を越したなってときは、あとで時々ケンカになってたわねえ」

母が時々嘆いていた父の性格で、私が受け継いだものがあった。それはあまりにも時間厳守にとらわれていたことで、海軍に入ってからさらにその性格は強いものになった。父は汽車や野球の試合や人と会う約束の時には、いつも充分な時間の余裕をもってのぞんでいた。父が遅刻して人を待たせるなどあり得なかった。そういう父だから、まわりの人にも同じことを期待した。父が何かの理由で健康診断を受けることになったときのこと。母はできる限りのことをした。一つは病院の業務には予測のつかないことがあるということを父に納得させること。もう一つは、時

間厳守を医者にうながすことであった。母は知っていたのだ。医者が遅れると、時計が約束時刻を一、二分過ぎたのを見ただけで父が出ていってしまうということを。母が父をたしなめようとすると、「オレだって忙しいんだ」というのが父の口癖であった。

復活祭の日曜日、父と一緒に。
左からグローリア、ルース、私(1932年)

私は父と一緒に仕事をしていたし、日々の働きぶりを見ていたので、子供時代には母よりも父の方が私の生活の中心にあったし、尊敬の対象でもあった。父はきまじめな事業家で、時には手きびしいこともあったが、友人や農場に暮らす人々にとっては、精力的で、茶目っ気たっぷりの人物であった。牛乳やシロップその他の製品を売りにいつものルートを父と回っていると、顧客である商店主やガソリンスタンドの経営者たちと、父がいかに気さくにやりとりをしているか目の当たりにすることができた。ただし父のことゆえ、一ヶ所一ヶ所で時間を無駄に過ごすということはなかった。事業に加えて、父は教会の仕事や郡の教育行政など地域の活動に深く関わっていた。また大のスポーツ好き、アウトドア好きで、仕事に一区切りついたり、決済が完了したあとは、人生を楽しむことに情熱を傾けていた。

父は比較的小柄で、母より二、三センチ背が高いだけだったが、がっちりした体格で、背丈の割に実に剛健な力の持ち主であった。髪は少し赤っぽく、屋外では必ず帽子をかぶっていたせいか、徐々に薄くなっていた。顔は日焼けしていたが、体の方は水泳で衣服を脱ぐと、びっくりするほど白かった。マグノリア・スプリングズとマクマスズ・ミルポンドでは飛び込みの名手の一人で、テニスの名プレイヤーでもあった。

ボールのコントロールがうまく、その手ごわいスライスボールは、プレインズ周辺の土のコートで威力を発揮した。前述したように、アーチェリーの家に引っ越してから父が最初につくったものの一つがテニスコートで、わが家と売店の間にあった。日曜日の午後にはプレインズから父の仲間たちが車でやってきて、大勢でない限り、たいていはシングルズでプレイしていた。待っている人がいるときは、一セット毎に負けた方が退くという仕組みで、勝った方は好きなだけコートに残ることができた。そしてそれはほとんどの場合、父だった。

父は私が成長するのが待てず、私がラケットを持てるようになるや、テニスのコーチを始めた。おかげでハイスクールではテニスのトップ・プレイヤーになったが、父を負かしたことは一度もなかった。実に一点たりとも取らせてくれることはなかったのである。

わが家では、野球がさらに大きな位置を占めていた。父はアメリカン・リージョン（米国在郷軍人会）のチームでピッチャーとキャッチャーを交互に担当し、その後は熱心な観客となり、生涯にわたって心ゆくまでこのスポーツを楽しんだ。アメリカスに行って父が野球をするのを観戦した記憶がある。父の素晴らしいプレーを誇らしく思ったものだ。真剣勝負で、チームはユニフォームとスパイクシューズを身につけていた。一度父がキャッチャーをしていたときのこと、ホームベースを守っているところに敵の選手がスパイクを高くあげてすべりこんできた。父はケガをして数週間松葉杖に頼ることになった。

最も楽しかった思い出の一つに、母と父につれられてアメリカスまでプロ野球を見に行ったことがある。一塁側の最前列におじのバディーと座った。座席はおじや他のジョージア・フロリダ野球リーグの役員のために予約されたものであった。それはD級戦で、当時の巨大な農業組織網の中でなくてはならない存在で、優秀な選手を一歩一歩メジャーリーグにまで送り込む役割を担っていた。アメリカスやコーディール、オールバニーなど近隣のチーム出身で、大リーグの選手になる者がいつも二、三人はいた。私の両親やおじのバディーは、プレインズの住民を皆知っていたのと同じように、どの選手のことも知っていた。プレインズ出身でチャールズ・スプルールという青年がいたが、頑張ってメジャーリーグでピッチャーをやるまでになり、一九四五年にはフィリーズで四勝十敗の成績であった。

シーズンは毎年野球場でのオープン戦で始まった。少年時代のハイライトの一つは、セントルイス・カーディナルズがアメリカスで試合をしたときのことだ。そのとき私は十歳で、チームがウォーミングアップを始める頃には野球場にいた。父が私に、フィールドに出ていってあの伝説のフランキー・フリッシュとペパー・マーティンにサインをもらったらとすすめてくれた。彼らは一緒にホームベースからさほど遠くない位置に立っていたが、そこへ私は鉛筆とロースト・ピーナッツの入っていた袋のきれいなのを持って近づいて行った。選手兼監督をやっていたフリッシュは袋にサインしてくれたが、マーティンの方は私を見下ろすとタバコの混じったつばを吐きかけ、「このガキ、フィールドに入るんじゃねえ。さっさと出て行け！」と言った。一つだけしかサインのないこのピーナッツ袋を、私は何年も店の金庫にしまっていた。

大恐慌時代でも、父と母とおじのバディーとおばのアニー・ローリーはしっかりと金を貯めて、毎夏少なくとも一回はピッツバーグやシンシナティ、セントルイス、シカゴ、フィラデルフィア、ボストン、ニューヨーク他メジャーリーグの都市に、たいていはアンクル・バディーのクライスラーに乗って旅をしていた。旅は、収穫期の後、バプテスト教会の信仰復興伝道集会と重ならない時期をねらって計画された。できる限り多くの試合と、少なくとも一回のダブルヘッダーを見るためだ。私が故郷を離れてからも、父が病気になるまで何年もこうした旅が続けられていた。

後年は旅のスケジュールにもゆとりができた。一九四七年ジャッキー・ロビンソンがブルックリン・ドジャーズで初登板した時、父と一緒に見ることができたのは神の特別なお恵みだったと母は常々述懐していた。それからというものロビンソンをメジャーリーグに招いたということで、ドジャーズの監督ブランチ・リッキーは母の崇めるスペシャル・ヒーローの一人になってしまった。チームがロサンゼルスへ移ったあとも（そのあとアトランタにブレーブスが来た）、引き続き母はドジャーズの熱烈なファンで、可能な限り全てのドジャーズの試合をテレビで見るか、ラジオで聴くかしていた。わが家が有名になってからは、ドジャーズのトミー・ラソーダ監督を電話で呼び出し、彼の試合中の判断について文句を言っていた。母が亡くなったとき、彼女のクローゼットには、ドジャーズのユニフォームが一式完璧な姿で遺されていた。スパイクシューズやチームメンバー全員のサイン入り手紙まであったのだ。

父は田舎のアーチェリーに引っ越して二年後にプレインズの店を閉め、わが家のそばの小さな売店に売れ残りの日用品などを移した。これには、缶詰などの保存食品、金物類、布製品があった。農場の労働者は男女ともみな、かみタバコか手巻きタバコかかぎタバコを使用していた。男性用衣類としては、作業ズボン《オーバーオール》、デニムシャツ、作業靴、手袋、それに麦わら帽子の在庫があったが、この売れ残りは、遠い昔すでに流行遅れになっていたものがほとんどであった。割引セールなどというものはしなかったが、父は、古い衣服の場合、客受けするよう必ず値段を下げて売っていた。父は何ごとも無駄にしないということでつとに有名であったが、どうしても売れない場合、最終手段として家族が消費者役を引き受けることになっていたのである。

この主義に関して最も鮮やかに記憶しているのは、上までボタン止めになった正装用の靴のことである。二十世紀初頭男女共に流行ったものではないかと思われるような代物である。父からはいてみろと言われ試すうち、ついに私の小さな足に合うのが見つかってしまった。私はいやだと言い張ったが、父は絶対に男用の靴だからとゆずらない。ついには学校にはいて行くことになってしまった。手持ちのズボンの中で一番長いのをさがし、それで必死に隠そうとしたが、上級生のからかいの的にされてしまった。二日後、私の苦しみがあまりにも痛々しく目に余るものとなり、母の取りなしでこの「刑」からまぬがれたのである。友だちのA.D.がこの古代のはきものをもらうことになり、喜んでいた。

父にはもう一つ別の倹約ぐせがあり、私は始終悩まされていた。父は私の髪を絶対自分で切ることにしていたのである。ほとんどが手動バリカンで、さらに必要であればハサミで二、三回チョッキンと切って終わりといったやり方であった。母を仲介役として、私は間接的ではあるがしつこいほどいやだと訴えていたのだが、父の不変的基本デザインはサラダボールをすっぽりと頭にかぶせたスタイルで、耳から下は髪の毛無しといった有様であった。私は町の床屋で二十五セントかけて、格好良く流行のカットで仕上げてもらっている級友たちが心底うらやましかった。

ある時、春恒例のラバや馬の毛を刈る時期に、父が時間と労力の節約のために、私の髪も刈ろうということになった。使用する道具は、羊などの動物を刈るためのもので、ごついロープの先につけられた移動式手動大型バリカンだった。予測されたことだが、父の手がすべって、私の髪を深く大きく刈り取ってしまった。こうなったら全部刈るしかないということで、私は丸坊主にされ、古い帽子で頭を隠すといった事態になったのである。もう絶対に外になんか出たくなかった。だが母は、約束どおり当時コロンバスに住んでいた祖父母を訪ねてくれといってきかなかった。後日祖母から手紙がきて、私が来てくれて楽しかったこと、私がおとなしく良い子だったこと、しかし家の中でも、夜寝るときでさえ決して帽子を脱ごうとしないおかしな子だった、と書かれていた。

父はいつもわが家の小さな店で、農場の日雇い労働者に対して賃金を支払い、小作人に対しては現金貸しや掛け売りを行っていた。そしてそこにすべての貸付金や掛売金の細かな記録を保管していた。土曜日を唯一の営業日にしていたが、わが家にお客が現われればいつでも店を開けた。食事中に来ることが多く、買うものといっても数セント分くらいのものであったが、裏口のドアにノックがあれば、父がベルトから鍵環をはずし、子供たちの一人に投げていた。たいていこれは私の仕事になっていたが、時々妹のグローリアがこうした店番を手伝ってくれた。

父は、日雇い労働者であろうが小作人であろうが、農場で働く人々に対しては、衣類のみならず犂《すき》の刃やロープ、ラバの首当て、道具類、ベーコン、サトウキビのシロップ、トウモロコシの粗びき粉や小麦粉、ラード、砂糖、塩、灯油、タバコ類など生活の必需品をわが家の店で購入することを当然のこととして求めた。栄養上や衛生上の理由で、十二指腸虫や赤痢、ペラグラ（ニコチン酸の欠乏による皮膚・消化器・精神の障害を主症状とする病気）、マラリア、下痢、チフスにかかった場合に使用する医薬品もいくつか売っていた。甘こう《カロメル》、キニーネ、ひまし油、鎮痛剤、エプソム塩、ヨードチンキ、マグネシア乳、そしてあの苦い苦い６６６などである。十セントのひまし油一ビンを買うとそのまま外に出てゴクゴクと二、三口で（！）飲んでしまう人がいたのは、今でも忘れることができない。子供たちはそれを見ているだけで、あのどろっとした感触とひどい味を思い出し、吐き気をもよおすほどであった。

農場での仕事を学ぶのはもちろんのこと、それに加えて森や沼地についての知識を身につけることも当然のこととされた。そのためよく父から基本的なサバイバル法について、教えられたり知識を試されたりした。父は、私が友だちと一緒に、時には畑や道路から数マイルも離れた農場の裏手を何日もかけて歩き回っていることを知っていたので、私の安全を確認しておきたかったのだ。泳ぎ方や銃の扱い方、有毒な植物や爬虫類の見分け方に加えて、困難な状況でいかに道を見つけるかということも知っておかねばならなかった。地勢が変化に富んでいる場合や、遠く聞こえるハイウェイの音や天体によって方向が分かる場合は、決して道に迷うことはないのだということをたたき込まれた。父は私に、日中と夜それぞれの月の見方および北方向の探し方を教えてくれ、そして突然私の能力を試したりした。一つむずかしかったのは、遠く離れた、広く平たい沼地の場合だった。雲が空をおおい隠し、頼れるものは磁石ただ一つだったからだ。父は私に小さな懐中時計とほぼ同サイズの磁石を渡し、いつも離さず持っているようにと言った。

一度レンバートとチョクタハッチー・クリークで釣りをしている時、それまで見たことのないほど巨大なワニカミツキガメが、倒れた木の下で動けなくなっているのを見つけた。その時霧雨がずっと降っており、釣り竿もしまってクリークをあとにする時間になっていた。そこで釣り糸を全部集めて二重にし、この怪物を枝に吊るして二人の間にぶらさげて持って帰り、親に見せようということになった。沼地を出発する頃はすでに日も暮れかかっていた。この時、私は磁石を忘れてきていた。夕闇が迫り、道に迷ったことに気づいた。心配になってきたが、嬉しいことに三十分後にやっと人間の足跡を見つけた。しかしすぐに、それがわれわれの足跡であることがわかったのだ。その時父が言っていたことを思い出した。特定の目印をしっかりと頭に入れておかないと、人間は自然にぐるぐると円を描くように歩いてしまう傾向があるということだった。

その頃には天気も回復し空が見えてきたので、カメは棄て、西方向へ、宵の明星である金星の方へまっすぐ歩き始めた。前へ前へと急いだ。まとわりつく茨《いばら》をかき分け、低くたれ下がっている枝が顔にぶつからないよう腕を上げて歩いた。一時間程して道路に出た。その道を行けばある黒人の家にたどりつくことを知っていたが、そこは、出てくると思っていた地点からはるかに離れた所であった。ほっとしたと同時に、父がすでにその家に立ち寄り、捜索を依頼していたと聞き、心配になった。もうそれ以上一歩も歩けないほど疲れており、その家の人が荷馬車を仕立ててくれたので、十三キロの道のりをわが家へ向かった。

父に会うのがこわかった。父と母に大変な心配をかけたし、父が教えてくれた「森男」のルールを全部破ってしまい、父の怒りが目に見えていたからだ。しばらくすると父のトラックに出会い、家までの長い距離を乗って帰ることとなった。父は、家に着いて庭に二人が立ちつくすまで一言もしゃべらなかった。しばらく私を見て言った。「森で迷うなんて、おまえらしくないね」

私はついに泣き出してしまった。父が手をさしのべ、腕の中で抱きしめてくれた。人生で最も忘れ難き思い出の一つである。

第六章　プレインズのゆでピーナッツ

プレインズという町が、なぜこれほどロザリンと私にとって魅力があるのか、説明するのはむずかしい。もちろんわが家がプレインズと強く結びついているのは確かである。今でも孫や来客があれば、一族の墓地に連れて行くことがある。一つは町の北に、もう一つは町の南にある。この町こそ一七〇〇年代に生まれたわれわれの四代前の先祖たちが入植し、大地を耕し、妻や子孫と共に埋葬されている所なのである。われわれは二人ともここで育った。プレインズの多くの人たちと少なくともわれわれのどちらかが血縁関係にあり、今でも隣人の間柄である。一族の者たちが永遠の眠りにつくのを見守ってきた所、そして私たちも埋葬される所、それがプレインズなのである。

少年の頃、私はこの小さな町の学校と教会に通った。ゆでピーナッツやハンバーガー、アイスクリームを売り、ガールフレンドともつきあった。そして自分の子供たちを育て、四十年前に最初で最後の家を建て（結婚後十五番目に住んだ家）、一九五三年海軍を除隊したあと必死で生活を築き、人種差別の終焉に向けての努力をした所だ。プレインズの人々は私を知事にすべく、ジョージア州中を駆け回ってくれた。大統領選に立候補したときは、アイオワ、ニューハンプシャー、フロリダ、ウィスコンシン、ペンシルヴェニアをはじめ各州に足をのばしてくれた。プレインズの人たちとのつながりは多岐にわたり、深い。

プレインズには何か永久的なものを感じる。変わることのない価値観や、切れることのない人間関係がそこにはある。また私たちが政治的にも経済的にも危機的状況のさなかにあったとき、この町はわれわれにとっての安息の地であった。これまでに約百二十ヶ国を訪れ、「名所旧跡」も一通り見てしまったが、年とともに静かなプレインズの町にますます強くひかれるものを感じている。世界のどこにいても、すぐに家に帰りたいと思ってしまうのである。ここには調和がある。黒人と白人の間にある相互の信頼関係、町を少しでも良くしたいという人々の熱意と行動力がある。そして町の十一の教会を通してかもし出される宗教的風土と堅い信仰があるのだ。

一九〇五年、現存する最も初期の写真が撮られ、それ以降近代的な水道や電話、電気が導入されたにもかかわらず、町の表情は何一つ変わっていない。メイン通りは昔も今も基本的に九つのレンガ造りの建物で成り立っている。通りの半分ほど行った所に狭い路地があるのを除けば、すべての建物は共通の壁でつながっていると言ってよい。父の食料品店と「一九〇一年」と記されている銀行の建物以外はすべて二階建てである。私が子供の頃には、通りの西側の端には、五つの小さな木造の建物があり、カフェと床屋、郵便局、食料品店とガソリンスタンドが入っていた。ハドソン通りを渡ると二階建ての薬局があり、医者と看護婦用のオフィスが二階にあった。

プレインズは駅を中心に一キロほどに広がる円形の町で、東西にのびる鉄道と国道二八〇号線によってほぼ半分に分けられている。この国道は一九五〇年代半ば頃までは唯一の舗装道路であった。巨大なペカン農園のど真ん中に作られたこの町では、ほとんどの家の庭先に数本の木が残っている。少年時代、十一月になりペカンの実が熟すと、みな税金の支払い用にしっかりと収穫をし、通行人やリスがこれに手を出すことすらゆるさなかった。「ペカンはあっという間にバケツ行き」とよく言われたが、毎年いかに早く収穫されたペカンが市場に送り出されたかを表わした言葉だ。

いろいろと例外はあるにしても、黒人と白人は町のそれぞれの地区にはっきりと別れて住んでいた。もちろん田舎では膚《はだ》の色で居住地を分けることはできなかったが、それでも、黒人と白人を社会的にも法的にも区別するものは他にも無数にあった。

子供の頃なじんでいたプレインズは、初期の時代からたいして変わっていない。

町議会の古い議事録を読むと、わが町は法を遵守する町として作られたとある。道徳に反する目的で家屋を使用することは禁じられ、アルコール飲料の販売や摂取も同様であった。この禁止令がきわめて厳格に解釈されていたのは明らかである。議事録によれば「フロイド・アンド・マイヤーズ社のアップル炭酸飲料販売許可の申請は却下された」とある。

営業許可証は、町の歳入増加を計るためと確固とした風紀作りのため、という二つの目的のために考案された。一八九九年、輸送と農場労働に必要な動物を扱い、羽振りのよかった貸し馬車屋でさえ営業料は年間わずか五ドルしか払っていなかった。地域にとってより重要な綿花倉庫業者で十ドルである。しかし遊興業者の方はといえば、一回のバガテル・ゲームにこの二倍の、一台のビリヤード台には五倍の金を払っていたのである。プレインズでサーカスをやろうと思うと一日五十ドル、動物には一日当たり五ドル取られた。劇場の「手品」やミンストレルショー（黒人に扮した白人の芸人による歌や踊りの演芸）の金額は町長の裁量にまかされていた。一九〇三年の議事録には、言葉通りの引用がそのままこう記されている。「飲み物としてビン詰め飲料を売る者はすべて、百ドルを支払わねばならない」。しかしながら、まもなくこの法律はビン詰めコカコーラの台頭で無効になってしまった。コカコーラは世界に貢献したジョージア州の特産品である。コカの葉のエキスが濃厚にかつ合法的に含まれていることで、いつも「ドープ」（薬《ヤク》）とよばれていた。

少年時代私が違反してしまった法令が一つあった。ゴムパチンコ銃、弓矢、鉄砲を含めていかなる武器も町の境界線内では使用してはならぬという法令だ。この範囲は間もなく西に二キロほど離れた墓地を含めるまでに広がった。通りを安全で静かなものにすることも重要だとして、汽車に時速十六キロ、自動車には十三キロの制限が課せられた。当然のことながら、町の境界線内では汽笛を鳴らすことも禁じられた。最初の法の不備を補わんがため、町の指導者たちはほどなくして歩道の自転車通行、賭事、獣皮の処理、浮浪者、ジプシー、放し飼いの馬、乗り物を引いた動物の逃走、日曜日の靴みがきまでを禁じてしまった。

ブレインズの創設者たちは財政面では慎重で、バランスのとれた予算立てを信条とし、財布のひもをしっかりと締めていたのは明らかだ。当初は、歳入のすべては事業経営者や専門職の人々に対する営業許可料からまかなわれ、十六歳から五十歳までの全町民一人一人が町の道路の維持管理のため、七日間の労働を義務づけられていた。(後に男性のみとなり、学童は除くという規定に変わったが)。金持ちは、よく人を雇って自分の代わりをさせていた。しかし公共事業改善への要求が高まり、一九〇一年には、町での義務労働は一人年間二ドル五十セントの税金にとってかわった。全人口三百四十六人の町にこの課税は行き過ぎだということになり、次年度は税金は徴収されなかった。それにもかかわらず、町の警察署長の月給は五ドルから七ドル五十セントに増額されており、一九〇三年九月には、十ドルにはね上がった。しかし一九〇五年には、警察署長が購入したピストルは「同額返済」ということになった。これは少なくとも一ヶ月分の給料に相当するものだったが、街には狂犬病の犬が数多く出没していたので、無駄にはならなかった。

町議会の決定に対する町民の強い反対は、記録では一九〇六年に初めて起こった。ある有力な医師の提案で、すべての豚を町から追い出してしまおうというものであった。町議会には経験豊かな農民はいなかった。これは一九〇七年二月四日の記載事項を見ても分かる。「三十ドルで購入したラバ、役立たずと判明」。後に町長が、一日五十セントで代わりの牽引《けんいん》用動物を借りることが承認された。

一番頻度の高い記載事項から判断すると、初期の時代で最も調子の良かった商売の一つは、魚や牡蠣を扱うものであった。これはメキシコ湾岸から鉄道やトラックで運ばれてきた。一九〇七年にはいくつかの職業が追加され、新たな年間営業料が設定された。生肉の取扱い業者——ただし牛の四肢やホームメードソーセージ、豚の塩漬け、豚の内臓を販売する農民を除く——には十ドル。鍛冶屋には五ドル、保険代理業には十ドル、銀行家には十ドル、写真屋には二ドル五十セント、有料の靴みがき一ドル、販売業には五百ドルから一万ドルを超す資本金に応じて二ドル五十セントから十ドル。一日一ドルの宿泊料をとるホテルは年間二ドル五十セント、宿泊料が二ドルの場合はその二倍を支払った。

プレインズが発展していたのは明らかで、人口も四百近くにまでなっていた。一つ一つの記載事項を見て分かるのは、貴重な専門家の勧誘のため租税優遇措置がとられたということで、鍛冶屋の営業料は二ドル五十セントにまで削減された。さらに貴重な医者や歯医者や肥料業者には、完全に税が免除されていた。時々緊急支出が必要なこともあった。たとえばある十二月には天然痘が発生し、これに冒された家庭一軒一軒に対し診療のあと十八日間の隔離という措置がとられたが、この医療班の全経費は二十五ドルであった。

一九一四年には、町議会の財政は不安定なものになった。議会は次のように決議している。

「全郡は綿花の価格下落により不況下にある。しかるに財政は厳しく、一セントといえどもおろそかにせず蓄えていくべし。よって以下を決議する。町長と町議会は、厳しい経済状況をかんがみ、本年度の課税額を引き下げるべく、十二月一日以前に税の支払いを完了する者に対し、本年度の徴集税額より五〇パーセント差し引くことを、税務官及び財務部に対し、ここに正式に認可するものである」

こうした記載事項を通してジョージア州プレインズの町が見えてくるのだ。現在ここに七百十五人が暮らしていることを除けば、私の子供時代のプレインズとほとんど何も変わっていない。

私のルーツと、私の人生がいかにして形成されたかを理解するためには、一族の他のメンバーについてある程度知る必要がある。父を除けば、父の兄のオールトン（バディー）が私の子供時代において、白人の男性としては最も重要な人物であった。プレインズのカーター家のまさにリーダーであり、一九〇三年祖父が亡くなった後は、長男として家族の面倒を見ていた。

バディーは一シーズンだけ桃とブドウの農場で働き、さらに四年間、オリヴァー・マクドナルド社なる雑貨店で事務員として勤め、二十五ドルの月給で母親と四人のきょうだいを養った後、プレインズ・マーカンタイル社を興し、事業を始めた。おじはいつも私の質問に答えるのを楽しみにしており、なかでも自分の弟のこととなると喜んで語ってくれた。

多くの点において、カーター兄弟はまるっきり異なっていた。父とはわずか六歳違いながらも、いつも私にはおじが別の世代にいるように思えた。はるかに落ち着いて見えたのだ。われわれの教会では二人とも執事を務めており、日曜学校では、父が教え、アンクル・バディーは監督者の立場にあった。二人とも熱烈な野球好きで、父は野球をするのが上手かったが、アンクル・バディーの方はD級リーグの運営役員を務めていた。父は狩りと釣りに夢中になっていたが、兄の方がそのいずれかをするのを見たことがない。二人とも祖父からワイン作りの設備一式を受け継いでおり、毎年ワインを作っていたが、アンクル・バディーは、自分のワインは人にやるためのもんだとまわりに宣言していた。結婚する前はかなりのレディーズ・マン（女性の気を引こうとする男）との評判が高かったが、ウィスキーも飲んだことがない。それどころか、私の知る限りではコカコーラでさえ飲まない唯一の人間で、土曜日の夜も家にいるといったタイプであった。

父は行動派で、仕事中は無駄話で時間を食うといったことはしなかったが、兄の方はといえば、私の知る限り最大のおしゃべり人間の一人といってもよい。後に、私が海軍の潜水艦勤務から二、三日休暇を取って家に帰ると、父はいつも決まって五つ六つ定番の質問を投げかけてくる。「仕事はおもしろいかね」、「何か必要なものはないか」といった調子で始まるのだ。そのあとは、私の方から父にとって面白そうな話題を話すといった具合だ。しかし、プレインズ・マーカンタイル社に行くと、事態は全く異なった。アンクル・バディーからは質問の洪水なのだ。潜水艦がどのように作られ操作されているか、水中ではトイレの水がいかにして排出されるか、乾ドックの仕組み、潜水中と水面上での生活条件、調理のし方や食事の出し方について、いかにして船員が選ばれるか、給与体系、娯楽、武器、ベッドのサイズ、読書すべきもの、どれくらいの頻度で風呂にはいるのか、どんな危険を恐れているか、冬と夏の制服は、人種間の関係、外国港での様々な経験について、といった調子である。

子供の頃、プレインズ・マーカンタイル社が忙しくないときは、アンクル・バディーにせがんで一族についての話を聞かせてもらった。おじは喜んで語ってくれた。「一九〇四年、初めてプレインズに移った頃、アールはまだ子供で学校に通っとった。ワルじゃなかったが、わしを一家の長として見なすっちゅうことに抵抗があって、時々ケンカしとった。とうとうアールはゲインスヴィル近くのリヴァーサイド士官学校に一年行った方がええというこ

オールトン・カーター（アンクル・バディー、1960年）

とになったんじゃ。そこで十学年を終えて軍事訓練も少し受けた。わしの知っとる限りでは、わしたち一族の中で、いやいやわしたちのご先祖様の中で、これほど正式の教育を受けたもんはほかにおらんだった。家に戻ってからは、一時店員をしとったが、十七歳になるとすぐオクラホマに行ってしもうた。特許つきのガス式へアーアイロンを売り歩いとったんじゃが、生活費を稼ぐのもやっとこさで、一年したらプレインズへ戻ってきたよ」

「このあたりの人間の下で働くとなると、アールはいつも居心地が悪そうで、戦争が始まると、さっさと陸軍に志願した。視力がかなりひどかったんじゃが、リヴァーサイドで軍事訓練を受けとったし、店員の経験もあったもんで、訓練学校へ入れたんじゃ。その後補給隊でもうがむしゃらに働いて、中尉にまでなったんじゃ」

戦争が終わったとき、父の部隊はヨーロッパに向かうことになっていたが除隊となり、二十四歳の時プレインズに戻ったということを父から聞いており、私はそのことをおじに話した。

アンクル・バディーはそれに応えて言った。

「その通りじゃよ。故郷に帰ったアールは独立したがっておったが、まず生活費を稼がにゃならんということで、またプレインズ・マーカンタイル社で働くことになった。それに加えてじゃ、小さなクリーニング屋を開業して黒人を一人雇った。売り上げの四分の一をやって店をまかせとった。それにウェブスター郡の土地も管理しとったからなあ。わしが農業に興味がなかったもんじゃから。二、三年すると、エドガー・シップが千五百ドル出して、アールは角《かど》っこに自分の

左・士官学校時代の父(アール・カーター、1917年)

下・プレインズのメイン通り、JEカーター社が角に見える(1925年)

店を出すことになった。このことについては、わしにも事前には話してくれなんだ。じゃがわしの商売を邪魔せんよう、新しい客をプレインズに引っぱってきて、うまくやってくれた」

「お前のお父さんはそんな男だったよ。なあ、一生がむしゃらに働いて、何も手に入れないやつもいれば、仕事を辞めても、また次の仕事を始める時にゃ銀貨が手の中に入っとるというやつもいるんだよ。お前のお父さんはそんなタイプじゃった。もう一つ、必要とあらば、畑であれ店であれ、どこででも仕事となればどーんと入れこんで、めちゃくちゃ働くんだよ、アールときたら。そうやってこの辺の土地を手に入れたんじゃよ。おまえも相当働かせてきたけどな」

私は言った。

「はい、その通りです。でもぼくは一度もそれに文句を言ったことはないんです。お父さんは、ぼくや他の人たちと比べものにならないくらい一生懸命働いているんです。ほとんど毎朝四時に、ぼくがまだ寝ている間に家を出て、畑に作業人みんなを連れて行くんです。それから二時間位していったん家に戻ってぼくを連れて行くんですよ」

アンクル・バディーが、いくぶん自分を弁護するかのように言った。

「わしもアールと同じように一生懸命働いたよ。じゃがわしが一ドル稼げば、アールは三ドル稼いでしまうんじゃよ」

プレインズとアーチェリーはたったの五キロも離れていないのだが、町の生活とアーチェリーの農場での生活は全く異なるものであった。私は、祖母のニーナ・カーターを通して初めて町の社交生活に触れることになった。祖母は一九〇四年、一族がジョージア州の南部からプレインズに移り住んだときに購入したその同じ家に一人で住んでいた。毎晩だれかにいてほしいということで、孫たちがかわるがわるその義務を果していた。私の曜日は金曜日で、毎週行くことで、町に住む学校友だちとさらに親しくなれたし、近所の子供たちとかくれんぼや缶蹴り、ビー玉遊び、ゴム鉄砲の戦争ごっこなどができた。さらに十三歳頃にもなると、町の教会主催のダンスパーティーに行くようになった。祖母ママ・カーターの家の近所に住んでいたエロイーズ・ラットリフが私の最初の恋人になったが、それからというもの彼女に会いに行くのが待ちきれなかった。

私にとって、ママ・カーターは都会の上品さ、優雅さそのものに思えた。彼女はそれをかたくなに守り通した。自分の持って生まれた美しさを誇り、年齢のことに触れられるとキッとにらみ、口をつぐんだ。食器棚にはいつもブランデーが置いてあったが、少なくとも孫たちの前ではサッサフラス（米国産のクスノキ科の木、根皮・樹皮は薬用、香料用）茶を好んで飲んでいた。農家の子として、私には祖母のためにその乾燥させた芳香性の根をストックしておく任務があった。ルートビアの香りがして、大いに薬用効果があると祖母は信じていた。祖母は調理と家事は自分でやっていたが、われわれ孫たちには、薪を割り台所まで持ってくること、居間の暖炉用に石炭を持ってくること、そして毎朝二つのおまるを空にすることが義務づけられていた。わが家にあるものと違い、祖母のおまるは、けたはずれの大きさで美しい装飾が施されており、祖母はそれをとても自慢していた。ほかの人と違い、昼間でもベッドの下に隠すようなことはしなかった。

祖母はサウスキャロライナ州のグリーンウッド近くで生まれ育った。家は鉄道沿いにあり、ここが「プラット家」（祖母の実家）だとわかるように名前が記されていた。たまに、父と母は北部へメジャーリーグの野球観戦に行く際、祖母と私を同乗させ、途中の祖母の実家で私たちを降ろして行った。祖母が家族に会うためだ。プレインズやアーチェリーの基準でみても、ここにあるのは、孤立して古風な、潔癖すぎるほどの文化だった。プラット家の女性たち（みな未亡人かオールドミスだったが）は、家屋敷を含む周辺の一切の変化を嫌っていたからだ。

羊毛や綿花はまだ梳毛機《すきげき》ですいていたし、糸つむぎには糸車を使っていたし、布も自分で織り、バターは小さな樽の中で撹拌して作っていた。その樽は軸の中心からずれた位置に取りつけられ、回転しているような代物だった。電気もラジオもアラジンのランプもなく、ロウソクと灯油ランプだけが頼みの綱で、さらに部屋の方は家具が色あせぬようにといつもブラインドがかかり、暗くしてあった。床につくのは、冬でさえもまだ外が明るいうちだった。

前庭には、年輪を経た背丈ほどのツゲの木がおいしげっていたのを覚えている。使われていた農機具はといえば、われわれの農場では既に遠い昔、効率的なものにかわってしまったものばかりだ。そこの農地を耕していた農家の黒人の子たちと小さな農場を探険してみたが、プラット家の女性たちは、私がケガをしたり問題を起こすのではと心配で、私の行動を厳しく制限していた。

私には、両親がいつ戻ってくるか分かっていた。後でからかわれたのだが、私が眠っていると思いドアを開けると、すでに身支度もととのえ、スーツケースも詰め終えていた私がベッドから飛び降りたというのだ。

サウスキャロライナの一族の子供たちが、結婚を通してどのようにジョージアの方に移ってきたかを幾度となく私は聞かされていた。祖父ビリーの友人がエリザベス・プラットという女性と結婚、彼女のハーフ・シスター（親の一方だけを同じくする姉妹）のルーラが訪ねてきて、ビリーの兄弟のデイヴと結婚、そしてルーラの姉妹のニーナが訪ねてきて、私の祖父と結婚、それから彼女たちの姉妹メアリーが訪ねてきて、いとこのホール・キャルホウンと結婚、最後に残った姉妹キャリーが訪ねてきて、医者のクリーブ・ジャウアーズと結婚、後にただ一人の兄弟ジェフが姉妹たちに会いに来て、ジョージア州ダマスカス出身の女性と結婚、というわけだ。

おじのジャック・スラッピーと父の一番年上の姉である妻エセルは、私の子供時代に重要な役割を果してくれていた。当時田舎の子供は、紙袋やラードの缶に弁当を入れて学校に持って行っていた。たいていベーコンかハムをはさんだ、あるいはピーナッツバターとジャムをぬったホットビスケット、またはフライドチキン、時にはデザートにサツマイモかピーチパフといった中身であった。飲み物の方は、学校の蛇口から水を飲んだ以外に記憶はない。しかし母は看護婦として普段出かけていたし、父はいつも早朝に家を出ていたので、グローリアと私は父の姉のエセル

カーター家の人々。後列左から、おじのウエイド・ラワリー、オールトン、おじのウィル・フレミング、ドネル・カーター、私、ウィラード・スラッピー、父、ジャック・スラッピー。前列左から、母、おばのジャネット、おばのルーラ、エセル、リンを抱いたルース、いとこのニーナ・プラット、グローリア、ヒューの妻でサニーを抱いたルース・ゴッドウィン。ひざをついているのはビリー。(1943年)

の所で昼食を取るべしということになった。父はわれわれ一人につき一日五セントを姉に支払っていた。昼食時間になると、学校から角を曲った所にあるエセルの家に行って食事をしていた。

われわれ子供としてはこのやり方があまり好きではなかった。エセルおばさんは料理は上手だったし、温かく栄養満点の食事なのだが、いつも時間が正確でなく、待たされて、毎日校庭で繰り広げられる野球その他の試合にほとんど出られなくなってしまうからだ。

さらにもう一つの問題があっ

た。獣医であったおじのジャックに当時の農民が支払う際、ほとんど現金がなかったので、代わりにニワトリや卵で支払いをということになるのだが、それだけではない。ワナか木に追い上げて捕らえたウサギやリスやアライグマやオポッサムまでが、持って来られたのだ。家の裏には、こうした野生動物を入れた小さな檻《おり》がズラーッと並んでおり、アンクル・ジャックの黒人助手、ジーン・メイが丹念に世話をしていた。ということで食事にはしょっちゅうこれが出るのだ。エセルおばさんは、こうした動物の最良の料理法を会得していたので、半ゆでにし、小麦粉をつけてフライにしたものは私たちも気に入って食べていたし、わが家でも同じ方法でリスやウサギを調理していた。

しかしオポッサムがいけない。実に独特の風味で、母にしてみれば、わが家でオポッサムを調理するなんてとんでもないというほどの代物だ。腐食やゴミをあさって食べる動物で、アンクル・ジャックはジーンに、台所に持ってくる前に、少なくとも一週間はきれいな食物を与えるようにと指示していた。いつも、臭みを消すためサツマイモやりんごなどの果物、野菜、各種スパイスの中で丸ごと焼いてあるのだが、あの独特の臭味が完全に消えることはなかった。人生において私ほどオポッサムを食した人間は、現存するジョージア州民のなかにはほとんどいないのではないか。確信をもって言えるのである。

アンクル・ジャックの家でもわが家でも、出されたものを食べないということは許されなかった。はっきりと証明できる病気でもない限り、テーブルの上に出されたものは全て食べることが義務づけられていた。しかもたっぷりと。母も父も、われわれのために特別に頼んでいる食事についてはたいそうご満悦で、しょっちゅうわれわれやエセルに食事の内容について尋ねていた。グローリアと私はお互い、オポッサムや遅い食事時間のことでグチをこぼし合っていたが、両親にそれを漏らすことは決してなかった。

ジャックとエセルとの関係で、一つうれしい点があった。二人とも土曜日にアメリカスに車で行くのが好きだったことだ。そこでちょっと買物をし、あとはたいていファイヴ・アンド・ダイム・ストア（五セントから十セントくらいの安物雑貨店）の前に駐車し、座席から歩道を歩く人々をただ眺めていた。スケジュールもいたって自由で、われわれが映画を見にライランダー劇場に行きたいと言えば、いつも車に乗せてもらえた。ビジネスや野球の試合以外で両親がアメリカスに出向くことはほとんどなかったので、これは足の確保には大変好都合だったのだ。アンクル・ジャックのこの習慣を地域の人たちも皆知っていて、農民たちもアメリカスで買物をしながら、豚の去勢やら犬の予防接種の予約を取ったり、病気のラバについて相談したりしていた。

ジャックとエセルがいつものお気に入りの駐車場を確保できない場合でも、彼らの車を探し出すことは簡単だった。アンクル・ジャックが目覚めている限り常に葉巻をくわえていて、五セントのタンパ・ナジェットかハヴァタンパを吸っていた。歳月とともに葉巻の煙が車の中はもちろん彼の身の回りのものすべてにしみ込んでいった。すぐに分かる独特の香りで、それほど良い香りとは言えなかった。しかも獣医の車なので、持ち歩いていた薬や、トランクや後部座席に時たまこぼれたさまざまな薬の臭いと一緒くたになっていた。近くを通る者ならだれでも、その臭いでおじの車がそこにあるということが分かったのだ。

アンクル・ジャックの家には、何か特別に人を魅きつけるものがあった。それが何であるか私には長い間分からなかったのだが、ほかの家の居心地と比べるようになってから、やっとそれが明らかになった。カーター家の人間と違って、アンクル・ジャックはいつも気さくで、スラッピー家にはゆったりとした雰囲気が漂っていたのだ。何よりも娯楽や衣食住の楽しみ、安らぎを大切にしていた。それに比べてアンクル・バディーの家はプレインズでも十指に入る豪邸で、「ララ」と皆から呼ばれていたおばのアニー・ローリーによって、ちり一つないほど完璧な状態に保たれていた。硬材でできた床はいつもワックスでピカピカに磨きあげられていたし、食堂には本物のシャンデリアがかかっていた。すべてのものが所定の位置に納まっていた。ヒューとドネルの二人の息子たちには二階にそれぞれの部屋があてがわれていたほどだ。アンクル・バディにしても父にしてもいつも野心に燃え、よく働き、家の中でも厳格な規律を守らせていた。家とは大切な労働時間の合間の一時的な休息の場所、二人の家はこんな感じだった。なにかしら緊張感や堅苦しい雰囲気が漂っていたのである。

スラッピー家には二人の息子がいたが、われわれよりも年上で、普段家にいることはなかった。長男のリントンは精神障害——今診断されれば躁鬱病ということになるだろう——を患っていた。現代の治療薬があれば普通の実りある人生が送れたと思うが、当時は彼の両親にとって悩みの種であった。非常に頭が良いのだが、極端に活動的になる傾向があり、プレインズの人たちの気に障るような異常な言動があった。通りを行ったり来たりしながら、声を張り上げて、露骨な表現でしゃべるのだ。なぜか地域で起こる最もデリケートな、個人的な問題をよく知っており、さらに容赦ない町の解説者でもあった。だれかが鉄道会社を首になったり、食品代を払えなかったり、未亡人や他人の妻を密かに訪れたりしていようものなら、リントンはすぐにそれを嗅ぎつけ、言いふらしてしまうのだ。しかも露骨な言葉で。すると町民はショックを受け、困惑し、あげくの果てアンクル・ジャックを説得し、州の精神病院にリントンを送り返してしまう。そこで穏やかに落ち着いてから、また帰宅を許されるといった繰り返しであった。しかしわれわれ子供たちは、彼の存在でプレインズがにぎやかになるのを楽しみに待っていた。

　スラッピー家のもう一人の息子ウィラードは、ハンサムな若者で、郡の女性たちにモテモテであった。オーバーン大学を卒業、ノースキャロライナ州で獣医として成功を収めた。ローズヴェルト大統領が設立した市民保全部隊《CCC》（一九三三―四三、失業中の若者を雇用し、道路建設や植林などに従事させるための連邦政府機関）に志願しプレインズから入隊した最初の青年の一人で、部屋と食事と一日一ドルを支給され、種々の保全活動に従事していた。

　アンクル・バディーはジャックが息子たちに甘すぎると考えていた。後年私に語ってくれていた。

「わしはまず、息子たちをききわけのよい子に育てたよ。それに忙しくさせていた。お前のお父さんも同じことをやったよ」

私はうなずいた。

「ぼく、お父さんに逆らおうとしたことは一度もありません。あれやれこれやれと命令されたこともありません。お父さんはただこう言うだけなんです。『ホット、明日は綿花の防虫処理《モップ》をするか、サツマイモの蔓《つる》を掘り起こすか、スイカを切り取るか、まぐさを引き抜くか何かするかね？』。そしたらぼくもただ『はい、お父さん』って言うんです」

アンクル・バディーは続けて言った。

「それから、息子たちがやっかいなことにならんよう気をつけた。オスカーの兄弟ジョー・ウィリアムズが、プール（ビリヤードの一種）用具一式持っとったのを覚えとる。それを街中に持って行ったんで、みんなもそれで遊びたがった。じゃが、わしは息子たちがプール場をぶらつくなぞ許せんかった。プール場は男に良くないよ。いつもそう思っとった。ましてや子供にはね。そこでアマチュア用のプール台を買って家の二階に置いたんじゃ。息子たちや友だちも来て二、三ヶ月くらい遊んどった。そのあとは熱も冷めてしまったよ」

私は、本当はプール場近くに何度か「父と」行ったことがあったのだが、このことは一言も言わなかった。

アンクル・バディーは、私の成長期を含めた二十八年間プレインズの町長を務めていたので、私が町のことについて知りたい時には、アンクル・バディーが一番の情報源となった。ある日私は、プレインズで何か興奮するような出来事がこれまでにあったかと尋ねた。

「そうじゃね、ここで起こった最大の出来事といえば、そして駅に一番人が集まったんじゃが、マックティアー家の一件があったよ。一家の長男はロスコーちゅうて、一九二〇年代フロリダの土地ブームにあやかって、南に移っとったことは皆よく承知のことじゃった。一山当てて金持ちになっとるもんとばかり思っとった。ところがある日、アメリカスのウエスターン・ユニオンの交換手から彼の母親に電話があって、悲しい知らせを告げた。ロスコーの遺体が納められた棺《ひつぎ》が、三時半の汽車でプレインズに着くというんじゃ。町中がどうしてよいかわからんで取り乱して大騒ぎ。ロスコーの遺体はすでに化粧を施されとるっちゅうし、フロリダでどの教会に行っておったか誰もわからん、葬儀でどの牧師が説教すればいいかもわからんじゃったよ」

「当時わしが町長をしておって、マックティアー家の面々が、わしと葬儀屋のロス・ディーンに相談に来たんじゃ。やっと決まったのはだ、駅で短い葬式のようなものをやり、そこから墓地に向かい、そこで三人の白人の牧師全員が一言ずつしゃべってはということになったんじゃ」

「駅に汽車が着く頃にゃ、町中の人が集まっておった。ロス・ディーンの極上のグレーの馬二頭が誇らしげに霊柩車を大きく回してから、棺《ひつぎ》をのせるためにしつらえた台の所に止まるのを、みな見つめておった。みんなは汽車の手荷物車に沿って整列しておった。じゃがだれも気づいておらなんだよ。その汽車から格好いい男が一人スーツケースを持って降りていたんじゃ。彼は群衆の端の方にいるやつに、この騒ぎは一体全体なんだと聞いておった。

『ロスコー・マックティアーの葬儀のため、みんなここに集まっとるとです』

『いや、私がそのロスコー・マックティアーです』

と彼は言ったんじゃ」

アンクル・バディーは落ちのところにくると、のどを引き締め、声はオクターブも上がった。次の話に行くまで、二人とも笑いっぱなしだった。

「彼の母親はもう気絶しかかっておった。奇跡だ、神様が祈りをかなえて下さったと言っとった。じゃが群衆の中にはがっかりしていた人たちもおった。マックティアー家の人たちもわしも、なぜロスコーの電報が死亡通知に変わったんか、皆目見当がつかないままじゃったよ」


ブレインズに実際住んでいる人々の数はわずかだったので、町の活力は、外部から商売や楽しみのために何マイルもの道のりをやってくる農家の人々からもたらされていた。

少年時代、私が知っていた人の中で、農場の労働者や小作人で車やピックアップ・トラックを持っている者は一人もいなかったし、小地主でもわずかな人だけであった。一頭立て馬車でも分不相応なものとして見られ、年配の比較的裕福な人々だけが使用していた。というわけでほとんどの人は歩くか荷馬車で移動していたのである。この荷馬車は農場の内外でさまざまな用途に使われていた。父は、町に行くときや畑間の移動にはピックアップ・トラックを運転していたが、それでも労働者や犂《すき》、肥料、種を畑に運ぶときはまだラバの二頭立て荷車を使っていたし、畑では、穀物の刈り束やピーナッツの山を脱穀機まで運搬するには、小さなソリを使っていた。

自転車に乗れるくらいの年齢になると、私はバルーンタイヤ（幅広の低圧タイヤ）の自転車を持つようになっていた。自分の楽しみのためだけではなく、前のハンドルにバスケットがかけてあったので、母が急に町に必要なものができたとき、運搬用としても大いに重宝した。また後には、干し草を束ねる針金で留め具を作り、必要時には小さな荷車を引けるようにした。十代の頃、プレインズのダンスパーティーの行き帰りに、父のトラックを貸してもらえないときには自転車を利用していた。たいていはガールフレンドの家に寄り、彼女を私のシートの前のバーに乗せて行った。特にあのパーティーのあとは自転車のスピードを上げ家路についた。特にあの幽霊屋敷と墓地の近くを通るときは。真っ暗闇の中でも道路が見えるよう、懐中電灯を持つようにしていたので、車が来ていても溝側によけることができた。

農場での仕事に対しては、ちょっとした手伝いで報酬をもらうことはなかったし、ラバで畑を耕せるようになるまでは、子供が畑で丸一日働いて貰う賃金は二十五セントであった。そうした仕事に加えて、父はいつも私にそれ以上の金を稼ぐようにと勧めていた。幼い時から父に商売の基本をたたき込まれ、農場に出る必要がないときは、自分の才能を生かすような仕事を探せと言われていたのだ。幼い少年にとって、このような教育がいかに異例なものであったことか、私ははるか後になって分かったのである。

五歳の時、私はプレインズの町中でゆでピーナッツを売り始めた。この時初めて外の世界に触れることになった。ピーナッツが熟し始めると、一刻も早く、自分の小さな荷車を家に一番近い畑まで持って行き、地面からピーナッツのつるを山のように掘り起こし、家に持って帰る。つるからピーナッツを取って洗い、一晩塩水につける。翌朝できる限り早く、ピーナッツを、煮えているがまだ堅いといった状態まで三十分かそこらゆでる。半ポンド入りの紙袋約二十袋（土曜日には四十袋）に詰め、籠に入れて、線路を歩くか自転車に乗って町まで運ぶ。こんな具合だった。

毎日私のピーナッツを喜んで買い求めてくれるお得意さんが何人かいて、半分ははけていた。一番のお客は靴修理屋のバッド・ウォルターズで、地域の著名人の一人であった。十代の時片足に重傷を負い、手で家や庭を歩くようになっていた。階段の昇り降りもだ。これで腕と胸が大いに鍛えられ、足が治って歩けるようになると（ただいつも足をひきずってはいたが）、ボクシングを始めた。ある土曜の夜、バッドはアメリカスにやってきたプロの巡業ファイターの一人に戦いを挑むことになった。プレインズから大勢の人が駆けつけ、彼を応援した。私たちもその中にいた。五ドルの賞金で相手を負かしたバッドは少年たちのヒーローになった。われわれが強く頼むと、そして充分な観客がいれば、彼はポケットを空にしてから、自分の店の前で逆立ちになって歩いて見せてくれた。私にとって最高に素晴らしかったのは、私のピーナッツ二袋で、ピーナッツ好きの彼が一日中満足してくれることだった。

プレインズへやって来る人たちは、私に対しては、買うにせよ買わないにせよだいたいにおいて丁寧だったが、定期的に町にやってくるセールスマンの中には、私をだしにして冗談をとばす者がいた。

一番の悩みは、例の二つのガソリンスタンドとジョン・ウッドラフの貸し馬車屋あたりでぶらついていた男たちであった。貸し馬車屋の方は、どぎついゴシップが渦巻く中心地で、男たちも同じような会話の繰り返しにうんざりしていることが多かった。広い馬小屋を入ったところに半円形になり、逆さにした釘用の樽や傾いた腰かけや背のまっすぐな椅子に座っていた。

ミスター・ウッドラフは、男たちの場所から奥の方に小さな事務所を構えており、とりとめもない話に加わることもあり、行ったり来たりしていた。一人一人にはお決まりの席があったが、その日のチェッカーの試合で負けた者が自分の椅子からしぶしぶ離れると、順々にずれていっていた。コカコーラの栓がチェッカーのこまとして使われていて、栓の表対裏で戦いが繰り広げられていた。おしゃべりは別にしても、かなり騒々しいゲームで、対決者はビンの栓を下にたたきつけて強気に出たり、日頃の鬱憤や怒りを爆発させていた。下に向けられた栓の端のギザギザがチェッカー盤をこすって、深い傷を作っていた。ますのすべてが消えてしまうのを防ぐため、ポケットナイフで深い切り込みを入れていた。

私はいつもこうした男たちのからかいの対象になることを覚悟せねばならなかった。特に昼近く私が戻ってきた時の様子で、ピーナッツが売れ残り、私が必死の思いになっていることが男たちには分かるのだ。ラバに餌をやったり、自分たちの座っているところを掃けば、一袋買ってやると言われ、時々受け入れることもあった。

町には父の年齢くらいの退役軍人が三、四人おり、第一次世界大戦での負傷による障害者年金で暮らしていた。その内の二人は、マスタードガスで肺を患っていた。町で仕事をせずに済んだのは、彼らだけだった。というのは、政府からの給付金が、物納小作人《シェアクロッパー》や日雇い労働者の収入を上回っていたからだ。彼らがこうした仲間の中心になっていたのだ。その一人が私にとっては特にいやな人間であったが、顧客を手離さないためにはいじめを受け入れざるを得なかった。

私が八歳の頃のある日、指示に従えるなら最後の一袋を買ってやろうと言われた。指を動かすから、それに従って動けというのである。私は承知した。彼の指の動きを必死で見ながら前後に、横にと動いた。ついに男たち全員が大笑いになった。私の裸足がたばこの燃えかすを踏みつけ、私が痛みと驚きで宙に飛び上がったからだ。

ゆでピーナッツ売りは、嫌なこともあったが、うまくいけば昼までには売り切れて、自転車で家路につく時には、ポケットの中に一ドル相当の小銭が入っていたのである。これは夏の間ずっと続いた一つの体験であった。

私以上にプレインズ通の人間はいなかったと思う。私は何やら通りや商店街の主《ぬし》になったような格好で、大人たちには私の存在など目に入っていないかのようであった。両親は、私の顧客になりそうな人々が、下品な言葉を使い、露骨に猥雑なジョークを飛ばし、同じ住民の「罪」についてあからさまに語ったりしているとは思いもよらなかっただろう。どの男がオールバニーの売春宿に通っていたか、黒人か白人どちらの売春婦が好みだったか、そうしたお楽しみがいくらかかったか、といった情報を私は持っていたのだ。

また地域で起きる深刻な犯罪についても知っていた。当時貧困がもとで残虐で悲劇的なリンチが起こっていた。昔は黒人労働者向けの最低と思われるような仕事でも、それを求める競争が日増しに激しくなっていたのも原因の一つだ。大恐慌が深みにはまっていくと、あるアトランタの機関は、「白人全てが仕事にありつくまで黒人野郎に仕事をやるな」というスローガンを採用した。一九三三年アメリカのリンチ件数は前年の四倍にも上り、その後の困窮時代も高い数値のままであった。

プレインズ近郊で起こった、そうした悲惨な殺人事件を私は一つだけ知っていた。われわれの農場の黒人労働者から聞いたのが初めてで、後にガソリンスタンドでも秘かに語られているのを聞いた。黒人が白人女性を辱かしめたのではなかったが、地元新聞によれば、黒人労働者がプレインズ南部の地主に対して行った「反逆すれすれの無礼」の結果起こった殺人と報じられていた。確信はないが、私の経験から推測すれば、どの男がからんでいたか分かっていた。当時のプレインズには黒人とほとんど付き合いのない白人が二、三人おり、いつも黒人をさげすみ、しょっちゅうクー・クラックス・クランのことをほめたたえていたのだ。私には、彼らが弱い臆病者としか思えなかった。そうした人間は地域社会のクズであり、法を遵守する市民にとっては迷惑の種であった。

プレインズでは隠し事をするのも容易ではなかった。住民は一台一台の車に目を光らせており、見慣れない場所に駐車してある車は特に警戒された。説明もなく家や仕事場を留守にしようものなら、好奇心旺盛な近所の人たちからとやかく言われ、質問の嵐まちがいなしという具合なのだ。教会やPTA集会には全町民が出席し、冷蔵庫も普及していないので頻繁に買物に行く必要があった時代、さまざまな情報やうわさ話を交わす機会はどこにでもあった。庭作りクラブやキルト作りの集まり、床屋や美容院、そして街中でいつもゴロゴロしている人たちのグループ、こうした社交の輪に、人々は会話を求めて集まってくるのであった。たとえば、こういう話が皆の間で行き交っていた。あるオールドミスが、求婚者が車でゆっくりと彼女の家の前を通り過ぎるとき、自分の裸体を正面の窓で見せびらかしていたというような。

こうして地域の人々は、すべてを知り尽くしていたのであるが、それには一つ良い点があった。スキャンダルだけではなく、困っている人に関する情報も積極的に伝え合っていたのだ。毎回教会の礼拝の始めに、牧師はそうしたケースを一つ一つ挙げ、教会員の方も負けずに、最新情報や追加情報を伝えることにしていた。

近所の人たちの風変わりな性格に困惑してしまうこともあった。レスター・シーウェルという地元の農夫は、だまってはいられないおしゃべりで、人前で偉そうにしゃべることのできる機会があれば何にでもとびついた。だれも自分の話に耳を傾けていないということが分かってもだ。

畑を耕している彼のそばには少年がいるといった光景がよく見られたが、ただ一緒に歩いたり荷馬車に乗ったりすることだけのために雇われた子供で、決してしゃべってはならぬ、聴くだけにせよというのがその子に課せられた掟であった。

レスターのおじのアルは、アラバマ州からプレインズに移住してきた人で、タイムゾーン（同一標準時を用いる地帯）に縛られることをかたくなに拒み、父やほかの人たちと同様、政府による夏時間の押しつけを、神の掟に反するとしてひどく憤慨していた。ミスター・アルは、人生後半の数十年間一貫して中央標準時に従って暮らしていた。まわりの人たちより遅く起き、午後二時に昼食をとり、アラバマ州で暗くなる時間になってから床につくといった具合であった。

プレインズに何か大きな変化があると、それはラバの取引にも影響を与えていた。私はそうしたことにいつも大いなる関心を寄せていた。牽引《けんいん》用動物の売買はいつも好調であったにもかかわらず、貸し馬車屋のミスター・ウッドラフは借金を抱え、アンクル・バディーのところへ助けを求めに行った。しばらく条件を話し合ったあと、アンクル・バディーがラバや馬の購入資金を準備し、ウッドラフの方が仕入れ、販売、交換取り引きを担当、利益は半分に分けるということで合意した。

数週間後、おじは報告を受けていた取り引きについて気になることがあり、ミスター・ウッドラフに同行することとなった。卸業の末端を知り、取り引きにもっと関わっておいた方がよいと判断したからだ。ラバはほとんどアトランタで仕入れていたが、アラバマ州のモンゴメリーやトロイでも仕入れていた。アンクル・バディーがよく思い出しながら語ってくれていたものである。

「ラバを仕入れた後は、家に帰って、農家相手に飛ぶように売りさばいとったんじゃ」

しかしである。一年ほどして、アンクル・バディーは、ジョージア大学の学生であった息子のドネルを訪ねアセンスに行くこととなり、同時にウッドラフの方はラバ用のトラックでアトランタに向かった。一日遅れでアトランタに入ったアンクル・バディーは、ウッドラフがラバ業者を回り、一頭につき五ドルのリベートを得ていたことを知った。プレインズに帰り着くまでアンクル・バディーは何も彼に言わなかった。それから家畜小屋に行き、ミスター・ウッドラフとわたりあった。二人は袂を分かつことにし、手持ちの七頭のラバを分けることにした。どれも良質のラバであったため、ウッドラフのすすめでおじが三頭選び、ウッドラフは残りの四頭を自分のものにした。

アンクル・バディーはやがて、ジョージア州でも最大級の貸し馬車業を営むまでになり、二十年後には毎シーズン（十一月から四月まで）五百頭から八百頭の牽引用の家畜を売りさばいていた。ラバと馬の割合は十対一だった。ラバ取り扱い業を止める四、五年前までは、主に農家を顧客としていたが、その後、小地主でさえトラクターに移行してしまったあとは、牽引用の家畜は農家が買うのではなく、農家が売るようになっていった。こうして最後の馬やラバはほとんどがポンド単位で売られ、多くはドッグフード用に屠殺されていったのである。

ゆでピーナッツ売りの私にとって、コカコーラの配達人がいたことがプラスになった。ピーナッツとコカコーラは最高に相性がよかったからだ。町の男たちは一日中「ヤク《コカコーラ》」を飲んでいて、一セント銅貨を床板の隙間めがけて投げ、だれがおごるか決めていた。目指す隙間の中心部に一番近く投げた者は免除され、残った者がまた投げ、最後に残った者が皆におごるという仕組みであった。ガソリンスタンドでは、同じことを決めるためにさいころをころがしている所もあったが、食料品店ではあまりにもギャンブル性が強いということで認められていなかった。われわれ少年たちはコカコーラはほとんど飲まず、自分たちの小遣い銭は有効に、大ビンのRCコーラや時にはさらに大きなダブルコーラに使っていた。軽食のカウンターではムーンパイが一番お買い得なのだが、ゆでピーナッツ・セールスマンの私としては、お気に入りの注文はもちろん、ゆでピーナッツとコカコーラであった。

私が投資家そして不動産の所有者として、初めてビジネスに手を染めたのは一九三二年、八歳の時であった。その年の植え付けシーズンの頃、綿花はそれまでで最低の一ポンド五セント、あるいは五百ポンドで二十五ドルまで下落し、倉庫には二年分近くの大量の余剰綿花が眠っていた。私は三年間プレインズの街でゆでピーナッツを売ったおかげで充分な貯金ができており、父と倉庫に出かけ五ベイルを買い、家に持ち帰り、納屋にしまっておいた。数年後、地元の葬儀屋が亡くなった時に、私は自分の綿花を一ポンド十八セントで売り、彼の遺産の中から五軒の小作人用の家を買い取り、月極めで貸すことにした。家賃は二軒がそれぞれ二ドル、一軒が二ドル五十セント、あとの二軒は五ドルにした。毎日自分の持ち家で合計五十五セント稼いでいたことになる。

家の維持管理までは経済的に手が回らなかったが、借家人に二、三枚の板や窓ガラスを提供し、自分たちで修理ができるようにしていた。毎月、自転車で何度か回って家賃を全部回収するようにしていた。これは大学に入るため、故郷を離れるまで続けていた。そのあとは父が私のために集金を引き継ぎ、私が海軍士官学校で一年を終えるころまで続けてくれていた。それ以後父は借家人からひっきりなしにつきつけられる修理や改修の要求にうんざりしたのか、私が買った三倍の値で五軒の借家を売り払ってしまった。十一年間の投資にしてはささやかな利益であった。

私がハイスクールにあがる頃には、いとこのドネル・カーターは大学に行っていたので、一年の半分くらいを彼の弟ヒューと組んで、土曜日の特売セールに参加していた。倒産した銀行があり建物ががら空きのままであったので、その正面のショーウィンドーを利用して、毎週買物のために訪れ、町唯一の歩道を埋めつくす人々に売り込んでいたのである。われわれの商品は限られていて、ハンバーガーと三段重ねのアイスクリームコーンで、値段はどちらも五セント。さらに同じスタンドで私のピーナッツを売ることもヒューは許してくれた。ただし、われわれの主力商品以上に売り込まないという条件付きであった。

暑い季節になると、われわれは土曜の朝早くからアンクル・バディーの家の裏で待ち合わせ、三つの巨大なアイスクリーム製造器を固まるまで必死で回し、ヴァニラ、チョコレートとフルーツフレーヴァーのアイスクリームを作った。それから容器の回りに何層にも砕いた氷と岩塩を詰めた。これで一日アイスクリームが溶けずにすんだのだ。それに比べハンバーガーは手もかからず、涼しくなっても売れた。ひき肉半ポンドと湿らせたパン一山、それに大きなタマネギ一個を手でしっかりと混ぜ合わせ、灯油のストーブの上で薄い円形のハンバーグを焼いた。これを丸パンの中にはさみ、ケチャップとマスタードをつけて売った。ただ一度だけ本物の商売敵《がたき》が現われたことがあった。チック・タイソンという黒人の男で、同じ五セントでボラのフライ入りサンドイッチを売っていたのだ。商売では私よりも先輩のヒューの命令で、私はその辺をぶらついていた大勢の人に向かって、通りを行ったり来たりしながら叫んでいた。

「アイスクリーム、ユー　スクリーム（あんたは叫ぶ）、ウィー　オール　スクリーム（みんなも叫ぶ）、フォー　アイスクリーム（アイスクリームを求めて）。三段たったの五セント！」

最後のフリーザーが空になったときは本当に嬉しかった。

現在のこの静かで小さなプレインズの町を訪れた人は信じがたいと思うかもしれないが、私はニューヨークでも見たことがないのだ。私の子供時代の土曜日の、あのメイン通り以上に活気にあふれ、人がぎっしり集まっている光景を。プレインズは、サイズこそ小さいが、その住民やサムター郡の西半分の農家全てにとって、大切な商業の中心地だったのだ。何百人というお客が商店に群がり、それ以上の人々がこの日を利用して町でただ一つの歩道に集まり、友だちに会ったり、刺激的な雰囲気を味わっていた。午後おそく、さらに夕方になると歩道は歩くことさえ不可能なほどで、車道に出た方が動きやすかった。車の方は、人の間を這うように動いていた。商店街の裏手も同様に混んでおり、家路へ向かう家族が、買物の山を車や荷車に積んでいた。

さらに私は必要であればアンクル・バディーの店でも働いていた。たいてい土曜日の夜であった。プレインズ・マーカンタイル社は平日は日の出から日没まで、土曜日は最後の客がいなくなるまで開いていた。時には、夜十時を過ぎて深夜になることもあった。（客があまりない夜は、デートでアメリカスまでレイト・ショーを見に行く時間もあった。映画館では後ろの席で二人抱き合っていた）。

アンクル・バディーの二人の息子たちに加えて、ガイ・ドミニックとデニス・ターナーの二人が布製品や食料品、農業用品など膨大な商品の販売を手伝っていた。ミセス・メアリー・ルー・マックティアー・バーネットが上の階で婦人部を担当していたが、男性は店員でさえほとんどそこに上がることはなかった。いつもの仕事に加えて、クリスマスシーズンのあとは、売れるものを全部売り払った直後に年中行事の棚卸しがあり、それも手伝っていた。これは名誉ある役職であった。数学的な計算が必要だったからというだけでなく、棚の上の商品のすべてにつけてあった卸値を示す店の暗号を知ることが許されていたからだ。

販売競争はあるにはあったが、店員や店に出入りしていた大勢のセールスマンの間にはなにかしら友情のようなものがあった。そのうちの二、三人は真剣そのもの、商売だけといったタイプだったが、セールスマンの腕の良し悪しは、気のきいたユーモアを持ち合わせているかどうかで決まっていた。店で仕事をしていると、必ずといってよいほどいくつかの新しいジョークが飛び出した。アンクル・バディーや息子たちにも言える程度の罪のないものもあったが、床屋やガソリンスタンドや家畜小屋をぶらついていた男たちにしか向かないようなものもあった。

デニス・ターナーは、私がこれまでに知り得た人間の中でも最もおもしろい一人だった。いつも独創的ないたずらやジョークを考え出しては、みなの喝采を浴びていた。地元のハンターの一人が猟銃の薬莢《やっきょう》を買いにきたときのジョークは、その後何年も語り草になっていた。

その客はデニスにいくらかと尋ね、「一箱二ドル五十セント」との返事を得た。それに対し客が「プレストンでは二ドル二十五セントで同じものが買えるよ」と言った。デニスは尋ねた。「それでしたら、なんであちらで買われなかったんですか?」。客が答えて言った。「今切らしてるんだよ」。デニスは一瞬黙ってから応じた。「いやあ、うちの薬莢は、切らしているときならたったの二ドルなんですよ」

プレインズ・マーカンタイル社は完璧な品揃えを誇り、ガソリンさえ扱い、ガソリンスタンドと張り合っていたくらいだった。最大の見せ物の一つは、町に来た初めてのガソリンポンプで、ガソリンが直接車のタンクに流れ込んでいくのを客は見ることができた。地下の貯蔵槽から一〜五ガロン入りのガラスのタンクにガソリンを汲み上げるため、われわれが大きなハンドルを上下に動かす様子を、客や歩道の通行人は固唾《かたず》をのんで見守っていた。貯蔵槽のバルブが締められると、ガソリンはホースを通って車の方へ流れ込んだ。

一セントでも貴重な時代、ガソリンは一ガロン（約三・八リットル）二十セントであった。私は当時の古い正札を何枚か持っているが、それによると油は一クォート（約〇・九リットル）十セント、パンは一山五セント、二十四ポンド（約十キロ）の小麦粉が六十五セント、卵は一ダースで十二セント、靴や作業ズボン《オーバーオール》はわずか一ドルだった。

われわれはクリスマスを、何よりも重要な最大の祝日として祝っていた。宗教的な意味からだけではなく、ブレインズの地域をのみ込むほどの熱狂的な商戦が繰り広げられる時期でもあったからだ。このときは、私も店員として、いつもより多くアンクル・バディーの手伝いをしていた。大イベントの二週間前には店の正面を片づけ、特別のテーブルを置き、階上にしまっておいたクリスマスのおもちゃを並べた。手動のエレベーターで荷物を次から次へと降ろした。この時間のかかる作業のために、平日のどこか一日の午後は完全に店を閉める必要があった。正面のショーウィンドーは学校帰りの子供たちの顔でいっぱいになった。鼻をガラスに押し当て、クリスマスの朝、木の下にどんなプレゼントを置いてもらいたいか、じっくりと品定めをしているのだ。食料品も、クリスマス・キャンディー、オレンジ、タンジェリンミカン、ブラジルナッツ、カイヨウグルミや何箱もの種なし干しブドウといった特別の品を出した。しゃれたプレゼントは、地主や鉄道員その他製材所や病院の職員が買っていたが、ほとんどの農家の子供たちは既成のおもちゃなど望むべくもなかった。通常の収穫があった年にサンタクロースが持ってくるものといえば、たいてい二、三個のオレンジと干しブドウといったところであった。小作人の平均年収はわずか七十ドルだったので、クリスマスの雰囲気を感じさせるものだけで満足するしかなかった。

たいてい私はサンタに本を頼んでいた。ある年のクリスマスの朝、起きてみると木の下に大好きな本が数冊あったが、その時ひどいはしかにかかっており、憂鬱な気持ちになったことを覚えている。母からは暗くした部屋にいるよう、目を使わぬよう注意されていたのだが、ベッドの下で本を読んでいるのが見つかり、ひどく叱られた。家には他にもおもちゃなどのプレゼントがいろいろあったが、珍しい果物やナッツも大好きだった。グレープフルーツを食べられたのはだいたいクリスマスの時だけで、一つ子供たちの好きなイベントがあった。われわれ子供たちは父の椅子を囲んで床に座り、父がグレープフルーツをむき、一袋一袋分け、塩をちょっとつけて三人の子供たちに順繰りに食べさせるというものだ。父はよく「おまえたちは、巣の中でみみずを欲しがって口を開けているひな鳥のようだよ」と言っていた。

オレンジの方はそれほど好きでもなかった。ほかの時でも食べられたし、何よりひまし油と強烈に結びついていたからだ。病気といえばひまし油というほどしょっちゅう飲まされ、時には予防のためにも飲まされたくらいだ。母か父が暖炉でひまし油を温め、オレンジを一切れ食べさせてくれた。必死の思いで大さじ一杯を飲み込もうとするとき、そのひどい味を緩和するためだった。巣のひな鳥とはなんと違うことか。

プレインズではいつも何かおもしろいことが起こっていた。レンガ造りの建物にはすべて、建物を大きく見せる平らな屋根がついていた。地元の大工たちは、屋根がすさまじく熱くなる夏場、熱く溶かしたアスファルトとタール紙を屋根に塗りつけることになっていたのだが、それをやりたがらなかった。また近隣の町も商業建築には同じデザインを用いていたものが多かったので、ジプシーの人々にこの仕事が回ってくることになった。ジプシーの一団はあちこちを移動しながら、皆からいやがられていたこの仕事をこなしていたのである。

毎年彼らがやってくると、町は興奮に包まれた。店主と放浪修理人との間で、昨年の仕事の出来や今年の仕事の料金に関してあれやこれやの交渉が毎度のことながら行われた。ジプシーの家族は条例により町の境界線内に入ることを禁じられていたため、町の外にテントを張っていた。そのため、たいていの住民は自分の土地を守るため、当然のことかどうかは別として、警戒態勢に入っていた。

ジプシーの男たちは、いつも数頭の馬などの動物を持っており、売ったり交換したりしていた。馬のことなら何でも知っており、馬の優れた点を強調したり欠点を隠したりするのはお手のものだった。そのためアンクル・バディーやミスター・ウッドラフが彼らと互角に取り引きするには相当の腕前が必要であった。おじはジプシーたちを気に入っていたようで、年間を通して彼らのリーダーと連絡を取り合っていた。約束を守る人たちだと感じていたようだが、交渉ごとにおいて彼らの真意を理解するためには細心の注意が必要だと考えていた。おじが私に語ってくれたところによると、ジプシーはカーター家の人々より前にヨーロッパからジョージア州に移り住み、州内に多くの土地を所有しているが、放浪の生活を好んで旅をしているとのことだった。時々私はほかの少年たちとジプシーのキャンプ地の近くまで出かけ、離れた所から彼らの歌や踊りを見たり聞いたりすることがあった。なかでもジプシーの若い女性の美しさは格別で、魅了されたが、双方の親たちは一切の接触を禁じていた。

夏場はピーナッツ売りで毎日のように町に出ていたので、ほかにも面白い見せ物を目にする機会がいろいろとあった。薬売りは大通りにトラックで乗り入れ、天蓋つきのトラックで商品を売っていたのだが、これがよく交通渋滞を引き起こす原因になっていた。というのは大勢の人たちが客寄せ口上に引かれて集まってくるからだ。育毛や男性の精力増強、血液の浄化や梅毒、結核の治療をうたったオイル類や塗布剤の、魔法のごとき治癒力の話にみな魅きつけられていたのだ。町の絶対禁酒主義者でさえ、健康のために苦味酒を二、三口飲むのは許されると考えていた。そのころ法律が変わり、純正アルコールの許容量が四〇パーセントから二四パーセントに減らされてしまったことをだれでも知っていたのだが。ほかの調合薬には、神経を鎮めたり、子どもの疳《かん》の虫を押さえるために作られたものもあった。一九六一年、プレインズにある現在のわが家の基礎作りで地面が掘られていた際、私は土中に小ビンを発見した。それには「エリキシル・オブ・オピアム」(アヘン万能薬)と浮き彫りにされていたのである。

斧の製造会社のセールスマンによる実演が、私は大好きだった。地元の製材業者と組んで、鉄道近くの店の前に直径三十センチの丸太二、三本を置くのである。そのセールスマンは決まって小柄な男で、いかにも都会ずれしたというでたち。わが愛する斧で、腕前をためしにやってくる地元の男たちに戦いを挑んでいた。当時われわれの地域には八つの製材所があり、それぞれに十数人の作業員がいた。みな自分の力と技術に大変な誇りを抱いていたが、この勝負では相手にもならなかった。地元の英雄たちの丸太切りの時間がすべて計られたあと、その小男はコートを脱ぎ、ベストと山高帽は身につけたままで、人を見下したように自分が売り込み中の一枚刃か両刃の斧を、何度も短く正確に打ち下ろし、はるかに速いスピードで丸太を切ったのである。

もう一つすごかったのは魚の行商人で、何百ポンドものナマズを氷につめて町に持ち込み、売っていた。買い手の方は、魚をそのまま買うか、その場で皮をはぎとり下ごしらえしてもらうか、選ぶことができた。金のない時代、人々は、自分で出来ることは自分でやるということに慣れていて、ナマズの皮をはぎとるといった難行でもそうだった。しかし魚の下ごしらえは一ポンド当たり一、二セントといったところだったので、手品のような技を見られるのなら少々払ってもその値打ちはあった。魚屋は魚の尾を持ち、大振りの一撃で頭を鋭い釘に打ち込み、特製のペンチを二回すばやく動かし、皮を丸ごとはいでいた。私はチョクタハッチー・クリークで釣ったナマズでこの技を目指して練習を重ねてみたが、うまくなることはなかった。

一番力を入れて運営されていたイベントといえば、毎年町にやってくる小さなサーカスがあった。その前には必ず、サーカスの経営者と町の指導者との間で、営業料や出し物の内容について活発な交渉が繰り広げられた。ガソリンスタンドあたりにたむろしている男たちによれば、同じサーカス団がほかの町ではストリップショーを見せ物にしており、女性たちは「一糸まとわず」とのことだった。私も十代後半になると、郡庁所在地でそうしたショーを見たことがあったが、これほど議論の的になった出し物も、プレインズでは、サーカスの観客に提供されることはなかった。動物やサーカス団員によるメインイベントはリング内で行なわれていたが、周囲でもさまざまな見せ物が用意されていた。奇形の人々、動物は生きているかホルムアルデヒドに保存されたもの、力試しや的当て、そのほか運にまかせたゲームなどいろいろであった。プレインズよりも開放的な地域では、はたしてどの若い女性たちがストリップショーを演じていたのか、われわれ男たちはあれやこれやと詮索していた。一番ワクワクしたことの一つは、サーカスがテントをしまい、町から出ていった直後のことだ。子供たちはテントがあった草地をしらみつぶしに調べた。コインが落ちていないか探していたのだ。ある時私は、なんと二十五セント硬貨一枚と五セント硬貨二枚を見つけた。

プレインズは、南部のごく小さな田舎町であったかもしれないが、私にとってはおもしろい活気に満ちた場所で、ニューヨークやシカゴに劣らず人生について多くを学んだところであった。それでもプレインズの特徴は、おだやかで安定したところにあった。みな日々の仕事に勤しみ、可能な限りの礼拝に出席し、学校を支援し、立派な町の病院を誇りに思い、収穫の減少や悲劇が誰かを襲ったときは、みな一緒に苦しみを分かち合っていた。

仕事で雇われているか、医者の患者であるか、商店の客か、あるいは罪を犯して町当局に逮捕され裁判にかけられるか——こうしたことでもない限り、町の黒人が白人と知り合うことはなかった。黒人と白人が共に暮らし、互いをよく知り合えたのは農村だけであった。あるいは知り合っていると思っていただけかもしれないのだが。ただし白人の方は、人種差別というさらなる重荷を背負った黒人の苦しみが、いかに過酷なものであったか知るべくもなかった。

第七章　農場での仕事

われわれ子供たちにとっても、個人的な問題や楽しみは二の次で、経済的な問題がいつも優先されていた。農場では皆の生活が、価格や収穫量、有害な雑草や植物、湿度そして畑の土の状態といったものの相互関係に影響されるということをわれわれも認識していた。

その中で私の役割は特別なものだと感じていた。というのは、人生の最初の十三年間、弟ビリーが生まれるまでは地主の唯一人の息子で、父が農場経営上決断を迫られたとき私に相談してくれることを、そのたびに誇らしく思うようになっていたからだ。

私が少年の頃は、父も畑で野良仕事をすることが時折あったが、私が成長しラバで耕作できるようになると、特別な作業を除いては、所有する土地の管理に専念するようになっていた。熟したスイカを切り取ったり、日没後収穫した綿花を計量したり、シロップ製造所をきりもりしたり、たまにピーナッツ摘み機《ピッカー》の周辺で作業したりといったことは引き続き行っていた。私は早く大きくなりたかったし、できる限りのことを学んで、父のようになり、農場の複雑にからみ合った仕事全体を管理監督できるような人間になりたいと思っていた。

雨の日や農作業が休みの日には、よく「ホット、今日お父さんといっしょに乗って行くかね？」という父の声で目が覚めていた。たとえほかに計画があったとしても、私はいつも「はい、お父さん」と答えていた。父と二人きりになる時間を大切にしていたし、断るなど父に対して失礼だと思っていた。父は畑や農場から別の場所へと次々に車で移動しながら、それぞれの状況や必要としていることを丹念に調べていた。ウェブスター郡に所有していたわが家のもう一つの農場で、父と小作人が交わす会話を私はじっと聞いていた。そして次の目的地に行く間、そこで見聞きしたことについて、父は私に分析し説明してくれた。

ある日父と二人で乗っている時、私は父に、どうして農業経営を始めるようになったのかと尋ねた。父は喜んで答えてくれた。

「そうだね。お前の名付け親のミスター・エドガー・シップはある精肉工場に投資していて、サムター郡で最初に大規模な肉とラードの売買を始めた一人だった。一度に貨車数台分の量だったよ。一九一四年の春には、低価格で数台分の豚の塩漬け肉を買って、たまたまヨーロッパで戦争が起きるまで持ってたんだ。そうしたら市価がはね上がって、その肉で大もうけしたんだよ。その金で大きな土地を買ったんだが、農業を専門にやってたわけじゃないんで、小作人や物納小作人《シェアクロッパー》とつきあうにも嫌気がさして、土地を売ってしまったんだ。そのお金で今度は食料品店と倉庫を持つことになったんだよ」

「ある日、お前が生まれた頃だったと思うんだが、お父さんはアメリカスの彼の事務所によばれたんだ。そこでエドガーに、プレインズで店を持つ気はないかと尋ねられた。やってみたいという思いが強くて、メイン通りがボンド通りとぶつかる所に空きビルを借りたんだ。会社の名前は

父（1941年）

『シップ&カーター』でどうかと提案したんだが、絶対『J・E・カーター&カンパニー』にしろというわけだ。自分はその「カンパニー」のところになるからって。彼には商品の仕入れも手伝ってもらい、ウィル・ケネディーは肉類担当、オリヴァー・スミスには他の食料品や布製品を担当してもらうことになったんだ」

「商売はうまくいってはいたんだが、私がウェブスター郡のわが家の農場の世話にどんどん打ち込むようになって、バディーからもそれを任されるようになってしまった。畝《うね》栽培のやり方や家畜のことに詳しくなっていったんだが、だれよりも材木とその価格について勉強するようになったんだ。ある農場が荒れ果てて売りに出されると、それを慎重に調べて、木の値打ちを算出し、畑をどうしたら良い状態に戻せるかといったことを考えてから買い値を提示していた。それから手直しをして、土地をそのまま保有するか、売って利益を得るかのどちらかだった。時には材木を売ることで、ただ同然で土地を手に入れたこともあったんだよ。それですぐに分かってきたんだ。店で商売やるよりも、こうした方がいい金になるってことがね。店をやってても、プレインズにはそれぞれ得意先を持っている店がほかに二、三軒あったからね」

「ミスター・シップも賛成してくれたんで、彼との店は閉め、借りを返し、専業農家になることにしたんだ。一九二八年のことで、農作物の価格も結構良かったし、明るい未来を描いていたんだ。その頃、アーチェリーに土地を持ってたプレシコ家が、町に移りたいということになった。そこで、両者で土地の値段を決めて家の方は交換することにしたんだ。それから二年間くらいは、自分で小さな店をやってみて、農場の売店で何がどれくらい必要になるかということが分かってから、残りの在庫品を町で売り払ったんだ」

「お前もわが家の土地を知ってるだろ。結構うまくいってるんだが、農作物の価格が下落して何年かはたいへんだったよ。作物を作るためにかかったお金より売り値が低いことが多かったんだからねえ。でも、値打ちがないときでも、とにかく土地には必死でしがみついてたよ」

　父がこんなふうに話してくれたのは初めてだった。経済的な成功を収めたことを父が誇りにしていることが手に取るように分かった。私はわが家の土地のことを知り尽くしていた。どれもプレインズから十キロ以内の所にあった。すべての畑でほかの労働者と一緒に仕事をしたことがあったし、休みの日でも、友だちと一緒に森林地帯のありとあらゆる場所を探険し尽していたからだ。それに、父が購入を検討していた新しい土地の価格を見積るため森林地帯を踏査するとき、私は父の手伝いで記録係の役を果していた。父と二人で森林地帯を歩き回りながら、コンパスを使って直線コースを定め、父は一本一本の木を調べ、胴回りを測り、使用可能な幹の長さを推測し、結果を大声で私に伝え、記録させていた。

　私は可能な年齢に達すれば、すぐにでも農場の機具の扱い方を習いたいと思っていた。一歩一歩私は成長していった。私が最初に手にした道具は、当然のことながら、作物を掘り起こす鍬《くわ》と、台所の薪を割る手斧であった。一番やってみたかったのは、ラバで耕すことだったが、この仕事はたいてい成人男子に任されていた。犂《すき》のハンドルを握り、同時に轡《くつわ》につながる綱でラバをコントロールするには、大きな体格と体力を要したからだ。当時の農夫にとって、それくらいが技術の限界であった。あとは、同時に二頭のラバで耕作するといった程度のものだった。父は私の願いを聞き入れる気はなさそうだったので、私はおのずとジャック・クラークの方に頼むようになった。ときどき彼と犂《すき》の取っ手の間に立って、一緒に歩かせてもらっていた。その時は、あたかも自分がラバと犂で耕しているかのような気分になった。

何年か頼みに頼んだあげく、やっと本物の、犂耕作単独レッスンをわが家の庭で受けることになった。植え替えのために庭の畑の半分を掘り返す時期になっていたからだ。私は、自分で何もかもやりたかったので、ジャック・クラークの許しを得て家畜小屋に行き、一番おとなしくて性格の良いラバのエマをつかまえた。それからエマを簡単な掘り返し用の犂につなぎ、犂の綱を引き、大声で叫びながら庭の門まで連れていった。ハンドルを押すのは私にとって至難の業で、犂の先が土を掘るところまでなかなかいかなかった。ジャックがU字形の連結部をうまく調整してくれたので、犂が均等の深さで進むようになった。最初の畝ができる頃には、エマは正しい方向にしっかりと歩き、一つ一つの角で曲るために立ち止まるようになっていた。これほど満足感を味わえる経験は、めったになかった。

それ以来、農業について可能な限り、ありとあらゆることを知りたいという欲求にますます強くかられるようになっていった。そのためには一人前の男としての仕事ができることが条件であった。私の人生には大きな夢がいくつもあったが、この夢は他のどれにもまさるとも劣らないものだった。一つの作物を植え、育てることを学ぶことでもあった。理論の方は、父と一緒に毎日さまざまな畑で過ごす時に教わったが、実践の方は、一歩一歩自分で、犂や馬鍬《まぐわ》、肥料散布機、植付け機や耕作機を使用したり調整しながら身につけていった。

土地の開墾や馬鍬での耕作は、かなり幼い時からさせてもらっていた。間違いがあったりそう正確でなくても、深刻な問題にはならなかったからだ。何にも損害を与えずにラバを扱えるようになるためには、力と頭が必要で、それができるようになると、父は私の日当を、子供向けの二十五セントから十代の有能な青年向けの五十セントに引き上げてくれた。最初は、父かジャック・クラークが引き具や犂の連結部、犂先の調整を手伝ってくれた。何か問題が発生すればすぐに分かったが、それをどう修正するかを判断するのが大変だった。土地を開墾する場合、ラバが協力を拒否したり、犂が深く掘りすぎたり、浅すぎたり、ふらついたりすることはあったが、結果として、修正がうまくいかなかったときのイライラと無駄にした時間が一番のマイナスとなった。

一つの転機が訪れたのは、父がついに自分の大切な作物の栽培を、私に任せるようになったときだった。トウモロコシに始まり、一、二年後には、綿花とピーナッツも任されるようになった。畑での長時間労働はきつかったが、大人への昇格に加えて、必要とされる技術で成功すると、やりがいがあった。エマは、作物に沿って的確にしっかりと歩いてくれた。そして「ジー」とか「ホー」といった命令にゆっくりと右や左に曲るのだった。畝の最後でどうやってくるりと回るか、どうやって作物を踏むことなく次の畝に入って行くか、ちゃんと心得ていた。雷や飛び出してくるウサギやウズラに、驚いたり恐れたりすることも決してなかった。まるでエマが私のボスのようであったが、私はいやではなかった。

作物の成長期には三、四回耕す程度で、地面のすぐ下にある根を守るため、そのたびにより浅く、作物の根元を避けて耕していた。正確な指導と事前の注意を受けていたことと、農民たちが他人から受けた作物の被害について語るのを幾度となく聞かされていたおかげで、自分がミスを犯して大変なことになるのではないかといつも心配していた。作物の成長は、何百時間という労働の成果であり、それによって収穫への希望や期待を感じることができた。しかし、だれが見ても明らかに失敗で、修正がきかないこともあった。ラバに踏みつけられたり、誤って犂の刃で掘り起こしてしまったものは、綿花であれトウモロコシであれピーナッツであれ、植え替えはきかなかった。耕し方も、深すぎたり畝に近すぎたりすると、さらにひどい結果が待ち受けていた。というのは、ダメージが一日二日は目に見えないため、しおれているのを発見する時には、既に畑の大部分の作物が回復不可能なほど被害を受けてしまっているからだ。

しかし私はすぐに分かった。正しく調整した犂と、行儀のいいラバさえあれば、夢のようにスイスイと耕せるということなのだ。

私は靴をはかないで畑仕事をするのが好きだった。耕したばかりの柔らかく、しっとりとしてひんやりとした土が足にかかるあの感触。今でも鮮やかに思い出す。焼けるような表面の砂や、あちこちにはえている痛いイラクサは、畝にそって動かす犂の刃で横に追いやられていた。父は、一度で畝の両側を耕せる、馬二頭立ての耕耘機《こううんき》を持ってはいたが、実際には一つの犂で、片側ずつを耕していた。広大な畑からすると、この一つ一つの動きはごく小さなものだが、それが積もり積もると、やりがいを感じるほどになり、夕食時や日没の頃には、自分の成果がはっきりと目に見える形になっていた。これは、自分ができる限りのことをした結果によるものだと感じていたし、どんなに体力や経験があっても、農場で私ほどうまく畑仕事が出来る人間はいないとまで思っていた。

作物は耕作技術で成功するか失敗するかが決まった。しょっちゅう間違いながらも直そうとしない人たちもいたが、問題の複雑さを考えれば理解できないことではなかった。耕作に関してだけでも決断を迫られることが山のようにあったからだ。地勢を理解していること。土地に雨を吸わせるかすばやく排水するかということ。そして大切な排水路の確保。休閑地にはびこる雑草化した昨年の作物の残りをどう処理するかということ。畑の土質にどの作物が一番適しているかということ。最適な輪作のやり方。耕作を一番やり易くするためには、いつ土地を開墾したらよいかということ。いかにして土のかたまりを最小限に食い止め、最大限に砕けやすくするかということ。苗床作りの際、わずかな水分をいかに保つかということ。施肥のみのところと、苗床と、成長期の元気な植物をどのように並置すれば一番良いかということ。畝にスムーズに切り込んでいくためには、犂の刃をどう調整し、いつ研ぎなおせばよいかということ。勢いよく成長する雑草とゆっくりと成長していく作物が、同じ畝《うね》の中でからみ合っている時、どこをどのくらい耕せば前者を死滅させ、後者を育てていけるかということ。収穫時まで作物をライバルの雑草よりも優位に立たせておくには、いつ耕作を止めればいいかということ。そしてピーナッツの場合、成長を止めることを知らない実を、いつ掘り起こせば最適な状態のものを最大量収穫できるかということ。

それに加えて、当然のことながら、他にも決断せねばならぬことがたくさんあった。作物の種類、害虫駆除、種の種類や間隔、肥料の調合や量、そして使用方法について。ほかにもいろいろあるのだが、こうした決定はすべて毎日、たいていは一人で行なわれていたのだ。しかも農民は読み書きのできない者が多く、畑仕事は厳しく制約された時間・能力・機具とのバランスを保ちながらやらねばならず、そのプレッシャーに常につきまとわれることになっていた。

そのほか農場の人たちと同じように、私もラバや馬その他の家畜の世話も学ばねばならなかった。最も暑い季節の耕作時には、牽引《けんいん》用の動物が暑さでひどい病気になるのではないかといつも心配していた。実際そういうことが時々あった。ラバの方が馬よりもはるかに利口だということになっていたが、ずる賢いところも持ち合わせていた。休みが欲しいため、うまく疲労困憊を装うのもおり、むち打っては動かし、やっとのことで仕事をさせるといったありさまだ。とはいえ、ラバが畝の先で動きを止め、次の仕事をしようとしなくなると、ほとんどの場合体力の限界に達していると判断された。数分内に回復しない場合、その日は家畜小屋に戻されることとなった。馬も数頭いたが、彼らは限界を超えるところまで、時には死ぬまでよく働いていた。

私も含めて畑で働く者は、微妙なバランスを取る必要にいつも迫られていた。最大限の仕事をし、かつ熱ばてや熱射病にいかにやられないようにするかということである。どんな徴候があれば危険であるかは誰でも知っていた。一番ひどいのが熱射病で、われわれはそれを「クマ《ベアー》」と呼んでいた。酷暑の時期に畑で働く者は、「クマにやられるな」と常に注意を受けていた。発汗がなくなると、体温は一気に五、六度上がり、死の脅威にさらされることになる。そのような人がいれば、木陰に運び、体に自分たちの飲み水をかけ、腕や足をさすらねばならないことはだれでも知っていた。こうなると医者にも行かねばならないし、一週間ほど畑での重労働禁止になってしまうのだ。それに加えて、男ならだれもが保とうとしていたマッチョのイメージがこなごなに壊れてしまうのだった。「エド・ワシントンがクマにやられたよ」と言われるとき、同情の気持ちが入ってはいるが、それだけではない。エドの体力、気力と判断力を見下した言い方でもあったのである。

熱ばてても大変な心配事であったが、めまいや吐き気といった症状が事前に警告を数分間発してくれるため、重体には到らずにすんだ。けいれんもあったが、塩分の補給をすれば防ぐことはできた。病が長引くと、農家にとっては決定的な打撃となり、その経済的損失は底辺の農民にとっては病気そのものの苦しみよりひどいものとなった。

ほとんどの物納小作人《シェアクロッパー》は互いに離れた場所で暮らしており、ラバか荷馬車以外の交通手段もなかった。おまけに慢性的栄養不良で、経済的にも最低限必要な食糧と衣類を購入するだけの、かつかつの生活をやっと維持していた。病気の時は、唯一頼れるのは私の母で、往診治療を受けていた。病院の高い治療費など全くもって問題外だったのである。

牽引用動物のほとんどはラバであったが、六頭ほどの雌馬も飼育していた。畑仕事や乗り物用に、そして雄のロバとつがわせてラバの子を産ませるためでもあった。いつも少なくとも一頭の雌ロバがおり、時折子を産んでいた。若い牽引用の動物が成長すると、まずは引き具になじませるため、屋外の畑で重い橇《そり》につなぎ、その次は、小さな一頭立ての耕耘機を引かせた。それから年長のラバと縦に並んでつながれ、作物の耕作を任されるようになるのであった。

父は一度にあわせて二十五頭から三十頭のラバと馬を所有していた時期があった。そのうちの数頭は、自分自身のラバや馬を持たない小作人に貸し出していた。どれもちょっと見れば同じように見えるかもしれないが、われわれにはそれぞれの名前、年齢、個性が全部分かっていた。人間の命令にちゃんと従うものもいれば、特定のラバや馬とだけ引き具でつながれて働くもの、急な丘を下る馬車を引けるものもいた。積極的に仕事をやろうとしたり、背中に乗せてくれるのもいた。しかしながら、ほとんどどれもがこうした良い性質のどれか一つ二つが欠けていた。

父は畜産に精通しており、下痢や乳腺炎、難産や恐ろしいラセンウジバエなどの問題の対処法を私は父から教わっていた。農夫たちは誰でも、すぐ使えて魔法のようによく効く動物用の「青い薬」（硫酸銅）を持っていた。子供たちに使うマーキュロクロームやヨードチンキのようなものだ。父がお金を払ってまで獣医に頼むのは、よほど必要な時だけであった。たとえば、わが家の豚はたいてい自分たちで去勢していたが、一度に数十頭も処置が必要で、畑仕事も忙しい場合は、おじのジャック・スラッピーとアシスタントのジーン・メイをよんで、この至難の、時には危険を伴う仕事を手伝ってもらっていた。

一つ覚えていることがある。ある日ジーンが豚を捕まえようとしている時、母豚が彼を襲い、どろんこの豚小屋の中で彼を押し倒し、叫び声をあげる彼にかみつき、牙で引き裂こうとしたのだ。父とアンクル・ジャックとジャック・クラークが、板切れや棒でやっと雌豚を追い払い、ジーンと、ずたずたに引き裂かれた作業ズボン《オーバーオール》を救出したのである。

われわれは家畜の誕生から成熟まで、可能な限り念を入れて世話をしていた。食糧と収入の主要源だったからだ。同時に、食べられる野生の動物や農場の動物を殺すことには何ら抵抗はなかった。われわれにとってベジタリアンほどけったいなものはなかったし、われわれの食べる肉が、屠殺場やどこか見知らぬ所で処理されたものであるなど考えられなかった。父はささやかながら肉牛を飼育していたが、ほとんど生きたまま売りに出していた。それから食用の雄豚も相当数飼育していた。

豚の屠殺と加工は重要な行事で、私の記憶にしっかりと鮮やかに刻み込まれている。冬の初頭、寒くなってくると、新月の日を避けて、たいてい一度に二十頭の豚を屠殺していた。（父は月の相など大して気にしていなかったが、農場の労働者にとっては重大事で、父もそれを尊重していた。みな地上で実る作物と地下に実る作物をいつ植えいつ収穫するか、いつ動物を交配させるか、いつ果物や野菜をビン詰にするか、さらにはいつ支柱の穴を掘るかといったことにまでうるさかった）。

豚の屠殺は大変な仕事で、家族全員と農場から可能な者全員の出動がなければ、とてもやれるようなものではなかった。一人一人に役割があり、やるべきことを心得ていた。屠殺用の豚は小さな囲いに集められ、父かジャック・クラークのどちらかが豚と一緒に入り、一頭一頭を二二口径銃でしとめていくのであった。即死するよう、また弾が肉の最高部位に損傷を与えぬよう、正確に狙いを定めて撃ち込まれた。それから一頭一頭ののどを切り、血液をすばやく大きな鍋に抜き出していた。

幼い頃、私はこれを見るだけでもぞっとしていたのだが、そういう私の姿を見て、父ががっかりしていたのを覚えている。父がジャックに向かって言っていた。「こんなに血を見るのは、小さい子にはきつすぎるかもしれんな」。後になって父を喜ばすため、私は屠殺という儀式の最初のこの仕事を自分にやらせてくれと言ってみたが、父が断ったのでほっとした。

シロップ用の平たい鋳鉄製大鍋と空のドラム缶の下に火を起こし、屠殺された一頭百キロほどの豚を、沸騰点近くの湯に正確な時間を計ってつけた。毛が抜けるくらい、しかし火が通ってしまわない程度の時間であった。それからドアの大きさくらいの板の上に一頭ずつのせ、あまり切れ味のよくないナイフで毛をこさぎ取っていった。必要であれば、しつこい毛にはさらに熱湯をかけ取れやすくした。毛が全部取れると、一体一体先を尖らせた棒や横木にアキレス腱の所を刺して吊るし、鋭いナイフで裂いて肝臓や心臓、肺、腎臓などの内臓を取り出して大きなたらいに入れ、加工用に分別していった。家畜小屋の前の敷地は、こうした熱湯用の容器やあれやこれやの道具で埋めつくされていた。

皆が豚の毛をこさいだり内臓を取り出すのと並行して、父とジャック・クラークは一体一体を、もも肉や肩肉、スペアリブ、塩漬け用のバラ肉、背骨、テンダーロイン、ポーク・チョップ、頭部、ほお肉、豚足に解体していった。農場の売店の近くでは、女たちが大きな黒い鉄製の深鍋で脂肪を沸騰させ、ラードと残りかすに分けていた。小腸はソーセージ用に中をきれいにし、内臓やクズ肉も加工用に処理していた。脂肪の少ない赤身の切れっ端その他は小さく切り、手で回すひき肉機に入れ、ソーセージの中身にしていた。豚一頭、無駄にするところは一切なかった。わが家の冷蔵庫は、二十キロ強の氷のかたまりで冷やすものだったが、小さくほんのわずかしか貯蔵スペースがなかったし、農場の他の家族は食料の冷蔵手段など持ち合わせていなかったため、それからの数日間というもの、飲めや食えやの大騒ぎであった。とれたての脳みそ（卵と一緒にスクランブルにして）やポーク・チョップ、ブタ・ステーキやテンダーロイン、その他保存用にしない豚肉を腹いっぱいガツガツ詰め込んだ。おいしいものの食べ放題で、腐らせないという義務も果たせていると思うと気分が良かった。後に私がハイスクールを終えた頃、母が野菜や肉を学校のビン詰工場で保存してもらっていたのに追加して、父はプレインズ冷凍倉庫に大きな貯蔵室を借りることになった。

父は腸詰めソーセージに、通常使用されるホウ酸ナトリウムと塩その他数種類のスパイスを使用していたが、ハムや肩肉、上質の赤身入りバラ肉のベーコンを保存するためには、秘伝の調合調味料があった。肉の形が整えられると、その調味料を肉の小さな割れ目一つ一つにしっかりとこすりつけた。良い香りづけと、あらゆる虫の侵入を防ぐためであった。肉を燻製して保存するために裏庭の燻製小屋では火がたかれ、何日も燃えていた。使用される薪はカシやヒッコリーとほぼ決められていて、それに柿やサッサフラスが少し入っていた。天井の小梁に打ち込まれた釘に、肉片と長いチューブ状の腸詰めソーセージを何本もぶら下げ、父が一日に何回か火と肉の点検をしていた。スパイスと煙で充分肉が燻製になると、売店の天井に干し草用の針金で何列にも渡された細い鉄製のパイプにぶら下げた。わが家全員が、素晴らしい父の燻製を誇りに思っていた。赤身のほとんど入っていない背脂は燻製にせず、塩をこすりつけ、さらに荒塩の中に漬け込み、店でポンド当たり二、三セントで売っていた。

毎年春と秋の数ヶ月間は、一週間おきの土曜日の朝、「ビーフ・クラブ」の定例会に父と一緒に出席していた。会員は八人で、順繰りに当番の家に集まり、当番の者が雄の若牛を屠殺していた。会員はそれを手伝い、肉と内臓に分け、毎回各人に違った部位の肉が回るよう配分していた。

たいていその時のホスト役が、皮と血をもらえることになっていた。牛肉の出来が悪いと、帰り道ぶつぶつ言うこともあったが、メンバーは皆互いをよく知っていたので、つとめて良い関係を保とうとしていた。豚の時と同じように、その時期は何週間にもわたって牛肉の食べ放題であった。

作物は、新たに開墾した土地に植えたものが最高の出来となった。そのため毎年冬に、横引き鋸《のこ》や斧を使い、また切り株の下にはダイナマイトをしかけて、新しい土地を開墾していた。比較的平らで水はけの良い森林地帯では、木や藪をすべて取り除いたあと、まず最初に植えるものはスイカときまっていた。スイカは私の好きな作物であった。スイカ作りの中で、私には特別な役割が与えられていたし、収穫がわくわくするほど楽しかったからだ。

友人のレンバート・フォレストは、わが家から北に八キロの所に住んでおり、彼の父もスイカを栽培していたので、時々A.D.と私の剪定作業を手伝ってくれた。スイカの成長期には、定期的にジャックナイフを持って畑を歩き回り、悪くなったり変形したものを見つけては切り落とし、良いスイカの栄養分が取られぬようにしていた。五十五エーカーにわたるスイカ畑での作業はきつかったが、ある程度の判断力が必要とされ、綿の防虫処理や鍬仕事や畑の労働者へ水を運ぶのに比べれば、はるかにましだった。

これには一つ、思いがけない楽しみがあった。特に最初の年、開墾後地面がきれいにならされた後激しく雨にさらされると、インディアンの遺物が見つかるのだ。新しい開墾地は、沼地に近い低地にあることが多く、まさにこうした土地にインディアンの村があったのだ。スイカを剪定したおかげで、遺物収集競争において、私は父より有利な立場に立つことができたのである。

市場のニーズにぴたりと当たるためには、いつスイカを収穫するかということが重要であった。何年もの間、この地方は競争上優位な立場にあった。たとえば、父は近くの村から一人専門家を雇い、一緒に作業をし、スイカの成熟度や質を判断してもらっていた。どれを切り取り市場に出荷するかを決めるためだ。一個一個選ばれたスイカは尻を下にしてまっすぐに立てられていたため、われわれ運び役にはすぐに見分けがつき、荷車まで一度に一、二個ずつ運んでいた。シーズンのはじめ、タイミングが良ければ、上質のスイカは一個一ドルにもなり、プレインズの鉄道の引き込み線まで運ばれた。二週間もすると市場はスイカであふれ、価格は暴落、クリーヴランドやシカゴへの輸送費にもならなくなった。

スイカの季節になると、プレインズには空の貨車が数珠つなぎに並び、待機していた。父や農夫たちがスイカを積み込むためだ。きれいに掃いて麦わらを敷きつめた貨車には、一両につき、サイズにもよるが五百個から九百個のスイカを積み込むことができた。政府の検査官が品質とサイズの大まかな均一性をチェックしていた。畑中を歩き回り、熟したスイカを橇《そり》や荷車に積み、トラックまで運び、プレインズへ走り、おろして貨車に積み込む。こうした作業のなんと楽しかったことか。われわれ少年達も、大人のような顔をしてスイカの話をし、検査官が特製の細長いナイフでスイカを割るところを、何か問題でも見つからねばよいがとハラハラしながら見守っていた。未熟であったり、病気でやられていたスイカを家に持ち帰ることほど恥ずかしいことはなく、それゆえ高品質のスイカ栽培に全力を傾けていたのである。

近隣の店だけでは市場が限られていたため、良い値で売れるという噂を聞けば、遠くはアトランタまでピックアップ・トラックで父と出かけていた。この時期になると、わが家の農場の売店の前には、一ランク下のスイカを山のように積み上げ、道路沿いには人目を引くよう看板も出して、たいてい一個十セントで売っていた。売れないような質の悪いものや、シーズンも終りに近づくと高品質でも売れ残り、一個五セントほどの値段にしかならなかった。それ以下に価格が下がれば、豚の餌になっていた。スイカはいつも腹いっぱい食べられた。小さな子でも半分は軽く、時には丸一個たいらげていた。豊作の時は、中心部だけを食べ、種のある部分は動物や鳥用に残していた。

整地して間もない土地に植える作物には、もう一つサトウキビがあった。スイカのあとに植えられることが多かった。プレインズ周辺の広い地域でわが家が売っていたものの中で、サトウキビシロップは主要品目となっていた。地主はたいてい小さな精糖所を持っており、自宅用のシロップを作っていた。これは、精糖業者が大型精糖所の副産物として、大きなかたまりや樽入りで売っていた糖蜜《モラシズ》とは異なり、はるかに品質の高いものであった。糖蜜は安いため、極貧家庭でシロップや砂糖の代わりに使われていたし、混合飼料には欠かせない蛋白源でもあった。

わが家の農場で最初に作った精糖所は原始的なもので、粉砕機と直径二メートルほどの大きな浅い鋳鉄の鍋だけでできていた。ラバがギアの回りを長い棒を引いてゆっくりとぐるぐる回り、そのギアに放り込まれたサトウキビから砂糖原液がしぼり出され、大きなバケツやたらいに落ちるという仕組みであった。父は看板を出し、道端で休む旅行者に一杯五セントでサトウキビ・ジュースを売っていたが、残りはバケツに集めて鍋に流し込んでいた。鍋の下には硬材で火が焚いてあった。砂糖液が沸騰すると水分が蒸発し、こってりとしたシロップができあがるのだ。また不純物が浮き上がってくるため、たえず表面からすくい取っていた。すくい取られたサトウキビはその鍋のそばに置かれた樽に流し込まれるのだが、熱ですばやく発酵し、二、三日もすると強い酒に変わっていた。父はそれを精糖所の作業員に飲ませていたが、飲むのは土曜日の正午以降だけという条件付きであった。

鍋のシロップが煮つまってくると、父はコップ一杯の冷水にシロップ一滴をたらして固さを確認していた。火が消え冷めてくると、シロップがかなり固くなることが分かっていたため、出来上がりのタイミングを瞬時に判断する必要があった。薄すぎるシロップは、ホットビスケットやホットケーキには向かなかったし、濃すぎると砂糖の結晶が沈澱することになるのだ。

いつもの習慣通り、父は家族で食べる分より多く作り、余分を売店で一ガロン缶か一クォートビンに入れて売っていた。ラベルも自分でデザインし、後々、わが家の農場製品のパッケージすべてにこれを貼ることになった。若く美しい女性の上に「プレインズの乙女《プレインズ・メイド》」と印刷してあるラベルだ。やがて父は、自分の乳飲料を取り扱ってくれている店にもシロップを配達するようになった。

需要の増加に合わせ、われわれは農場にどんどんサトウキビを植えていった。後にこうした作業はあまりにも時間がかかり過ぎるということで止めることになったが、それまではずっと続けていた。一九三七年には、父が農場の後ろ側にある小川に沿って大きなシロップ精糖所を作り、その管理人として隣の住人を雇った。ラバの代わりに巨大な蒸気ボイラーが粉砕機の動力源となり、異なる角度に傾斜可能な長い平らな鍋の下に蒸気熱を送り込んでいた。パイプを通して、鍋の上の方に砂糖液が送られ、ブリキ製の調節板によって熱い表面を前後に流れていた。鍋の傾き加減や、二、三の小さな弁を調整することによって、砂糖液が鍋の底にどれくらいの時間で到達するかが決まり、その頃にはほどよい濃度のシロップになっていたのである。シロップを水に落して濃度を確かめる代わりに液体比重計も使うようになっていた。これこそまさに科学的な作業といえるものだ！

十から十五エーカーのサトウキビを植えれば大量のシロップがとれ、皆にとってもやりがいのある仕事となった。ただ私は、サトウキビの伐採と、精糖所まで運んで行く仕事だけは何としてでも勘弁してほしかった。自信にあふれ成長まっただ中の青年だった私にとっても、この仕事だけは能力の限界を越えていた。サトウキビ畑は、ガラガラヘビや水ヘビの大のお気に入りの場所でもあったし、かみそりのように鋭いサトウキビ用の鉈《なた》による茎の伐採は、苦痛そのものの危険な仕事でもあった。サトウキビ畑に分け入り、下部の葉を焼いて取り除くようにしてみたが、ちょっとやり易くなっただけだった。背の高いサトウキビは風を遮断するので、暑さは耐え難く、葉は鋭くのこぎり状のナイフのように切れた。私は精糖所で働く方がよっぽど好きだった。ボイラーに火をつけ、蒸気圧を一定のレベルに保ち、火をおおい消さずにしぼりかすの茎を補完燃料として燃すことを覚えた。たまに父は卸業者を通して「プレインズの乙女《プレインズ・メイド》シロップ」を売ることもあったが、父にとって、仲介業者に利益の相当部分を取られるのはがまんならないことであった。

トウモロコシは、一ブッシェル（約三五リットル）でわずか三十セントほどにしかならないため、換金作物ではなかったが、動物や人間にとってなくてはならぬもので、南部における食糧の根幹を成していた。どこも無駄にはしなかった。トウモロコシが実ると、われわれは畑に出て、茎が完全に枯れる前に葉を全部取り除いて小さな束にくくり、乾燥させるためにもぎ取ったあとの茎の上にさし込んでおく作業を行っていた。この葉は、後々収穫されるトウモロコシと共に、年中家畜のえさに使われた。トウモロコシはまた、小さな秘密の蒸留所にも送られていた。そこでは個人用または近所に売るため密造バーボンウィスキー《ムーンシャインウィスキー》（またの名を「白稲妻《ホワイト・ライトニング》」）が作られていたのだ。（父は毎年ワインを作っていたし、自家製ビールも試してはいたが、ウィスキー蒸留所を持つことは一度もなかったし、われわれの所有地内でも遠く離れた沼地あたりで時々発見される蒸留所を承認することは一切なかった)。

トウモロコシの次に主要な食糧はサツマイモだ。これは炭水化物とビタミンが豊富で、農場でもよくとれた。母のリクエストで、父は、必ず家の近くに大きなサツマイモ畑を作っていた。農場のみんなで分かち合えるようにという配慮からだった。真夏の収穫は楽しみで、すぐに料理して食べ、初霜の前までには芋掘りを終えることにしていた。芋はていねいに扱い、最後の収穫は円錐形の山にして屋外に貯蔵していた。乾燥させた松葉を何層にも敷いてそれぞれが密着しないように分け、雨や霜よけに土をかぶせていた。あとは一個ずつ、または必要なだけ掘り出して使い、次の春までもたせていた。サツマイモにはほとんど無限といってもよいほどの料理法があり、サツマイモの季節には、紙袋やラード缶に入れて学校や畑に持って行く弁当には、必ずベークド・スイートポテト(オーブンで丸ごと焼いたサツマイモ)が入っていた。

他の作物としては、オクラ、豆、そしてコラードやカブ、キャベツといった緑の野菜をよく食べていた。さらにやる気のある小作人はスイカを栽培し、数頭の豚とニワトリ、それに乳牛も一頭飼っていた。しかし法律により、作物が収穫されるまでは、そうした家畜が囲いのない畑に入らぬよう注意せねばならないことになっていた。また、油や味付け、そして蛋白源として安い豚の背脂が使われていたが、その蛋白源を補完するものとして、狩りや釣り、仕掛けわなが大切な役割を果していたのである。

五月末あるいは六月の初旬には、小麦とライ麦、オート麦を収穫していた。鎌で刈り、茎を束ねてくくり、乾燥するまで刈り束をまっすぐに立てかけておいた。これを後で脱穀機まで運ぶのだが、父はいつもその機械を家畜小屋の裏手近くに据えていた。袋詰めにした穀物は貯蔵所に保管していたが、そのあたりは一面巨大な藁《わら》の山で、子供たちは小屋のロフトから外へできる限り遠くへ飛んで、柔らかい藁に深く沈んでいく感触が大好きだった。藁は食料としての価値はなかったものの、俵形にされ、スイカの輸送には詰め物として、また動物には寝藁として使われたし、小作人にはマットレスの詰め物として使用する者もいた。

私の最大の楽しみの一つは、わが家の穀物をジム・プライスの製粉所に持って行くことであった。これは父の楽しみでもあったので、たいていは二人で荷馬車ではなく父のピックアップ・トラックで出かけていた。私はこの製粉所について知らぬ所はないというほどよく知っていた。というのは、ミスター・プライスはバプテストで、父や、父が教える教会の生徒に、時たま製粉所を一晩開放してくれていたからだ。

われわれ少年たちは池で魚を捕ったり泳いだり、水門のあたりを探検し、夜は製粉所に泊まっていた。トウモロコシ戦などいつもの男子のゲームをやったあとは、父が聖書からパウロのコリント人に宛てた書簡を読み、少年達は、自分等が「キリストの使者」だという言葉にじっと耳を傾けていた。それから麻袋や穀物入りの袋の上に横になって眠りにつくのだ。挽《ひ》いたばかりの小麦やトウモロコシのいい香りがあたりにたちこめていた。板やテーブルの縁は、何世代にもわたって使われていくうちに、何百万個もの穀物の粒でどれも角が丸くなっていた。

昼間の製粉所は活気に満ちていた。われわれの農場でとれた穀物が、巨大な挽き臼の回転で粉になり、ひき割り粉や粗びき粉や小麦粉にふるい分けられて桶に入り、持ち帰り用の袋詰めになっていく様に、私はひきつけられていた。特別に、手のひらいっぱいの挽きたて粗びき粉を食べさせてもらっていたが、指をやけどするほど熱かった。ミスター・プライスが作業している間は、いつもは多忙な農民も互いにくつろいだ状態であった。このようにのんびりしている時は、父のような人が持つ厳しい労働倫理に反してしまうのではないか、といった罪悪感も消え失せていた。

幸いに、製粉所へはかなり頻繁に行く必要があった。というのは製粉した穀物の貯蔵期間には限界があったからだ。家では、粗びき粉や小麦粉をネズミから守るため、金属製の容器に入れたり、袋のまま天井から干し草用の針金で吊していた。それでもコクゾウムシは避けられず、台所で粉を練る前には、必ずきめ細かいふるいを使って取り除いていた。

生活を経済的に左右する最も重要な要因はただ一つ、綿花の価格であった。私の子供時代には、価格の変動で下は一ポンド五セントから上は三十セントにまでなった。とはいえほかの作物と違い、国際的に取り決められた現金市場が常にあった。これは、地方で勝手に操作することはできない仕組みになっていた。また、リント綿（綿花から種を分離した綿繊維）は何年貯蔵していても悪くならず、所有者は市場が好転するまで寝かしておくことができた。しかし、ほとんどの農家はそうしようにもできなかった。借金を返済し、次年度の準備をするためには、どうしても収穫時に売りさばく必要があったからだ。

大地主にとって一つ大きな利点があった。それは収穫後、綿花の販売をコントロールしたり監視することができたということである。綿花は綿繰り機業者や倉庫業者を通して扱われていたため、借地人や小作人が勝手に市場に出すことはできない仕組みになっていた。それに比べ、豚や穀物、それにピーナッツの場合は、これが可能だったのである。詰まるところ、白人も黒人も物納小作人《シェアクロッパー》や地主までが、より富裕な人間や、はるか遠いニューヨークやリヴァプールの財力によって、社会的にも経済的にも牛耳られていたということなのだ。ジョージア州の普通の農民が綿花市場を理解するなど、ましてや左右するなど全くあり得なかった。自分たちが購入すべきものの価格でさえどうしようもなかったのである。

こうした元々ある不利な点に加えて、綿花生産農家にはやみくもに最大量の生産をあげようとする傾向があり、さらに事態の悪化に拍車をかけていた。大量生産のねらいは、前年の高値の恩恵にあずかるとか、安値でも一定の収入を維持したいというところにあった。従ってほとんど毎年、綿花の総供給量は、アメリカ国内での消費量とヨーロッパへの大量の輸出量の合計を超えていた。経済学者、ジャーナリスト、政治家、そして地域の農民リーダー全員がこの自殺行為ともいえる生産過剰を止めさせる必要があると認識していたが、植えつけ期になると、一人一人の農民をどう説得すればよいのか誰にもわからなかった。

ルイジアナ州知事のヒューイ・ロングは、他州の知事に働きかけ、一九三二年に一切の綿花の栽培を禁じる法案の通過を目指すので、一緒にやってくれと要請した。誰もが理論的には合意していたが実行が伴わず、ルイジアナ州側は撤回を余儀なくされた。ほとんどの小農家はこうした運動については何も知らされておらず、まとまった行動をとろうにも、それぞれがあまりにも孤立してしまっていた。わが農場の小作人たちは、その計画に参加した農家が減反すれば、参加しなかった農家だけが高値で販売できることになると言っていたが、私も同感だった。

一七九三年に綿繰り機が発明されて以来七世代にわたって、綿花は経済、人種、社会の面で、極めて問題の多い関係を、ほとんど変化を受けることなく作り上げてきた。だれにも分っていたことだ。しかし私の少年時代、農民には二重の難行苦行が課せられていたように思う。全国的な農業危機に加えて、われわれの地域では綿花がメキシコワタノミゾウムシや蠕虫《ぜんちゅう》にやられ、ますます苦しい状況下にあった。数年内には収穫量が三分の二に落ち込んでしまった。それでも、農民たちは一生をかけて綿花と関わってきた歴史を、おいそれと捨て去ることはできなかった。虫との戦いに立ち向かうほかなかったのである。

最初は安い労働力を使って虫を手でつまみ出そうとしたり、父や何人かの農夫は、ガチョウを畑に放して同じ仕事をさせようとしていたが、やはりうまくいかなかった。化学薬品を使った最初の試みは、食器皿に酢と糖蜜をたっぷりと入れた簡単な仕掛けを畑のあちこちに置くというものであった。後になって、砒素《ひそ》をいろいろな方法で試してみたが、一番効力があったのはヒ酸塩カルシウムで、少なくとも部分的には効果が見られた。砒素は人間にも害虫にも有毒であったが、後々第二次世界大戦中DDTその他の有機化学薬品が導入されるまでは、ずっと使用されていた。

一ガロンバケツがやっと持てるようになった幼い頃から、私がずっと綿の成長期にやっていた仕事が一つあった。それは大樽に砒素と糖蜜と水を混ぜ、父の畑で、一つ一つの綿のつぼみにそれを手作業で塗っていくのを手伝うことであった。茎が三十センチ位の高さのものから始めていたが、その頃最初のつぼみが現われ、それが後には一つ一つ開花し、万事うまくいけばさやになり、四ヶ月後にはしっかりとした綿の繊維をつくり出すのであった。私はラード用のバケツに入れた毒の溶液をかついで畝を行ったり来たりしては、一つ一つに棒の先につけた布のモップで毒の溶液を塗っていた。このモップ作業は五日ごとに繰り返さねばならず、雨期には二十回も毒の塗り直しが必要だったのである。

このモップ作業はぞっとするほどいやなものだった。ハエやミツバチの大群が糖蜜にひかれてやってくるのだ。少なくとも私の見る限り、この毒には免疫があるようで、樽やバケツをおおうようにして畑中どこにでもついてくるのだ。私は普段は短パンをはき、暑い季節に下着やシャツを着ることは決してなかったのだが、この時だけは足を守るため長ズボンを好んではいていた。じきにズボンも溶液でびしょびしょになり、足にまとわりつくようになった。全くもって情けない格好、本当に全身何もかもベトベトなのだ。この甘い溶液は水分が蒸発すると何層にも固まって砂糖となり、夜ズボンを脱いでもゴワゴワでたためず、部屋の隅にズボンが直立不動で立っていたり、家具に立てかけてあったりという有様であった。毒にまみれているため、ほかの衣類と分けて洗濯せねばならず、毎日替えるわけにもいかなかった。毎朝同じズボンをはかねばならないのがいやでたまらなかった。

収穫期になると、綿畑での作業は大きく変化した。これもまた、一年で最も暑い時期に行なう骨の折れる作業であったが、清潔であるし競争心をあおられることもあって、毎日やる気を感じながら作業ができた。大きな露のしずくが蒸発する頃から日没まで、畝をゆっくり行ったり来たりしながら、腰をかがめては茎の下に手をのばし、鋭いガサガサした枝の間を指でまさぐりながら、一つ一つぶら下がっている白い綿実を摘んでは長い袋に詰め込んでいくのだ。この袋は地面にたらして引きずっていたのだが、皮ひもでぶら下げていたため、それが肩に深く食い込んだ。雑草を鎌で刈ったり、ほかの作物を収穫するときとは異なり、この収穫には労働者間の共同作業といった要素は皆無であった。一人一人完全に独立して行う作業で、畑に出ている自分以外の労働者全員が競争相手となった。その日の各自の仕事量はあたりを見渡せば推測できたが、中には一度に二畝まとめて摘んでいく者もあり、こちらも負けじと頑張った。袋が満杯になったり、どうしても二、三分まっすぐに立って背筋を伸ばさずにはいられなくなると、二・五メートル四方の黄麻布の上に摘んだ綿花を空けていた。大きな丸いホワイト・オーク製のバスケットに詰め込むこともあった。

一日の終わりに興奮の瞬間がやってきた。父やジャック・クラーク、その他指名されたリーダー格の人物が各人の収穫量を計るのだ。「スティラード」とよばれる計量器が頑丈な梁からぶら下げられ、二人の男が地面から綿花を持ち上げ、揺れ動くおもりがバランスをとると、重量が大声で読み上げられ、次の土曜日の支払い用に記録されていった。

男たちはできることなら綿摘みは避けたいと考えていた。女性の方が指が細やかで、綿摘み作業には適しているというのが一つの理由だ。事実女性の方がこの仕事には秀でていたのだ。農場で働いていた頃、私は一日に二十キロから最大七十キロまで摘めるようになっていた。これはほぼ大人と同じ量であった。レイチェル・クラークは小柄ながらも誰よりも綿摘みがうまく、豊作で条件さえ良ければ、なんと一五〇キロも摘んでいた。

もう一つ素晴らしい経験をすることができた。二頭立て荷馬車の上に背の高い大きな木箱を乗せ、これに六三〇キロの種子入り綿花を詰め込み、プレインズのクランフォード綿繰り所まで持って行くことだ。そこで、二二五キロベイル分のリント綿が種から分離されるのであった。綿繰り所の一エーカーの敷地は波状ブリキ板の高い塀で完全に囲まれていた。町では常にどこかでゴミを燃やしており、飛んでくる火の粉を防ぐためだ。綿繰り機にかけて種を除いたリント綿は俵状にされ、農場に持って帰ることもあったが、たいていは地元にある二つの倉庫の一つに運び、父が最高の売り時を決めるまで保管していた。種は来年用に充分とっておき、一部はミスター・クランフォードへ綿繰り代として渡し、残りがあればわずかばかりの現金に換えたり、家畜用の高蛋白補完飼料として使われていた綿実粉と交換していた。

わが家のあった農場に加えて、われわれはもう一つ別の農場をウェブスター郡に所有していた。わが家から北へ森や沼地をまっすぐ突っ切れば六キロ程、回り道をすれば十一キロ程の所だ。一九〇四年、一族がプレインズに移住した年に購入した土地である。そこでは、大きな畑の一つを日雇い労働者達が耕し、残りのすべては黒人の小作農家が受け持っていた。私には、その一人一人が忘れ得ぬ存在となっている。

彼らは優秀な農夫で、日雇い労働者は日給単位で仕事をしながら、信頼できる働きぶりだった。やる気と自信も充分で、自分の能力を信じ、一家を養っていたし、財政管理もうまく、自分のラバや農具も購入するほどであった。一方、農場には森林地帯に隔てられた形で八つの小作農家が暮らしていた。そのうちの二軒だけが互いに見える距離にあった。父は、農場で働く者すべてに目を行き渡らせており、定期的に訪問したり、作物を調べに行っていた。ピックアップ・トラックのおかげで機動力があったため、その他にも彼らのためにいろいろなことをやっていた。たとえば、必要な物を配達したり、犂《すき》を預りわが家の鍛冶場で刃を研いだり、家畜のために獣医（おじのジャック・スラッピー）を連れてきたりといったことだ。

父は農場の労働者に対して細心の注意を払い公平に扱っていたし、母もまた常に彼らのことを気にかけていた。これは皆の知るところで、そのためわが家は優れた農民たちが集まってくる農場となっていたのだ。農民の方から自発的に出て行ったケースは、個人的な都合か、あるいは製材所の常勤職に就くとか、さらに大きなより良い農場に移るか、といった理由で、一、二件くらいしか私の記憶にはない。事実、私が大学と海軍勤務を含めた十二年間の歳月の後、一九五三年に父の死とともに故郷へ帰ってみると、おおむね同じ農民たちがまだわが家の農地を耕していたのだ。

あと味の悪い別れはほとんどなかったが、一つ記憶に残っていることがある。ある時、一人の優秀な日雇い労働者がおり、自分自身の作物を自分で手掛けてみたいと言い出した。父も了承、彼に充分な農具とラバ二頭、乳牛一頭、それに数頭の豚を提供した。経費の方は、これらを担保にして、その年の収穫で支払ってもらうことになった。翌春ある人から、その男が担保に入れていた豚を売ったとの報告が入った。彼が事実上盗みとなるその行為を認めたため、両者の間で取り決めが交わされた。父がそれまでの農夫の仕事に対して現金で支払うこと、農夫の方は借りていたものを返し、農場を立ち去るというものであった。そのあとは、別の日雇い労働者がその作物の農作業と収穫を済ませた。

農場の北側を受け持っていた三家族は、ほかの家族から完全に孤立しており、父や私との関係も薄かった。そのうちの二人は兄弟で、名前はリチャード・ジョンソンとヴァージル・ジョンソン。深い雑木林の中で、それぞれ家族とともに目と鼻の先に暮らしていた。担当農地は違っていたが、家畜小屋は一つを共同で使っていた。この二人は、近くに住むジョン・エド・ウォーカーとともに、小石が多いながらも最も肥えた土地を耕していた。それでも耕作は困難で、雨のあと土が乾くまでの一日二日の間に雑草が生えてくる始末。彼らは有能で成功した方ではあったが、一九五〇年代の後半にラバから小型トラクターに乗り変える時代が来ると、そうするくらいなら農業をやめるという道を全員が選んだのであった。

フェルトン・シェルトンと彼の妻は、農場の一番南の家に住んでいた。物納小作人《シェアクロッパー》の中では膚の色が薄く、無口で有能、抜群の判断力を持ち合わせていた。服装もきちんとしており、作業ズボン《オーバーオール》の下にはいつもきちんとボタンをとめたシャツを着ていた。フェルトンは物事に対する自分のこだわりと、父や白人の大人に対する敬意を、旨くバランスをとりながら保っていた。しっかりとした自分のやり方や考え方を持っており、父がアドバイスをしても、強く言われない限りは無視していた。一見ゆっくりとしているようで、何事も確実に仕上げてしまうのがフェルトンであった。

フェルトンの独立心は、かご作りの副収入から生まれていたのかもしれない。かご作りは彼が彼自身の父親から受け継いだ技術だった。フェルトンは私の父の許可を得て、農場の所々にあるホワイト・オークの若木を切り倒した。直径十五―二十センチくらいのもので、かごの原料になっていた。

フェルトンの技は目を見張るものがあり、父のすすめもあって、私は充分な時間を使って彼の所で二、三種類のかご作りを手伝わせてもらっていた。まだ生の丸太を、ラバで家まで引きずりながら運んだあと、フェルトンは斧と鉈《なた》を使って先まで割り、手首ほどの太さの長い材木にする。それから年代物の厚刃のナイフでさらに細長く割り、かごを編む材料のできあがりというわけだ。

彼が通常作っていた製品は、直径約一メートル、深さ七十五センチのもので、小麦やオート麦を入れることもできるくらいしっかりと密に編まれていた。家畜小屋周辺では常に五、六個使われており、綿摘み期には綿畑でもいくつか使われていた。

何年もの間、フェルトンのかごは定価三ドルで売っていたが、日当が一ドルから一ドル二十五セントという時代になると、四ドルに値上げした。あまり乗り気ではないながらも、自分のスケジュールと合えば、特別なかごの注文を受けることもあった。たとえば、わが家の洗濯物入れに使われていた底が長方形で上が楕円形のものや、ペカン拾いに使われていた小型の丸いかごなどである。このペカン用のかごは、母や手伝いの女性たちがペカンの実を山のように入れて持ち運んでいたものだ。今でも私は、わが家の工作室で椅子を作るとき、フェルトンの技術を使って生の木で椅子のシートを編んでいる。

となりには、道路を先の方に行った所にウェス・ライトが住んでいた。背の高いひょろっとした男で、農場では一番年長であった。父の訪問回数やアドバイスの細かさからすると、小作人の中で、ウェスが一番能力とやる気に欠けていたように思う。親類や近所の人とももめごとを起こしていた。父は表ざたにならぬよう気を遣いながら、ウェスの代わりに彼の若い甥のレナード・ライトをウェスの家に住まわせた。どう見てもこちらの方が場所は良かった。一方ウェスの方は妻とともに、クリークに近い一番遠くの土地に移って行った。彼に言わせれば、どっちみちそこの方が住むにはいいということであった。後に、レナードは私の親友および仕事上のパートナーにもなった。私が知事や大統領職で不在中、農場の仕事はほとんど彼が引き受けてくれた。彼と妻のメアリーは、子供たちに良い教育を授けることをモットーとしてきたが、その子供たちも今は大学を卒業し、それぞれの仕事で成功を収めている。

父の農場内のちょうど東側には、アーサー・ブリッジスとその一家が住んでいた。ウェス・ライト夫妻のいとこで、農場の仕事も分かち合っていた。私の知る限り、ウェスが居場所を変えてからは、互いに平穏な生活を送っていたようだ。

ウィリス・ライトは、南側のグループの真ん中に住んでおり、アーサーとレナード、ウェス、フェルトンの土地と境を接していた。ウィリスはこの農場では長老的存在であった。父と彼との関係は、指導するというよりも、相談するといった立場であった。我々は農場の家々を回るとき、彼の家に着いてからやっと一杯の井戸水を飲み、ポーチに二、三分腰を下ろすということが多かった。ウィリスは、興味を持って気楽に父に質問していた。市況や値動きのこと、肥料の質や農機具のこと、政治的なことも話題になっていた。彼は小作人としては特別な契約で働いており、土地の使用料を、双方合意の量の綿花とピーナッツで支払っていた。彼はわが家の売店やプレインズ・マーカンタイル社に上限無しの当座預金を持ち、他店でも何か買い得品があれば現金で払えるほどであった。彼自身の息子はいなかったが、農繁期には妻の親類の応援を得たり人を雇っ

ウィリス・ライト（1976年）

たりで、他の小作人よりもはるかに大規模な作業を行っていた。私の印象では、彼の作物に関しての一つ一つの決断は基本的に彼自身が行っていて、父はその都度黙認するだけだったように思う。父がほかにも用があってウェブスター郡の農場に私を置いて行くときは、私はできる限りウィリスと一緒に過ごした。ウィリスは、レイチェル・クラークと同様に、私に物事を教え、私の価値観や考え方の形成に大きな影響を及ぼした人物である。

ウィリスは母の特別な友人でもあった。彼が重い腎臓病を患っていたからかもしれない。ウィリスは、アーチェリーの農場の売店や小作人の家を回るときは、必ず決まって母とのおしゃべりに立ち寄っていた。結果的に、ワイズ・サナトリウム病院で片方の腎臓をとる大手術を受けることになり、母が手術室担当の看護婦を務めた。ウィリスが家で長い療養生活を強いられている間、父はウェブスター郡に行く時にはいつも母を連れて行き、父が近くの物納小作人《シェアクロッパー》を巡回している間、母がウィリスの所で看病をしていた。

南部の再建時代（南北戦争時に脱退した南部連合諸州を再び合衆国の州として連邦に復帰させようとした時代。一八六五～七七年）、黒人農家は、耕していた農場の所有者になるという幸運を手に入れていった。一九一〇年、アメリカ農務省による南部調査が完了するまでには、南部の農場所有者の約二五パーセントが黒人となり、計千六百万エーカーの土地を所有していた。しかしながらそうした農家の（そして同じく小規模白人農場所有者の場合も）作物の純生産高は、三世代前に一人の奴隷がプランテーションで産した量と変わらなかったのだ。数年後の一九一六年、広く読まれていた「プログレッシブ・ファーマー」誌の編集長が強力なキャンペーンを張り、黒人の農地購入を白人が禁止できるよう、議会に対して議案作りを働きかけた。最終的にこれは成功しなかったが、それ以来、白人の土地支配は巧妙な手口で進められていった。農場の規模がけたはずれに大きくなり、官民双方の貸付機関は人種的偏見に基づいて、大型農機具や事業拡大用に、限られた資本をあらん限り白人農家につぎ込んでいった。一方、農場の平均的規模が拡大するのに反比例して、黒人の土地所有者は急速に減っていった。

ある年、作物の手入れも終えようとしている頃、ウィリス・ライトが農場を買いたいと言い出した。その時のわれわれの驚きと当惑といったら、今でも覚えている。理にかなった要望ではあったが、彼の望む場所を聞いてびっくり仰天、とても渡すわけにはいかなかった。それまでに地域周辺の農地をいくつも買ったり売ったりしてきた父ではあったが、そこだけは特別な土地であった。彼が買いたがっていた二一五エーカーの土地は一族の所有地のど真ん中にあり、いかなる部分も売買に供することは考えられなかった。実際、父の兄弟もまだその土地の権利を有していたのだ。父とウィリスはきわめて親しい関係にあったため、この問題の解決方法はただ一つ、父がウィリスのため、売りに出されている別の小さな農場を探すことであった。

後日、クリスマスの休暇中のこと、父が母と私にウェブスター郡に一緒についてきてくれと頼んだ。それからまっすぐウィリスの家に向かった。われわれが着くと、ポーチにしばらく座り、その年豊作だったことや、健康のこと、次の種蒔きの計画などについて話していた。会話の途中で言葉が止まると、父が自分の感情と格闘しているのが私にも分かった。ついに父が唐突に言った。「ウィリス、うちの農地を君に売ることにしたよ」。これはそこにいた全員にとって素晴らしい驚きであった。母は嬉しさのあまり涙を流し、父を抱きしめた。

その場の興奮が静まると、父は売買価格を決めるため、ウィリスに次の土曜日店に来るように言った。次の一年が終わらぬうちに、その土地には緑色に塗った新しいコンクリートブロックの家が建った。父の口利きで、ウィリスの家は農村電化事業局がその地区で最初に電線を引く家となったのである。一九四〇年の初頭のことだった。

私は十六歳になる頃までには、農場の仕事はすべて心得ていたし、家畜や機械のことにも精通し、大工仕事や鍛冶仕事の方もかなりの腕前となっていた。農業経済学の初歩的な知識も学校で、そして父から学んでいたし、必要であれば、父の選んだ職業を引き継ぐ資格も身につけつつあった。これが当然考えられる私の将来の道ではあったが、私は違ったゴールを目指していたのである。

私の子供時代の夢や将来の人生を方向づける力となったのは、おじのトム・ワットソン・ゴーディーだ。私の父は時代の要求に応じて教育を受け、リヴァーサイド士官学校で十学年を終え軍隊に入ったが、私に対しては、当時の大恐慌時代には遠い夢のように思われていたことを果たして欲しいと強く希っていた。つまり、大学を出るということであった。カーター家の先祖はそれまでハイスクールを終えた者さえ一人もおらず、行くとしても大学の代わりに、二つあった無料の軍士官学校、ウェストポイント（米国陸軍士官学校の所在地）かアナポリス（米国海軍士官学校の所在地）に行くしかないと考えられていた。父は陸軍の経験者ではあったが、その体験がさほど満足のいくものではなかったようで、私に同じことはすすめなかった。

おじのトムはまだ若い時に海軍に入り、それを天職としていた。私の憧れの英雄でもあり、私は少年時代ずっとおじと手紙のやりとりをしていた。私からは家族のことを知らせるだけであったが、はるか太平洋の各地から送られてくるおじの手紙には、異国情緒あふれる船の寄港地についてさまざまなことが書かれていた。おじからの手紙や写真をもらったことが子供時代の忘れ得ぬ思い出となっている。私は家族の中でだれよりも多くおじから手紙をもらっていて、いつもワクワクしながら母やゴーディー家の人々に見せていた。おじが何をしているか皆しっかりと把握しており、乗る船が変った時や、少しずつ昇進し、新兵から水兵、そしてついには二等無線技師になったときは大喜び、興奮の渦であった。アメリカ海軍は二つの硬式飛行船「メイコン」と「アクロン」を所有しており、メイコン号がサンフランシスコ沖で沈んだとき、おじは救助隊の一員となった。おじは祖母に小さなアルミ製の飛行船の模型を贈り、祖母はそれを一生大切にしていた。

アンクル・トムは太平洋艦隊ではボクシングの軽量級チャンピオンで、敗った男たちの前にトロフィーを手にして立つおじの写真は、祖父母の暖炉の上の中央に飾られていた。鼻はへしゃげ、髪は縮れ毛、ジェームズ・キャグニー風に何やら気取って歩いていた。サンフランシスコ出身の女性ドロシーと結婚、一九三〇年代に三人子供をもうけ、長男には私の名前がつけられた。おじの海軍での仕事は私をとりこにし、私が将来の職業に海軍を選んだとき両親は反対しなかった。

それで、私は五歳の頃から、自分はいつかアナポリスに行って海軍に入るんだといつも言っていた。私は庭に立ち、私が手を振るのに応えて汽笛を鳴らしながら走って行く列車の機関士を、賞賛の気持ちで眺めていたものの、そうした汽車の仕事ではなく、いつか船に乗るのだというおぼろげなイメージが、私の夢となっていた。

父がなぜ、私のこうした遠い夢に対するゆるぎない気持ちを支持してくれたのか、今理解するのは容易ではない。しかしその理由は明白だったのかもしれない。当時の魅力薄い農業の実態、尊敬される大学で最高の教育を受けてほしいと希う父の熱い思い、あるいは単に永年の目標をあくまでも達成せよという頑固なまでの決意によるものであったかもしれない。いずれにしても、両親の全面的支援のもと、私はハイスクール卒業の何年も前から、海軍士官学校についての情報を求めてパンフレットを請求していた。これこそが私の人生の最大の目標となっていたのである。

第八章　人生についてさらに学ぶ

われわれの地域に住む白人黒人双方にとって、病気や医療がいかに重大なことであったか、また看護婦としての母の活動が子供時代の私にいかに大きな影響を与えていたことか、言い尽くすことはできない。

病気は常に話題や心配の種になっており、地元の大切な病院であるワイズ・サナトリウム病院に直接関係ない者ですら、住民の病気に関する最新の情報を持っていたほどである。床屋やガソリンスタンド、牛舎、食料品店、学校、教会での会話でも、それが最大の話題になっていた。地元の人が、ワイズ病院の看護婦として、手術室や病棟、カルテ担当などで、数多く働いていたので、病院内や周辺で何が起こっているかを隠すことはできなかったのだ。誰が病気で誰が治療しているのか、しばしば治療内容の詳細までも含めて、皆が知っていた。

深刻な病気の場合、地域全体が巻き込まれることがあった。当時「奇跡」を起こすような薬はなかったため、「開口障害《ロックジョー》」とよばれていた破傷風の危険性や、インフルエンザ、おたふくかぜ、はしか、水ぼうそう、百日ぜき、腸チフス、発疹チフス、それにまだまだ恐れられていた小児麻痺等の対処法について、自分の身を守るためにも熟知している必要があった。一人でも小児麻痺の発症例があると、学校は二、三日間閉鎖され、疲労や頭痛、発熱、肩こりといった症状にだれもが不安を覚えるようになっていた。とはいえ、どれほど病気が重篤でも、当時はほとんど入院せずに家で療養していた。(かなり後の時代になってもそれは変わらず、ガンで治療不可能な状態となった父が人生最後の日々を過ごす場所も、自宅のベッド以外は考えられなかった)。

よく流行《はや》る病気については、できる限りの情報を集め、迷信的な考えでさえ取り入れていた。たとえば肺炎は、かかるとそのあとの奇数日に危険な状態になると考えられていた。時には早くて五日目、たいていは七日目か九日目というわけだ。この危篤時に、患者は死に到るか、五、六度の体温の上昇が起こる。白人社会では(わが家の農場の黒人たちもそうだったと思うが)、患者の所属教会で特別な祈りが捧げられ、日曜朝の礼拝や定期的に行なわれる週日の祈りの集会では、全信徒が患者の回復のために、あるいは(絶望的な場合は)苦しみに耐える力を希って祈りを捧げた。重病患者の家の周りの道路には、荷馬車や一頭立て馬車や車が集まっていたのを覚えている。患者の最期が近くなると、友人や親戚が、花や薪、果物、腕によりをかけた料理などを持ち寄り、家事を一切引き受けていた。主治医からの生か死かの宣告がいよいよ告げられる頃になると、家やその周辺にたくさんの人々が集まってきた。「患者さんは危機を乗り越えました！」という言葉を聞くと、われわれの祈りが聞き届けられたのだという思いでいっぱいになった。

残念ながら患者が亡くなった場合は、町中の人が哀悼の言葉を述べ、遺族に対し弔意を表わした。女性たちが何人かその家に二十四時間態勢で手伝いに張り付き、食事を準備したり掃除をしたり、お悔やみに訪れる客を迎えたりで、出来る限り遺族に負担がかからないようにした。ほとんど全員が葬儀に出席。墓地への行列は厳かにゆっくりと進み、著名人の場合、町長命で店はすべて休みとなった。葬列が通過するときは、地元のであれ通りすがりのであれ一切の乗り物を止め、道を譲らなければならなかった。葬儀に出席しない通りすがりの人も、葬列の方を向いて立ち止まり、男たちは帽子を脱いだ。墓地での葬儀は、地元の牧師と、死者が生前何に加入していたかにもよるが、米国在郷軍人会やフリーメーソン、ウッドメン・オブ・ザ・ワールド（共済保険を目的として設立されたアメリカの初期的な友愛互助団体）等民間団体のメンバーとの二者によって執り行われた。棺が墓地の穴に降ろされる前、参列者は天幕の中に集まり、遺族を抱きしめたり、手を握ったり、弔意の言葉を述べたりしていた。こうした務めが終わると、遠くから葬儀のため帰省した人々のために、墓地で一種の歓迎親睦会のようなものが開かれるのだった。

地元のレバノン墓地でも例外に漏れず人種差別が行われていて、白人が西側で黒人は東側に埋葬されていた。葬儀はどれも見事なもので、亡くなった愛する者に対して最大の礼を尽すため、あらん限りの予算がつぎ込まれた。最大の葬儀は、ビショップ・ジョンソンが亡くなり、アーチェリーの墓地に埋葬されたときのことだった。その時黒塗りの大型車の行列は、二キロほども道を埋め尽くしたのである。

プレインズ周辺で、社会的経済的成功を名実共に収めていた典型といえば医者で、それもワイズ・サナトリウム病院の医師になることは特別なことであった。医者は神に近いといってもよいほどの格別な敬意を集めていた。今では過去のものとなった病気がまだしばしば人の命を奪っていた時代、われわれの命は常に医者の手の内にあり、みな医者の手腕や極めて責任の重い仕事内容に対して敬意を払っていた。医者は、病院内でも患者の家に往診するにも、常に待機中の状態にあった。

母が看護婦でなくとも、病院はわが家にとって興味の中心だったと思う。プレインズ初代のワイズ町長の三人の息子サッドとサムとボーマンは医者で、彼らが病院建設を決めたとき、地元の人々に株を売った。株の利益はあっても自動的に建物や器具、必需品などに再投資されていたようだが、それでもほとんどの家庭が、なにがしかの金銭的余裕があれば病院の株を買い、株主となっていた。株主や住民は、病院の医療水準の高さを示す歩く広告塔だったともいえる。われわれがいかに健康であるかということでそれを示していたのみでなく、病院についてその伝説的物語を繰り返し語っていたからだ。アトランタやさらに北の有名な病院と比べても、「おらが病院が最高」と信じて疑わなかった。

七十年たった今日でもまだ語り継がれている話が一つある。アメリカス出身の裕福な男の話で、珍しい外科治療が必要となり、メリーランド州ボルティモアのジョンズ・ホプキンズ病院まで遠路はるばる大金をつぎ込んで治療のため出かけていった。やっとの思いで到着すると、アメリカでも一番と言われる外科医たちから、めったにないむずかしい病気だと言われた。そしてなんと彼に勧めたのだ。ジョージア州プレインズのワイズ・サナトリウム病院に行き、サッド・ワイズという外科医が最高の先端技術をもっているので診てもらいなさいと。

この地域の人々は、外科だけでなく、癌《がん》その他の腫瘍のラジウム治療や麻酔についても「われわれ」が最高の医療技術を世に提供していると考えていた。われわれの医者は、薬は最小限しか使わず、病気の治療や予防には、食生活や運動、家庭での療養が最良のものであると提唱していることでも広く知られていた。

当時プレインズで医者をしていた十数人の間には大変な競争意識があったが、ワイズ・サナトリウム病院に関係しているか否かではっきりと線が引かれていた。わが家でも、ワイズ・サナトリウム病院に関係していない「もう一方の」医者たちは、勉強も不充分、医療費は高い、往診はいやがる、医学の進歩から遅れている、高価な薬を過剰に処方している、と考えていた。町には何人か麻薬常用者がいたが、彼らはそうした医者の所へ頻繁に通い、アヘンやモルヒネその他麻薬の入った薬を受け取っていると考えられていた。

ワイズ三兄弟は、医者の卵である研修医に対しても素晴らしい研修プログラムを設けており、プレインズのお年寄りなら今でも、その後偉大な業績を上げることになった名医の名前をあげることができる。たとえば、革新的な技術で全国的な名声を得た麻酔科医や、コロンバスの著明な眼科医、アトランタのエモリー大学病院の外科部長となった人たちである。それと同様、正看護婦向けの研修プログラムも素晴らしいものであると考えられていた。常時この厳しい研修で、二十名程の若い白人の女性たちが頑張っていた。彼女たちは病院内ではきわめて厳格に規律を守り、ほぼ無給で働かされていたが、町民の間では賞賛を受けると同時に一種の嫉妬の対象にもなっていた。女性にとって看護婦以上に高貴な職業はなかったし、ましてやワイズ・サナトリウム病院で訓練を受けたとなればなおさらのことであった。

こうしたプレインズの人々の意見が、卒業した看護婦から影響を受けているのは確かだ。彼女たちの多くが町に残って看護婦として働き、町の運のいい若者と結婚し、私の級友や私自身の母親になっていたからだ。ほとんどの看護婦は、病院のスタッフや訪問看護婦として、常勤で働いていた。その他の人は、家庭の都合があったり時間に縛られるのを嫌ったりで、都合の良い時間にパートタイムで、たいていは訪問看護をしていた。一九二九年妹のルースが生まれてからは、母は後者の勤務形態で仕事をすることが多かった。

卒業直後から訪問看護に移る前までは、母は手術室担当の看護婦として勤務していた。私の書棚には、一九二一年出版の『リッピンコットの看護手引き書《ナーシング・マニュアル》』が一冊置かれている。母が州の資格試験準備のために使ったもので、後には便利な参考書にもなっていた。その中には九ヶ所に「ミス・リリアン・ゴーディー」と署名され、続けて「ジョージア州プレインズ、ワイズ・サナトリウム病院」と書かれている。母がその本をいかに誇りにしていたかを物語っている。序文のページには、一九二二年度看護研修生の名前が書かれており、二十三人の乙女の苗字には全部「ミス」がつけてある。私はほとんどの名前を今でも覚えている。「ミス・ウェッブ」、「ミス・アリントン」、「ミス・ペニントン」、「ミス・エイブラムズ」といった具合だ。生涯にわたって彼女たちは互いをファースト・ネームでよんだり、「ウェッブ」とか「アリントン」、「ゴーディー」という風に苗字でもよんでいた。それは彼女たちの変わることのない強い絆を表わしている。

この手引き書では、ほとんどのページが看護婦の務めについて書かれている。なかでもラテン語や略語の使い方、医者の処方箋の解釈については特に入念に記されており、当時よくあった病気の症状や治療法についてもかなり詳細に記述されている。そうした病気のほとんどは、現在はアフリカや第三世界の数ヶ所だけに見られるもので、その中にはアンクル・バディーの妻の命を奪った連鎖球菌咽喉炎のように当時致命的だった病気も含まれている。なぜか梅毒の項目は太く下線が引いてある。

私は特に「看護婦の倫理」に関するくだりを楽しく読んだ。一つのケースを例外として、看護婦は医者に対して崇敬ともいえる最高の敬意をもって接すべしとある。医者から不当に性的な言い寄りがあった場合にどのように対処するかについては、何のアドバイスもされていない。おそらく医者とは完璧な人間であり、不愉快な状況を作るはずがないと考えられていたからであろう。唯一の例外とは、妊娠中絶を行なったと思われる医者から仕事を頼まれた場合で、アドバイスには断れとある。「なぜなら、こうした犯罪者や悪人と一緒に看護などできるはずがない」

まだ角が折られたままのページもある。その一つには、看護婦が貧しい家庭に対し、どうすれば恥ずかしい思いをさせずに「正当に」安い料金にすることができるかということが記されている。見本の請求書までが入っていた。通常料金の一週二十八ドルで二十日間で八十ドルとなった場合、患者の家に楽しく住まわせてもらった「費用」という名目で割引を行った。家に小さな子供がいれば、「看護婦は患者を無視してはならないが母親の代わりもせよ」とある。

医者は相当の時間を往診に費やしていたため、看護婦数人を医者のアシスタントとして代行させ、医者が近くにいる場合に限ってかなり高度な医療行為をまかせていた。わが家は町から数キロの所にあったが、まわりにはきわめて貧しい人々が暮らしており、よくてラバか荷馬車といった交通手段しか持ち合わせていなかったため、母は診断と治療の両方を行うことが多く、医者のように彼らの面倒を見ていた。こうした看護婦はほかにもいたかもしれないが、私は聞いたことがない。

母は特別な人で、人種差別を認めず、近所の黒人と何時間も過ごすような人だった。自分の看護の仕事に対して彼らから料金を取り立てることは一切なかったが、患者は何か自分に可能なものを母に持ってくることが多かった。子豚やニワトリ、卵数ダース、ときにはクロイチゴや栗といったものだ。一度素晴らしいもので支払われたことがある。荷馬車いっぱいの「松のチップ」で、これはテレビン油になる松脂《まつやに》を含んでいるのできわめて燃えやすく、火起こし用に何年も使った。母は自分の患者のことに関してはワイズ病院の医者にいつも情報を入れており、必要時には応援を仰いでいた。

医療従事者がいる家庭では、会話は驚くほどオープンだった——少なくともわが家ではそうだった。子供たちの前でも、母と父は病院の運営問題や職員の能力、たまにある麻薬中毒や医者と看護婦の色事などについて話していた。研修中の看護婦でもプロの看護婦でも、いつでも一人くらいは魅惑的な独身の看護婦がいるもので、つき合えそうな医者がいればカップルになるのがおきまりのコースであった。医者は一般に悪意のあるゴシップからは免除されていたが、どの医者がどの看護婦と「罪なことをしている」か少なくともわが家では皆知っていた。なぜか医者のこととなると、こうした言葉も私の耳にはそれほど悪く響かなかった。献身的な医者であれば、仕事から解放されたわずかな時間くらいは楽しむ権利があるさというのがほとんどの人の気持ちで、地元の人々もこのくらいの色恋ざたはささいなことであるとしてとがめることはなかった。

ミス・エイブラムズは私の名付け親だが、男やもめのサッド・ワイズ医師と暮らしており、地域の人々のみならずなんと既に別居中の彼女の夫までがこの事実を受け入れていた。ミス・エイブラムズが妊娠して男児を出産したとき、私もこの二人の関係に間接的にではあるが関わることとなった。その子に私の名前がつけられることになったのだ。赤ん坊はわずか数週間で亡くなってしまったが、夫方の墓地に埋葬された。

母は患者を診た後も、その後の経過を把握するようにしていた。そして極貧状態にある患者は、サムター郡の「貧者の家」と呼ばれていた施設に移され、私も時々母に連れられて訪問していた。今ではそれがどこにあったのか定かではないが、幾分荒れ果てた元プランテーション農家の大きな家で、前には広々としたポーチ、横には大きな野菜畑があったのを記憶している。ただこれは白人用で、近くの古い二軒の家が黒人用となっていた。年齢や性別に関係なく、体を動かせる者は皆近くの野菜畑で働くことが義務づけられていた。体力のない者はただぼんやりと座っているだけで、まわりの出来事はほとんど目に入っていない様子であった。母はこうした高齢者のことを気にかけ、介護にもっと力を入れるべきであると考えていた。政府からの毎月の給付金が白人十ドル、黒人六ドルに上がったとき、母がどれほど喜び、「貧者の家」で皆がどれほど喜び合ったことか、その姿が私の目に焼きついている。

母が看護婦の仕事に専念している間、父の方は、農業経営の多角化と生産物をどう市場に売り込むかということで腐心し、あらゆる可能性を探っていた。それまでは主な換金作物は綿花であったが、だんだんとピーナッツの方にシフトしていった。父はこの方向転換を手がけた先駆者の一人であった。父は収入を増やすために、土地や地元の市場に合うものであれば、わが家の農場で何でも試していた。農場の経済に貢献できないものは存在すべからずというのが父の信念であった。羊やガチョウ、豚、乳牛、ニワトリ、馬、ロバも、彼らの生産するものと合わせて最大限の収入をあげるために、大切に飼育されていた。

さらに父は、生産物をできるだけ自分で小売りできるようにしようとしていた。羊の毛を刈るとき、父は毛布製造業者の買い付けを手配し、あとでその毛布をわが家の売店やアンクル・バディーの店で販売していた。

私にとって羊は、その価値よりも苦労の方が大きいように思えた。なぜかわからないのだが、家でマトンを食べることはなかった。激しい雨が降った時、羊の群が大きな樫の木の下で雨やどりをしていると雷が落ち、五十頭中三十頭がやられてしまったことがあったが、そのときでも食べはしなかったのだ。羊は愚かなどうしようもない動物で、結果的に父は売り払ってしまった。わが家には鳥用の優秀な猟犬がいたが、子羊を襲って殺すという、ひどいくせを身につけてしまっていた。そこでどうしたか。手離したのはもちろんこの羊達の方であった。

南部一帯では、一世紀にわたり綿花栽培に専念してきたため、土壌の栄養素が枯渇し、表土も風と雨で失われ、残るはむき出しの底土だけで、雨裂《ガリー》がどんどん深くなっていた。それを改善するために充分な肥料を使おうにも、ほとんどの地主は財力がないに等しく、農業をやめようとしている者も多かった。農場が荒れ果ててしまうのは残念なことではあったが、父がそうした農場を買うと、それを変身させてしまうのであった。父がアルコール水準器を使ってなだらかな等高線を描く時には、私は目標板を持って傾斜地を平面にならしていく作業を手伝っていた。それから侵食防止用の畦《あぜ》を作るため、最大の犂《すき》を使い、等高線に沿って掘り返しては盛っていった。父は「チャタフーチー川下流土質水質保全地区」の管理統括者もしていたので、荒れた土壌の改善回復のために厳密なやり方に従って、クローバーやカラスノエンドウその他を間作し、輪作の長期計画を進めていった。家や家畜小屋、柵などの修理は農場の全員が参加して行った。それから、信用のおける小作人を選び耕作を始めるか、一、二年日雇い労働者を使って土地をならした上でいい値で売るか、のどちらかであった。

父は絶大な力を持った存在と私には見えていたが、ほかの農夫と同様、予測不可能な天候や、豚や材木、綿花、ピーナッツの価格を左右する手の届かない不可解な経済制度の前ではほとんどなすすべもなかった。父もそう感じているだろうということが、われわれにもわかっていた。われわれが住むジョージア州のこの地域では、一年で平均一二五〇ミリの降雨量があるが、ほとんどが春と初夏で、秋と冬は比較的少ない。これは通常、作物の植え付けと成長には好ましいパターンだと考えられている。水分が充分あれば種の出芽や若い苗の成長が進むし、乾期は収穫にとって都合がいいからだ。しかしながら、牽引用動物と手仕事に完全に依存する状況では、ちょっとした雨の降り方の違いでも大打撃を被ることがあるのだ。当時作物に水を引くという発想はなかったので、現代にくらべて生産量はわずかなものだった。干ばつは避けられなかったし、植え付け量も少なく、肥料もほとんどなく、原始的な機具では当然のことだ。一、二週間雨無しでも特に心配されることはなかった。教会の日曜日の朝の祈りにさえ登場しないくらいだった。しかも乾いた土地には、ラバの牽《ひ》く耕作用の犂や鍬のおかげで、雑草や草がはびこらないのだ。

しかしである。雨が数日間続いて降ると、耕作ができず、あのいやらしい雑草が際限なくはえてくる。ホラー映画にはじわじわとからみつくようなものがよく登場するが、気持悪くぞっとする。ギョウギシバ、エビスグサ、オナモミ、ヒメモロコシ、ヌスビトハギ、カヤツリグサなどはまさにそれだ。きれいに耕した畑から現われ、二、三日もすると、成長盛りのピーナッツや綿花はすべて雑草の海の中に沈んでしまうのだ。雑草に対しては、最高の農夫が最大の戦いを挑もうとも、部分的に作物を廃棄せざるを得ないことがよくあった。逆に部分的に救われたとしても、生き残った若い作物は、犂や鍬による激しい掘り起こし作業で、ひどく痛めつけられていた。こうした雨期には、父が夜、いたたまれず行ったり来たりしながら西の空を見渡し、雲の切れ間を確認できると、日当で鍬で掘り起こしたり雑草取りをしてくれそうな人を探すために、遠くまで出かけるのだった。

父は誤りを認める性格ではなかったため、私は子供ながらに、父のことを全知全能で誤りを犯さない存在だとみなしていた。父は農場経営でも大胆かつ革新的だったが、父の事業が、時には人の不的確なアドバイスに従った結果失敗に終わることもあった。

ある年、父はトマトが大いに金になると信じ、通常菜園に一畝植えるところを十エーカーも植えたのである。結果大収穫ではあったが、ジョージア州全体も豊作だったのだ。丹念にかごに詰めたトマトをトラック山盛り数台分必死で売りさばこうとしたが、無駄だった。それにくじけず、父は収穫したトマトすべてをケチャップ用に切り換えることにし、郡の役人から家庭用ケチャップの作り方を伝授してもらった。所定の製法を研究し、分量を百倍以上にし、びんも購入してラベルを貼り、そのびんに詰めることになった。通常シロップを作るのに使う大きな鋳鉄製のたらいの下に火を焚き、最初の一回分のトマトを大量に煮た。トマトの汁には指定の調味料を入れ、ぐつぐつと煮立たせた。一、二時間すると、それがどんどん沸騰して蒸発していくのに父が気づいた。まちがって汁の方を残し、中の果肉の方は豚の餌にしてしまっていたのだった。

また全部やり直しということになった。今度は果肉を使ったので、適度な濃さに仕上がった。これをビンに詰め、清涼飲料のようにキャップをした。味はよろしい、みな素晴らしい出来に大満足であった。わが家の売店にはケチャップのビンが所狭しと置かれ、父はそれをわれわれの牛乳ドリンクやサトウキビシロップを扱ってくれている店に配達して回った。

数日後の昼間、客にかぎタバコか刻みタバコを売るために私が売店に行ったときのこと。数本のビンが割れ、ケチャップがそこらじゅうにこぼれているのに気がついた。ケチャップが発酵し、大変な勢いで爆発していたのだ。それ以来店に行くのがこわくなってしまった。父はすばやく全部の店を訪れ、残りのケチャップを回収した。わが家の豚は、二百ガロン以上ものだめになったケチャップを堪能するという恩恵に浴することとなったのである。以後わが家でトマトが話題にのぼることはなかった。

もう一つ大切な収入源に上質のハチミツがあった。蜂の巣に入ったままで売ることもあったし、遠心分離器で純粋な蜜を分離してから売ることもあった。殺虫剤がごくわずかしか使われていない当時、野生のミツバチはあちこちに生息しており、農場の木立のどこかにミツバチの巣がないか、みな鵜《う》の目鷹の目で探していた。巣は時にはバスケットボールほどもあり、見つけると駆け寄って枝をゆすったり長い棒を使って、蜂の大群を空の巣箱に落し込んでいた。父は二十かそこらの巣箱を管理しており、採った蜜はハチミツにして家で必要なだけ食べ、残りは売っていた。

われわれは、巣箱に入るいわゆる「飼い慣らされた」蜂に加えて、中が空洞な木に巣を作る野生の蜂もしょっちゅう探していた。時には数時間かけて、大きな木を切り倒し、真っ二つに割り、やっと中の蜜に手が届くということもあった。頭には網をかぶり、小さなポットにくすぶる麻袋の端切れを入れて煙をたき、怒り狂う蜂を鎮めながらの作業だった。

父が農場で危うく死にそうになったことがあった。いつも通り巣箱から蜜を採っていたのだが、不意に蜂の群に襲われたのだ。過去にも何回も刺されていたが、今回はあちこち刺され、激しいショック症状に陥った。急いで家に帰ってベッドに横たわったときには体が驚くほどの大きさに腫れあがり、針が皮膚に突き刺さったままであった。(昆虫の中で、針を突き刺したままにしておくのは蜂だけである)。幸い母が家にいたので、父の衣類を急いで脱がせ、ナイフで皮膚から針をこそげ落とし、重曹を塗りつけ、プレインズの病院に運んだのを今でも覚えている。父は巣箱を全部売り払ってしまった。それからは、ハチミツは店で買うようになったのである。

一度だけ父のことで、ばつの悪い思いをしたのを覚えている。かといって何か重大な事件がそれを引き起こしたというわけではない。プレインズ・マーカンタイル社でミス・メアリー・ルー・バーネットが婦人服を扱っていたので、アンクル・バディーもそれにならい、紳士服業者と取り引きをすることになり、二、三ヶ月に一度その業者の人に来てもらい、あつらえのコートやスーツの注文をとっていた。父は既製服以外のものを着たことのない人であったが、三つ揃いの「あつらえ」スーツを注文することになり、寸法を測ることになったときは一同大騒ぎとなった。

出来上がりをみな首を長くして待っていたが、やっと荷物が郵便で届き、父が箱を開けるところを皆かたずをのんで見守っていた。だれもスーツを広げてみるなど大それたことはせず、ただ眺め、すべすべした布にちょっと触れさせてもらうだけだった。あとは次の日曜日に父が新品の立派なスーツを着て教会へ行くのを楽しみに待っていた。わが家にとって特別な日となるはずだった。だが結果は無残であった。いよいよその瞬間到来。父がズボンをはいてみると、どう見ても少なくとも十センチは長すぎ、町一番のデブの男でも入るかというほどの胴回りなのだ。最初みな笑っていたがすぐに止めた。父ががっくりした表情になっていたからだ。父は品物をアンクル・バディーに戻し、仕立て直しも拒否、あつらえ服などもうまっぴらという状況が以後少なくとも十五年は続いた。父が州議会議員になりアトランタに出向くまでのことだった。

父は分厚いメガネをかけており、戸外では必ず帽子をかぶっていた。冬場はグレーのフェルト製中折れ帽で、暑くなれば基本的にそれと同じデザインのストロー製パナマ帽となった。残念なことに、もう一つ常に口か手から離すことのなかったものがあった。巻きタバコだ。政府の許可により、タバコ会社は第一次世界大戦中、父のような兵士達にただでタバコを配給していた。そのおかげで父は一番強い銘柄が手離せなくなっており、毎日「ホームランズ」を少なくとも二箱は吸っていた。大恐慌の一番厳しい時代には、節約用にぎっしり詰まったガロン缶入りのきざみタバコを何缶も買い込み、小さな機械と一緒に巻きタバコ用の紙も大きな箱で何箱も購入していた。この機械を使って妹のグローリアと私は、自家製紙巻きタバコを父のために作っていた。健康に対す

議会議員候補者のときの父（1950年）

る何の警告もなかった当時、喫煙すると癌になるなどだれも知らなかった。それが原因で父は若くして世を去ることになってしまったのだ。

しかし父の中では、自立心旺盛な気質と、自分を支配する依存症の間で激しいせめぎ合いがあり、そこから、父とのある会話が生まれることになった。一番心に深く残っている会話の一つだ。

ある日、私も十代になった頃、バスルームに来て戸を閉めろと父が私に言った。私はぎょっとした。父に叱られるようなことでもしたかと最近の自分の行いを必死で思い返してみたが、結局父が私に鳥や蜂の性行為について教えてくれるんだろうということに落ち着いた。

しかしそうではなかった。日頃めったにない、厳粛な口癖で父が私に言った。

「ジミー、大切なことをお前に話しておきたいんだ」

「はい、お父さん」

「私に約束してほしいことが一つあるんだ」

「はい、お父さん」

「二十一歳になるまでタバコを吸わないでほしいんだ」

こう言われたとき、なんとホッとしたことか。

「決して吸いません、お父さん、決して」

それから父は、必要のない約束までしてしまった。

「その時が来たら、お前に金時計をやるからな」

私は約束を守った。父もだ。私が法的にも晴れて成人となったのは、海軍士官学校で学んでいたときのことだ。私はバンクロフト・ホールの店に行き、タバコ一箱を買った。スッと一息吸ってみたが性に合わなかった。もうそれ以降タバコを吸うことはなかった。不幸にして母や三人のきょうだいは父の習慣に従うことになり、全員癌で亡くなってしまった。

わが家の農場ではいつも七面鳥を飼っていた。復活祭や感謝祭、クリスマスなど特別な日の食事に彩りを添えるためだ。

子供のとき一度不思議に思われる出来事があった。なぜか父が七面鳥を購入することにしたのだ。感謝祭の一週間前に父と二人でウェブスター郡の農場を訪れていたときのこと、不意に父が言った。

「ミセス・フリーの所には白七面鳥がいるそうだ。ちょっと一羽もらいに行こうか」

私は一度か二度彼女に会ったことがあった。長い黒髪をした魅力あふれる若い未亡人で、自分の農場で亡き夫の仕事を引き継いで頑張っているということで皆に慕われていた。父によれば、この新種の白七面鳥についてある記事を読んだとのこと。それによるとわが家の七面鳥よりも胸肉がはるかに多くついているとのことだった。私もこの新種の七面鳥を見てみたくなった。ミセス・フリーの農場まで十キロ程車を走らせ、ようやく着いた。

父曰く「裏口に行こう」。

父がノックして数分後、その未亡人が戸を開けた。

互いにあいさつを交わし、父が私を紹介してくれた。それから父曰く、

「そちらの白七面鳥を頂きに伺ったのですが」

彼女がほほえみながら言った。

「アール、たくさん残ってるわよ。これからクリスマスまでになんとしても売らなきゃならないのよ」

父が私の方を向いて言った。

「ホット、家畜小屋の裏に行って、どれかいいのを一羽選んできてくれないかね」

七面鳥の群はすぐに見つかった。その色の素晴らしいこと、そしてわが家の庭の七面鳥よりなんと大きく太っていたことか。ただちょっと戸惑ってしまった。どれもみな同じように見えるのだ。間もなく家畜小屋から一人の黒人が出てきたので、われわれの来訪の目的を説明し、父から託された任務について話した。やっと彼と二人で最大級の七面鳥を選び、すぐに古い麻袋に入れてしっかりとしばったが、頭だけは袋の穴から出しておいた。

それから長い間、七面鳥の囲いの中で父を待っていたが、父は現われない。そこで七面鳥を家まで引きずって行った。裏庭でかなりの間行ったり来たりしていたが、ついに勇気を出してピックアップ・トラックのクラクションを鳴らした。すると間もなくして、父と例の未亡人が私のところに来た。二人ともやたら私に親切だった。

「七面鳥の支払いをしていたところだよ。好きなのどれでも選んでいいんだよ」と父。

「ジョセフにつかまえるの手伝わせるわね」とミセス・フリー。

「とっくにつかまえて、もうピックアップ・トラックの中に入ってます」とぶっきらぼうな私。

私は父には何も言わなかった。しかしそれ以来ミセス・フリーの家の前を通るたびにいつも不思議に思うのだった。なぜ父が裏の入口を知っていたのか、どうして七面鳥の居場所を知っていたのか、……そしてなぜ支払いにあれほどの時間がかかったのかということを。

第九章　ハイスクールの日々

農家の子供だった私は二つの言葉を話していた。そのうちの一つは黒人の遊び仲間を通して学んだアフリカの影響を色濃く受けた言葉で、特別な発音や変化形があった。白人の子供もみな「ain't《エイント》」（am〈is, are, have, has, do, does, did〉not の短縮形が変化したもの。標準的な語法ではない）をしょっちゅう使っていた。しかし農場の黒人の友だちとなると、「ghost《ゴースト》」（幽霊）は「haint《ヘイント》」、「eaten《イートゥン》」（食べた）は「et《エット》」、「going《ゴーイング》」（行く）は「gwine《グワイン》」、「rode《ロード》」（乗った）は「rid《リッド》」、「himself《ヒムセルフ》」（彼自身）は「hisself《ヒーセルフ》」、「saw《ソー》」（見た）は「seen《シーン》」、「am《アム》」（私は〜です）は「be《ビー》」、「yesterday《イエスタデー》」（昨日）は「yestiddy《イエスティディー》」となって、アクセントが真ん中の音節に置かれていた。「rinse《リンス》」（洗う）は「rench《レンチ》」、「help《ヘルプ》」（助ける）は「holp《ホルプ》」。ほかにもしょっちゅう使う言葉の最後の「r」や「g」や「d」の発音は気にしないというわけだ。「たくさんの」という意味は「bait《ベイト》」で表わした。「We et a bait of plums.」（本来は We have eaten a lot of plums. 私たちはスモモをたらふく食べました）というふうに。「absolutely correct」（まったくその通り）は「mighty right」、その反対であれば「You better say Joe（'cause you sho' don't know）」（全然違うじゃねえか）。

時には母ですら、近所の黒人たちが何を言っているのか分からず、私が胸を張って通訳していたものである。しかし二つの言葉の間を行ったり来たりしている私でも、時には使う相手を間違うことがあった。母から何年もずっとからかわれていたことがある。初めて農場に移って来たときのこと、家に駆け込んで両親に「I rid in the wagon and driv the mules!」（正しくは「I rode the wagon and drove the mules!」というところ。荷馬車に乗ってラバを走らせたよ！という意味）と報告したのであった。私の生活は農場周辺の狭い地域に限られていたため、知識にも限界があった。ある時、父が家族を連れて東に五キロの所にあるフリント川の雄大な流れを見せてくれることになった。大きな川を見たことのなかった私は、そこで父に黒人なまりで尋ねた。「Wheh de rib-ber, Daddy? Is it down in dat creek?」（正しくは、「Where is the river, Daddy? Is it down in that creek?」。お父ちゃん、川はどこにあるの？　あのクリークの中？）

家でも学校でも教会でも、白人用の言葉を正しく使うようたたき込まれたが、それでも充分ではなかった。一度国語の先生から厳しく叱られたことがあった。「food《フード》」（食物）と言うところを、アーチェリー言葉で「t'eat《ティート》」と言ってしまったからだ。これは「to eat」（食べる）の短縮形だと思っていた。私はむっとして、その単語を教室の辞書で調べ、先生の間違いを指摘しようと手を上げた。先生はほほえんで、その定義を読むようにと私に言った。それをちらりと見た私は先生への挑戦から引き下がることにした。しかし先生の方は声を出して読めといってきかない。そこで読んだ辞書の定義は「雌の身体にある乳腺の隆起物。これを通して赤ん坊や幼い動物に乳が放出される」（teat＝哺乳類の雌の乳首）。私はこちらは「tit《ティット》」（ヒトの乳首）だといつも思っていたのだが。

こうした言葉上の間違いからも分かるように、学校に行くようになってからは、私の人生にこれまでとは全く違った広がりが生まれるようになった。六歳からハイスクールを卒業するまで、私には異なる二つの顔があった。一つは農場で家族や友だちと共にいる自信に満ちた若者の顔。もう一つは、学校で級友と共にいる臆病で受け身の姿勢にある少年の顔だ。学校は競争心を煽る環境で、いやいやながらも白人の少年たちと競争せねばならなかった。そのうちの二、三人はバプテスト教会の日曜学校で知っていたが、いつも親がいる所でちらっと会うだけの関係であった。年齢のわりに私はかなり小柄な方で、妹のグローリアと同じくらいの背丈しかなかったので、私はまもなく、休み時間には体格や体力に関係のないスポーツに専念するようになった。

とはいえ個人競技をやらされると、たいてい二番になった。A.D.やエドモンドとのレスリングや格闘で慣れていたためだ。そして学校では、私にガッツがあり場合によってはけんかをも辞さない人間だと、大柄な子からも一目おかれるようになった。

一年生になったときには読み書きはできていたし、勉強で苦労することはなかった。成績は良い方で、一番頭のいい女子生徒にも劣ることはなかった。ハイスクール在学中、唯一つ私が皆よりも本当の意味で秀でているものがあったとすれば、それは級友の誰よりも多く本を読んでいたという点だ。仕事をしていないときはいつも私のそばには本があった。雨の日、日曜日の午後、夜ベッドで、食事中食卓で、自分の木の家で、トイレで、学校の授業の合間、ときには授業中でも、とにかく本を読んでいた。

プレインズ・ハイスクールの建物は、そびえ立つように大きなレンガ造りで、入口には四つの白い柱があり、巨大なタマヒノキに囲まれていた。一階には、「チャペル」と呼ばれていた講堂、教育長室、図書館、それに十一学年分に十の教室があった（二年と三年は同じ教室）。二階は一階より狭く、タイプや速記、家庭科に使われており、私の最終学年のころには食堂となった。教室には電気が引かれていなかったが、各教室には壁一面の大きな窓があり、曇った日や暗い日は別としても、読むためには充分な明るさだった。

一応十六歳まで就学が義務づけられていたが、白人に対してもそれほど厳しくはなかった。親が、就学年の子供に農作業の手伝いをさせる必要が本当にあるということを校長に証明できれば、免除されていた。私の場合は、年間を通して学校のある百八十日間全てに出席するよう両親から義務づけられており、畑と教室の間を自由に行き来する貧しい級友たちがうらやましかった。彼らにしてみれば、私の方が学校にどっぷりとつかって恵まれていると思っていたかもしれないが、私にはそうは思えなかった。

父は農場を経営し、母は看護婦として働いていたため、妹のグローリアと私は初等部時代は昼間かなり自由に過ごしていた。当時アーチェリーの子供にスクールバスなどなく、通学にはたいていワットソン家の年長の子供たちと一緒の車に乗せてもらっていた。彼らの父親はシーボードエアライン鉄道の区間長で自家用車を持っており、私の父がガソリンとオイルを提供していた。

私が高等部に上がってからやっと家までスクールバスが来るようになった。それは間に合わせの代物で、小さな黄色い車体が、一部修理はされているがガタガタの車台《シャシ》の上に、傾き加減で載っていた。「クラッカー・ボックス」（クラッカー＝南部で白人を揶揄した言葉）と呼ばれ、カニのようにいつも横ゆれしながら走っていた。最終学年の時、私は名誉なことに、学生パトロールマンに任命され、その権威の象徴として肩から腰回りにかけて白い織物製のベルトを身につけていた。バスでは運転手を助けて車内秩序の維持に務め、線路ではドアを開け、一旦外へ出て両方向を確認してからバスを誘導していた。

こうした機会はもちろん白人の子供だけにしか与えられていなかった。スクールバスは黒人にはなかったからだ。当時学校でも家庭でも、私の知っている限り、こうした人種差別を変えようとする議論は全くなかった。ただ、私はA.D.やほかの黒人少年をうらやましく思うこともあった。彼らは聖《セント》マーク教会で行われていた授業に、一キロ足らず歩くだけで行けたし、毎日通う義務もなかったからだ。十五年後には、白人と黒人の統合を阻止する運動の一環としてスクールバスが黒人の子供用に数台、大きな学校まで走ることとなった。これは遅ればせながら、最高裁が下した「分離するが平等」という判決の「平等」という部分に敬意を払った結果でもあった。ただフェンダーが黒く塗られていた。それによって、通学途中の生徒に対しても、明確かつ象徴的に人種を区別しようとしたのである。

十一学年で三百人にも満たない生徒数という小さな規模であるにもかかわらず、プレインズ・ハイスクールは素晴らしかった。それは主にミス・ジュリア・コールマンによるところが大きかった。彼女は教育長だが、私にとっては最高の教師でもあった。足を引きずるようにして歩き、視力も衰えていたが、叱るときや怒っているときでも、決して声を荒げることはなかった。彼女が結婚した相手は学校だけで、完全に自分の天職に身を捧げていた。田舎の子供たちに何か特別な愛着を感じているようであった。当時私は彼女のお気に入りの生徒であると自分で思い込んでいた。私が海軍士官学校に入りたがっているのを彼女が知っていたからだ。しかし後になって分かったのは、クラスの多くの生徒が、私と同じように感じていたということだった。ミス・ジュリアは、主婦や鉄道や製材所の労働者、あるいは物納小作人《シェアクロッパー》といった定められた人生を歩む生徒を教育することにも熱心だったのだ。

低学年の場合でも、ミス・ジュリアは子供たちに本を読ませるよう、教師たちを指導した。その結果、私は学校で初めて賞をとることになり、「外国の食べ物」に触れることになったのである。ミス・トット・ハドソンが二年と三年の先生で、私は一番多くの本を読んでコンテストに優勝した。賞のご褒美は、ミス・トットと一緒に葬儀屋の、ミスター・ロス・ディーンの家で食事をすることだった。その日母は私に晴れ着を着せてくれ、私は、とびっきりおしゃれな都会の家での食事ということで興奮していた。どういうわけかその食事にザウアークラウトが出されたのだが、それは奇妙で貧弱な料理に思えた。皿には食べ残しは一切ないようにと父にしつけられていたので、私はこのまずい料理の山と格闘することとなった。きっとミセス・ディーンが台所でなにかひどい間違いをおかしたに違いないと私は確信していた。この悲惨な気持ちも、ミス・トットからトーマス・ゲインズボロ作「青い少年」の額入り複製画を贈られて、幾分和らげられることとなった。この絵は、大学に行くまで私の部屋の一番いい場所にかけていた。

ミス・ジュリアは、子供たちが広く文学の世界に親しむことを望んでいた。名作を選び、全部が学校の図書館に収められるよう、長いリストにしたためていたが、子供には難しいものもあった。さらに私には郡の図書館から特別に本を借りてきてくれたこともあった。私が五年生の時に『戦争と平和』を読んでいるときは、彼女がそのことを講堂で皆に紹介したこともあった。小さな蓄音機でクラシック音楽の名曲を聴かせ、曲名と作曲家名を覚えるよう特訓もされた。絵画でも同じで、複製画を皆の前にかかげ、書字板にタイトルと画家名を書かされた。教室の前に出て、詩や聖書などを朗唱することも求められた。綴り字競争では生徒同士が競い合ったし、「即興作文」コンテストもしょっちゅう開かれていた。黒板に教師が書いた三つのテーマの中から一つを選び、それについて十五分から三十分以内で書けというものであった。さらに教室では毎月ディベートが行われていて、これには指定されたテーマについての事前研究が大いに必要であった。学校ではすべてが競争だが、ミス・ジュリアは頭の回転の速い子が傲《おご》り過ぎることのないよう、遅い子がそれほど戸惑わずにすむよう、うまくコントロールしていた。プレインズ・ハイスクールは、一幕物の劇やディベート、綴り字、即興作文といった競技において、地区や州大会でいつも他校を圧倒していた。

ミスター・Y・T・シェフィールドはミス・ジュリアの下で、校長、数学教師、スポーツコーチをしていた。彼もまた徹底して規律に厳しかった。親とも連携して、学校での生徒の成績や行いが彼やミス・ジュリアの掲げる高い水準に到達しているかどうか、確認を怠らなかった。われわれ生徒にとって、シェフィールド先生のところに行けと言われることほどいやなことはなかった。瞬時に裁定が下り、厳しい体罰が待っていたからだ。悪戯行為が見つかった時、たいてい教師は初回だけは警告を発してくれるのだが、その次からは「このメモを持ってシェフィールド先生のところに行きなさい」ということになった。女子の場合は放課後残されたり、手の平を定規で二、三回たたかれる程度だが、男子の方は、ズボンの尻ポケットから中の物を全部出し、手を壁につけて腰を曲げ、半ズボンがピチピチにのびている尻めがけて、重い板切れで三回から七回ぶたれるのだった。こうした罰は滅多にあるものではなく、学校でも家でも皆に知れ渡る運命にあった。さらに父は、通常われわれが学校で体罰を受けてくると、家でもそれを補うかのように、たいていはラジオや遠出などの大好きな楽しみを何日も何週間も禁ずるというやり方をとってい

ジュリア・コールマンとY. T. シェフィールド

た。

二人の生徒がけんかをした場合、ミスター・シェフィールドは、罪は双方に平等にあると考えていた。いじめっ子が弱い相手をいじめているのが明らかな場合は別であるが。これまでで私の最も激しかったけんかの一つは、プレインズに住んでいた親友のボビー・ローガンとのけんかだ。男子トイレにいたときのこと、二人のデートの相手であったボーマン・ワイズ医師の娘のことで議論になった。トイレは動き回れるほどの場所はなく、二人を引き裂く者もいなかったため、大変な殴り合いをした。やっとヘトヘトになって殴り合いを止めたとき、まず二人の脳裏にひらめいたのは、ミスター・シェフィールドにこのことを知られないよう、すぐにあたりをきれいに片づけ、万全の策を講じなければ、ということであった。

朝の始業前、休み時間、昼食時、そして学校が終わりスクールバスに乗るまでの少なくとも数分間、男子は全員スポーツをしていた。われわれアーチェリー組はラッキーだった。バスが二往復しており、アーチェリー行きは後だったからだ。私のような農家の子は、春の農作業があり定期的な練習ができないため、学校の野球チームに入部したくてもできなかったが、それでもみな野球が大好きだった。

野球を始める時は、まず一人のリーダーがもう一人のリーダーにバットを投げ、受け取った所からバットの取っ手の先まで二人で交互に握りながら進めていくのである。バットの取っ手の所を最後に握り、かつ肩越しにバットを振れた者に、まずその場に集まった少年から選手を選ぶ権利が与えられた。そして交互にチームのメンバーを選んでいった。

われわれの野球はスクラブと呼ばれ、子供たちが「バッター、キャッチャー、ピッチャー、ファースト、セカンド」と呼ぶなか、最大十五名ほどの選手が選ばれていくのだ。調整を経て、バッター三人とキャッチャー、バックストップ、ピッチャーとたまに数人の内野手や外野手を含めた残りのチームメンバーが順々に決まっていった。アウトになったバッターは、守備の最後のポジションにつくこととなり、皆のポジションが一つずつ上がった。一つの試合がまるまる一週間続くこともあった。試合はいつも学校のベルが鳴って中断されたところ、あるいはスクールバスが出発して中断されたところから再開された。争いやもめ事があると、一番大柄な男子が仲介役に入り、最終的にはミスター・シェフィールドが審判を下した。

男女ともバスケットボールの方を好む生徒もいて、年中学校でやっていた。私もバスケットボール部に入り、ハイスクールの最後の二年間は学校代表のオールスターチームを結成していた。学校対抗試合に関して言えば、バスケットボールが本当の意味で最も重要なスポーツであった。というのは試合が夜行われるので、昼間仕事のある親でも観戦できるからだ。シーズン中試合の半分は他校で行われ、われわれのチームもスクールバスで行き来していた。男子の試合の前には決まって女子の試合もあり、夜の長旅のおかげで、男女ペアになり、後部座席でくっつきあっては、素晴らしいひと時を楽しむことができたのである。

チームのなかで私は一番小柄で、マンガのキャラクター名をとって「ピーウィー」というあだ名を頂戴していた。しかしながら一番すばしっこいのも私で、わがチームが敵のコートの端でボールを取ると、私がすばやく敵中を突破して行ったものだった。(私は大学に入って一年目で背丈が七・五センチも伸び、一七二・五センチになった。学内のオールスターチームを結成できて誇りに思っていた)。冬場には、たいていバスケットの練習をしたあと、午後遅く学校から家に歩いて帰っていた。本当は野球の方が好きだったのだが、春の植え付けや耕作の時期、農作業のため父が私を手放したがらず、できなかったのだ。

学校で行われていた男子の遊びとしては他に、蹄鉄《ていてつ》投げ、ハンドボール、こま回し、ドッジボール、ビー玉遊びといったものがあった。ミスター・シェフィールドは授業外の時間を使って陸上部の練習として、ランニングや跳躍、棒高跳び、円盤投げ、砲丸投げをさせていた。テニスに夢中になっている者もいて、暇さえあればそれぞれの家や、町にあった三つのコートのどこかでテニスに興じていた。

子供同士とはいえ派閥や序列はできあがっていくもので、いろいろな点で学校は残酷な場所でもあった。体力だけで決められる階級制もあり、年長者がたいていの場合支配権を握っていた。そうした生徒はほとんどが数回進級に失敗した成績の悪い子で、当然のことながら同級生よりも年をくっていたのである。小柄だった私は、もともと腕力で勝つ見込みなどなかったため、争い事にはそれほど巻き込まれずにすんだ。もう一つの階級制は成績によって決められており、成績の総計で一人一人の地位が厳密に決められていた。学業についていくことがきわめて困難な学生は学校を中途退学し、数学や国語に才能のない子は、家庭科や農学といった分野に才能を向けるよう指導されていた。そうすれば難しい数学や国語で「時間を無駄にしない」ですんだからだ。当時は一つ年齢が上ったということだけで学年が上がるということはなかった。ただまれに、進級レベルに全く届かないが、一年間の留年後、親がこれ以上留年させないでほしいと主張する場合は、例外として扱われた。こうした学生はそれほど多くはなく、平均二十五人のクラスで一人か二人だった。彼らには卒業時に、卒業証書ではなく全く同じデザインの「免状」が代わりに渡されていた。そこには「少なくとも十一年間学校に通った」と記されていた。
もう一つ、大きく親の経済力によって決められていた社会的階級制があったが、今でもそれを思い出すと戸惑ってしまう。生徒のほとんどは対等な関係にあったが、いつも何人かは他と異なる雰囲気の者がいた。洗いざらしの麻袋でできたワンピースやシャツを着ており、体臭や髪、歯、肌の色つやからして、家庭ではタオルや石けん、歯ブラシなどを使う習慣のないことが明らかだった。私自身が彼らをいじめた記憶はないが、他の生徒が近くに座るのを拒んだり、悪臭やノミやかゆみを理由に彼らを蔑《さげす》みからかっていた時に、私が彼らを擁護したという記憶もない。こうして見捨てられていた生徒は、黙って涙を流して耐えるか、学校をやめていくしかなかったのである。

私は、海軍士官学校に入れるという保証は全くなかったので、ほかにも将来のために準備できることを考えていた。一番自然な道は農業であったので、ハイスクールの大半の男子学生がとっていた「米国農業者育成計画」《フューチャー・ファーマーズ・オブ・アメリカ》（ＦＦＡ）プログラムに私も専念していた。牽引用動物や肉牛、乳牛、豚、作物、牧場、林業、家禽類、農機具といったものの世話や手入れ、管理に関する授業や、これらに関連する害虫対策や食品加工といった授業を取っていた。実技では、大工仕事や鍛冶仕事、溶接や家具作りを学んだ。農学の先生は一人一人の父親と連絡を取り合いながら、学校での学習が必ず農場での実作業に適合したものであるよう授業を進めていた。

このＦＦＡは、学校と州と国が緊密に連携した組織で、農業で立派な指導者となるために不可欠なさまざまな項目で競技会が行なわれていた。弁論、簿記から主要な家畜の飼育法や判断の仕方、売り込み方その他の技術まで多岐にわたっていた。（私の技術で群を抜いて優れていたのはただ一つ、複雑な屋根のデザインにピッタリとはまる屋根の垂木《たるき》を切ること）。こうした勉強と実践上での指導を両方受けたことで、予想外の恩恵がいろいろとあった。私は学校ではＦＦＡ委員の一人で全国大会にも出場し、終身名誉会員となっている。農業の勉強は大いに役立ち、特に政治の世界に入っていた間、生かされることが多かった。タイプと速記も勉強したが、これは大学や執筆活動でも重宝した。

ハイスクールの一九四一年卒業組には二十六人のメンバーがいたが、私以外には誰一人として大学に進学し学位を取った者はいなかった。ジョージア州南西部には百万人の人々が暮らしていたが、四年制大学が一つもないため、アラバマ州のオーバーン大学か、約三百キロ離れたアセンスのジョージア大学に行くしかなく、それには授業料に加えて寄宿代も払わねばならなかった。何人かの女子生徒は地元の職業訓練学校や短期大学に進学し、秘書や簿記の道へ進んでいた。しかし男子の方はほとんどが親と同じ生活へと戻り、重労働や大量の喫煙など、健康管理には無頓着な生活が多かった。（彼らが、実りある良き人生を送ったのは確かだ。しかし卒業五十周年の同窓会で気づいたのだが、海軍士官学校の級友の死亡率は、ハイスクールのわずか半分だった）。

一度だけシェフィールド校長に直接背いたことがあった。最終学年の時、四月一日のことだ。

卒業クラス写真。前列右端が私（1941年）

クラスの男子生徒全員で、学校から抜け出し、アメリカスで一日過ごそうということになった。エイプリル・フールのジョークとしてだ。このことが事前にミスター・シェフィールドの耳に入ってしまい、学校から出ることを禁じられたが、それでも計画を実行しようということになった。映画館に行き、新聞社にも立ち寄り、この「楽しい外出」についてのニュース記事を載せてもらったのだ。プレインズに戻ると、校長、私の父その他父親数名がわれわれを待ち受けていた。ミスター・シェフィールドが言った。「授業に再び参加するためには、最低七回のむち打ちの極刑に処する、そして一週間どの授業でも全員零点」

ピックアップ・トラックで父と家に帰る道中、私は恐怖でコチコチになっていた。父はしばらく何も言わず、ただハンドルを握り、口を固く結んでいた。

　そして言った。

「もうこれで学校をやめるつもりかね」

「いいえ、お父さん」

「アナポリスに行くのはあきらめたのかね」

「いいえ」

「ミスター・シェフィールドになぜ背いたのかね」

「わかりません、お父さん」

「学校で体罰を受ける覚悟はできてるかね」

「はい」

「今回家では同じことはやらん。しかしだ、学校に行く以外は一ヶ月間、うちの庭や畑から外に出てはならん」

「はい、お父さん」

　学校でむち打ち刑を受けたが、それが人生最後のものとなった。成績も下げられ、おかげで卒業生総代のスピーチなどせずにすんだ。

　精神的にも教育的にも社会的にも、学校が生活の中心であったが、教会の存在も忘れてはならない。プレインズ・ハイスクールでの十一年間は、いつも講堂での礼拝で一日が始まっていた。校長や教育長からお決まりの伝達事項と、時には生徒からの余興があった後、アメリカ国旗に忠誠を誓い、たいていは「私を導く神《ヒー・リーズ・ミー》」か「見よや十字架の旗たかし《オンワード・クリスチャン・ソルジャーズ》」といった賛美歌を歌い、そのあと「アメリカ・ザ・ビューティフル」（十九世紀からの米国の愛国歌）か「ディキシー」（米国元南軍の愛唱歌）を歌い、聖書の句を朗読した。時には外部の人がスピーチをすることもあった。その場合ほとんどが町にいる白人の牧師三人のうちのだれか一人であった。こうしたことで三十分ほどかかり、そのあと各人の教室へ行き、毎日の授業がやっと始まるのだった。

　プレインズには白人用に二つの大きな教会があった。メソジスト系とバプテスト系である。それに他の町と異なるところとして、小さなルーテル派の集会所もあった。わが家はバプテストであった。どの教会にも常勤の牧師がいなかったため、この二つの教会の信徒たちは一週間おきに二つの教会を行ったり来たりしていた。そのため五週目の日曜日には説教がなかった。少なくとも私にとっては、毎週の日曜学校が一番重要であった。

　父は日曜学校で九歳から十二歳の少年を教え、ロイヤル・アンバサダーにも協力していた。これはボーイスカウトのようなものだ。私が年齢的に父のクラスにまだ入れてもらえない時から、父は一泊のキャンプ旅行や午後の水泳その他戸外の遠足などに私を連れて行ってくれた。若者向けには研修会があり、そこでは世界的な伝道活動に力点がおかれていた。しかしなんと言っても皆の最大の楽しみとなっていたのは、頻繁に開かれる教会主催のパーティーや、金曜日の夜、持

グローリア（1943年）

ち回りで教会員の家で開かれるパーティーであった。若者にとってはこうした社交の場は最も重要なもので、親の方も、そこで子供が将来の伴侶を見つけてくれることを期待していた。

礼拝においては、メソジストとバプテストの間に目に見える違いはほとんどなかった。ただバプテストの方では牧師を自分たちで決めていたが、メソジストの方では主教と地区教育長に決定権があった。プレインズの人々はどちらかといえば穏やかな説教を好んでいたので、ほかの教会によくある、声を荒げて地獄の業火などについて語る説教で苦しめられることはなかった。しかし穏やかさということは裏を返せば、信仰復興伝道集会の時は別にしても、興奮よりも眠気を催させるということがつらいところでもあった。妹のグローリアと私は、よく教会の中で、ほかの信徒の格好を批評し合っては楽しんでいた。特に面白かったのは、夫婦の似た顔つきから、二人の結婚年数を想像してみることだった。

ロザリンの祖父はバプテストで、日曜日に家族がトランプや釣りをしたり、映画を見に行くことも許さなかった。また両派ともアルコールは厳しく禁じていた。（しかし私の両親も含めて多くの信心深いキリスト教徒は、聖パウロのテモテへ向けたアドバイス、つまり「体のため、病気のため、少しのワインは飲め」という言葉の方が、地元教会の禁酒令より優先されると考えていた)。それでも昔はメソジスト派の方が厳しかったと思われる。というのは、われわれの教会員の中には有力者の家庭がいくつかあるのだが、そのうちの二つの主人は、若い時メソジスト派から追放された身だったのである。理由は、ダンスをしたからということだった。

南北戦争が終わる頃まで、黒人と白人のバプテストは、レバノン・バプテスト教会で一緒に礼拝を行っていたが、戦後、奴隷解放により別々に行うようになった。後日プレインズの町が創られると、白人の方は自分たちの教会に「プレインズ・バプテスト教会」という名前をつけた。この方が権威的な響きがあったからだ。黒人の方は前の名前をそのまま使うことになった。

プレインズで一番大きな教会は今でもレバノン・バプテスト教会である。そしてどんな町や農村地帯にもナショナル・バプテストやアフリカン・メソジスト聖公会教会が数多く散在していた。荷馬車以外の交通手段に事欠いていたので、黒人にとって教会は家の近くにあるものでなければならなかった。過去五十年間にいくらか統合整理されたものもあったが、こうした教会のほとんどは今でも活発に活動している。われわれは時々そうした教会を訪ねて行くが、町から遠い教会ほど教会員は少なく高齢者となっている。プレインズとその周辺には現在十一の教会があり、アーチェリーの聖マークAME教会は今でも教会員の生活の中で大切な役割を果している。

教会の一年でのハイライトは、信仰復興伝道集会（または「延長集会」）の数週間だ。毎年、作物の手入れも終り収穫を待つ頃開催された。メソジスト派もバプテスト派も相互に相手の礼拝にも出席できるよう、スケジュールが慎重に立てられていた。この集会の準備として、牧師や執事はイエス・キリストを救世主として受け入れていない地元の家庭を一軒一軒回り、執事らは来たる礼拝式に神のご加護があるよう毎晩祈祷集会を開いていた。われわれの教会では、外部から伝道師を招いて説教をしてもらっていたが、なかにはそれぞれの教区できわめて有名な人や地位の高い人も含まれていた。そうした人々が一週間わが地域にやってきて、熱心な礼拝活動を行なうのである。われわれは招待した人々をあたかも王侯貴族のようにもてなし、もてなす側の家庭では、それぞれ昼食や夕食にごちそうを振る舞い、他の家庭との差をつけようと互いに競い合っていた。

この期間は一日に二回礼拝が行われていた。一つは朝で、主婦の参加が圧倒的に多く、もう一方は夜で、広く一般の人々が参加していた。子供が八歳ぐらいになると、たいていこの時期にキリストを救世主として受け容れ、その後洗礼を受けて正式な教会のメンバーとなっていた。(父は他の親よりも保守的であったため、妹も私も十一歳くらいまで待たねばならなかった)。そのころまでには、日曜学校や研修会で細かな指導を受けており、そうした決意の意味を理解できるようになっていた。この決意こそまぎれもなく人生で最も重要なことであると考えられていたのである。

プレインズへの新参者は、商売で成功したり、市民として充分な役割を果したいと思えば、教会のどれかに所属する必要があった。二、三の「さまよえる魂」は毎年、牧師や執事の訪問を予期していた。なかには聖書の特定部分を詳しく研究し、神学的な議論をふっかけたり、そうした訪問を利用して逆に教会員の偽善を指摘しようとする者もいた。めったにないことではあったが、こうした名だたる罪人の魂が「救済」されて、全教会の信徒たちが祝うこともあった。「ジャクソンが昨夜救済されたよ！」といった嬉しい知らせは、地域全体を駆けめぐったのである。

私が大学に行く頃までは、プレインズで離婚した人は一人もいなかった。われわれに関する限り、離婚は神に反する罪で、ハリウッドや責任感の薄いニューヨークの人間だけのやることだと考えられていた。結婚式での誓いはキリストの言葉にもとづいたもので、犯すべからざるものであった。結婚について尋ねられたキリストは、アダムとイヴの最初の結びつきに触れて次のように述べている。「それで男は父と母のもとを離れ、妻と結びあい、一体となるのである。ゆえにもはや二人ではなく、一つの肉体である。神がこうして結びつけられたものを、いかなる人も引き裂くことはできない」

どういうわけか、聖書のこの戒律は、姦淫を禁ずる戒律よりも上にあると考えられていた。実際別居をしていながらも表面上だけ結婚を装う夫婦を、私は子供ながらに数組は知っていた。時には妻か夫が別の人間と同居していることもあったが、結婚解消を法的に承認してもらおうとすることはなかった。こうした常軌を逸した関係も、初期には疑いの眼で見られるだけであるが、二人とも教会に姿を現わさなくなると、たいていは確証の烙印を押されることとなった。

一つ有名な事件があった。アーチェリー近郊のかなり人里離れた地区に暮らしていた二つの白人家族を巻き込んだもので、完全なる双方合意のもと、両家の夫同士が妻と計九人の子供たちを交換してしまったのだ。誤った噂が広まるのを最小限に食い止めるため、夫の一人がわが家に来て、父に自らの決断について説明していた。さらに新しい夫婦に新しい子供も生まれ、内縁関係の夫婦となったが、以後立派に結婚生活は続けられた。ただし、教会には行かなくなってしまったのである。

当時の私はあまり知らなかったのだが、地元には活発な組織がいくつもあり、二、三の半秘密的な結社もあった。雑貨倉庫の二階には「ウッドメン・オブ・ザ・ワールド」や「オッド・フェローズ」（十八世紀英国の秘密相互扶助団体にちなんだ組織）の集会所があった。フリーメーソンの集会所ももともとプレインズにあったのだが、その後十五キロ西のプレストンに移った。裕福なプレインズ市民の一人二人は、郡庁所在地アメリカスのキワニスクラブやロータリークラブの会員になっていた。「婦人宣教者連盟《ウィメンズ・ミショナリー・ユニオン》」や園芸クラブその他女性向けにもいろいろと組織があり、女性が楽しみや地域のために集まる機会となっていた。母にはいつも適当な理由があってこれらに参加せず、参加したとしてもたまに会合に出る程度だった。「縫っておしゃべりクラブ《ステッチ・アンド・チャット・クラブ》」のメンバーになっていたが、仕事をしていたし、針を持つこともなく、ゴシップにはほとんど関心はなかった。だいぶ後になって看護婦の仕事を退いてからは、少数の女性グループで毎週木曜の午後、いつも十セント銀貨をかけてポーカーをやっていた。母がゲーム前よりも小さくなった十セント銀貨入りの袋を持って家に帰ったときは、孫でさえ近寄らないようにしていた。

ＰＴＡは、公立学校の世界で大きな力を持つ巨大な組織であった。学年度中に毎月開かれるＰＴＡ集会の日には、両親や祖父母にも出席してもらおうと生徒間では激しい競争が繰り広げられていた。学校の講堂は町民でいっぱいとなり、みな学校のカリキュラムや建物の修理、教室の備品、公の行事計画その他先生の身元や資格について白熱の議論、討論を展開していた。地元の教育委員会からは全員が出席して質問に答え、参加者の要望が一致した場合は、それに応じなければならなかった。たとえば、クラス担任になるのは未亡人か独身の女性が最優先されるということになっていたが、仕事がどうしても必要とされる者に機会を与えるため、結婚すれば辞めさせられる、というような方針が決められていった。

私が十三歳の時、家から三、四キロのところに父が小屋と小さな池を作ってくれた。ここが釣りや水泳をしたり、友だちと遊ぶ私の大好きな場所となった。玉突き台、中古のジュークボックス、それにダンス用の大きな部屋があった。時々親たちがわが家でパーティーをした翌朝、私は二頭のラバを連れて農場の労働者と二人でその小屋まで行かねばならないことがあった。池から招待客の車を引き上げるためなのだ。理由はいつも簡単で、「ブレーキがきかなかった」というわけだ。こうした客はプレインズやサムター郡から来ており、ステーキやフライドチキンを食べ、蓄音機から流れる音楽に合わせて輪になって踊ったりチャールストンを踊っていた。男女ともどもビール、ワイン、保税ウィスキー（地元の密売者から買っていたもの。わが郡は禁酒法を敷いていた）を飲んでいた。子供の方はというと、いつもこうした大人の楽しみからは除外されていたのである。

地域の農家同士で行うイベントの場合、事態は全く異なっていた。たいてい親は子供たちを一緒に連れて行き、主菜はフライドチキンかバーベキュー・ポークかブランズウィック・シチューだった。二、三人のミュージシャンがヴァイオリンを弾き、うち一人は大円形のスクエア・ダンスに号令をかけていた。食事と一緒に飲んでいたのは甘いアイスティーかレモネードで、そのあと男たちはスクエア・ダンスの合間合間に自家製の密造酒をジャム用のビンに入れ、回し飲みしていた。たいていはコカコーラをチェイサーにしていた。男たちも礼儀作法はしっかりとわきまえていたので、女たちとは離れて外の庭で堂々と飲んでいたが、女性も何人か台所でそっと飲む者がいた。高級レストランでシェフの特製料理やデザートについてあれやこれやと論評するように、密造酒についてもその透明度や味わいについて、いろいろと意見が出るのが常であった。われわれ子供はもちろんのこと、ダンスの方を楽しみにしていた。とはいえ、年少の子供たちの存在は無視された格好で、ティーンエージャーになってから大人の仲間入りを許されていた。さらに一番年長の青年にとっては、ここが大人への登竜門のようなもので、やっと大人と一緒にトディ（ウィスキー、ラム、ブランディーなどに水か湯、砂糖などを加えた飲み物）を飲むことが許されるのであった。

父は楽しいことをするのが好きな人で、まわりも皆そのことを知っていた。父と母は土曜の夜はほとんど決まって二人でどこかに出かけていた。

私の記憶にある最初のパーティーは、ワイズ・サナトリウム病院の看護婦や医者がやって来たパーティーだ。五、六組のカップルで、ワイズ三兄弟の内の二番目、ドクター・サム・ワイズがリーダーだった。他の二人はすでに結婚していたが、ドクター・サムだけが独身で、いつも未婚の看護婦の中で一番の美人とデートをしていた。

いろいろな家でパーティーを持ち回りで開いていたのだろう。私は自分の親が接待役になるといつもぞっとしていた。ダイニングルームのテーブルといすを後ろに寄せ、わが家の小さな朝食用の部屋をバーにし、子供たちは早く寝かせつけられ、みな羽を伸ばしていた。ガンガンと鳴る蓄音機、騒々しい笑い声、大きなしゃべり声……こうした音は薄い壁や戸を突き抜けないとでも考えていたのだろうか。ドクター・サムは子供時代の病気で片方の足を失くしていたため、木製の義足をつけていたので、大きく足を踏みならすと床が鳴り響き、その独特のリズムがいや応なしにわれわれの耳に入ってくるのだ。ときにはこうしたパーティーは、母が朝食を準備し、教会に家族で出かける時間近くまで続いた。その教会では父がいつもの日曜学校を教えることになっていたのだ。

生涯忘れ難い出来事の一つが、こうした土曜日の夜起こることになった。私は十二歳ぐらいだっただろうか、子供が眠ろうとしているのだからもっと配慮するのは当然だと考える年頃になっていた。午前三時頃、パーティーが最高潮に達している時、私の堪忍袋の緒がついに切れた。ベッドから抜け出し、ズボンをはき、ドアをピシャッと閉め、家を出た。けたたましい騒ぎの中、パーティーの参加者が私に気づくはずもなかった。私は外に出て裏庭の大きなセンダンの木を三メートルほど登り、自分の木の家で眠りにつくことにした。小さな枠で囲い、側面には麻袋をはりつけた家である。二、三時間後に車が出て行くのが聞こえた。そしてその直後、父が裏庭に出てきて叫んだ。「ジミー！　ジミー！」。父が怒っているのが分かったが、私としてはまだふくれっつらがおさまらず、返事をしないことにした。父が家の中に入るのが聞こえたあと、あたりは静けさに包まれた。

しばらくしてから木を降り、ベッドに戻ったが、次に何が起こるかを考えると恐ろしくなってきた。やがて父が部屋に入ってきて声をかけた。私はベッドで起き上って目をこすり、たった今目が覚めたかのように装った。

父が言った。

「昨夜はどこにいたんだ？」

「ぼくの木の家にいました」

「お前を呼んでいたのが聞こえなかったのかね？」

むずかしい一瞬だった。父にそれまで直接逆らったことはなかったが、わが家ではウソをつくことが最大の罪だったのだ。

しばらくためらったが返事をした。

「はい、聞こえてました」

「ガレージに行って待っておきなさい」

人生で何度もむち打ちの刑を受けたことがあるが、これが一番痛かった。あとで母が私に話してくれた。いかに父と母が心配していたかということ、父が心配のあまり眠れなかったのだということを。これまでは何かとかばってくれた母も、今回ばかりは当然の罰であると思っているようだった。これが私が父から受けた最後のむち打ちの刑となったのである。

子供向けのパーティーもあった。たいていは教会主催のものである。日曜学校と説教に出席するのは当然のことだったので、このパーティーは新会員の勧誘や忠誠心の涵養といった目的のために開かれるものではなかった。ただ一緒に楽しい時を過ごしたいというみんなの気持ちによるものだった。

幼い子供達は、目隠しゲームでロバの絵にしっぽをつけたり、ハンカチ落としやいす取りゲーム、かくれんぼをして遊び、手作りのアイスクリームやクッキー、ケーキを食べて楽しんだ。ハイスクールに入るころになると、しょっちゅう「パウンド・パーティー」を楽しんでいた。これも教会の主催ではあるのだが、個人の家で開かれ、一人一人参加者が一パウンド（＝ポンド、約四五〇グラム）の飲食物を持ち寄るというものであった。こうしたパーティーは何回か繰り返すうちに、どんな物を準備すればよいか分かるようになってくるため、クールエイド（粉末ジュース）、ピーナッツバターとジャム入りのサンドイッチ、ハムとホットビスケット、ポテトチップスやパウンドケーキなど同じものが集中するということはなかった。

今にして思えば、こうしたイベントは親たちが入念に仕組んだもので、若い男女にマナーを教え、交際への第一歩を準備するためのものであった。一つのパーティーは十ほどのダンスで構成されており、それぞれ十分から十五分一緒に腕を組んで歩いたり踊ったりしていた。接待役の母親は厳しいルールを敷き、同じ女性と二回続けて踊ってはならぬということ、ダンスの合間には相手探しをしっかりとすべしとのおふれを出していた。ダンスの組み合わせカードはお目付役の親によってしっかりと管理され、「壁の花」になる子がいないよう配慮されていた。

ジョージア州では、一九四〇年まで運転免許証は必要とされなかった。それに農場の青年たちの多くはトラックの運転に長けていた。畑に肥料や種を運んだり種々の使い走りをこなすため父親から必要とされていたからだ。私はたいていのパーティーには自転車で行っていたが、十二歳になると、特別な日には父がピックアップ・トラックを使わせてくれるようになった。ただし、まっすぐにダンスパーティーに行き、まっすぐに帰ってくるという条件付き。地域では誰でも、車を見たり音を聞くだけで持ち主がわかったので、父の命令にそむいて隠密行動をとることはあり得なかった。後に私が十五歳くらいに成長すると、父もただ一言「気をつけろよ」というだけであった。

その頃には個人的にデートする機会も増えてはいたが、まだダンスパーティーに頼っていた。というのは、ダンスパーティーの後、町の通りや田舎道を一緒に歩くことができれば、次は後部座席で抱き合ったり、ゆくゆくはマグノリア・スプリングスでのダンスということに発展する可能性もあったからだ。誰でも基本的なワンステップ、ツーステップはマスターしており、ゆったりとしたロマンチックな歌にあわせて踊っていた。それに時々ワルツが入ることもあった。しかしながら、私のハイスクールと大学時代には、ジルバのステップが主流になり、いかにパートナーを独創的に前後左右に回せるか懸命に努力したものである。全身の動きを巧みにコントロールしながらも表情は変えずに、しかも最も複雑で斬新なステップで踊る先輩もいて、われわれは必死で真似ようとしていた。

十三歳になる前でも、男子にはたいていそれぞれに決まったデートの相手（少なくとも二、三ヶ月間続く相手）がおり、パーティーの間ずっと彼女と一緒に過ごしたいと思っていた。これがなんとか可能になるのは、理解ある接待役やお目付役がいるとき、あるいは自由なダンスの組み合わせカードが使われるとき、あるいは関係者の目の届かなくなった所で他のペアとパートナーを交換できたときだ。私にも気になる特別な女の子がいつでも一人はいた。われわれよりも年長で自分の車を持っていた町の新参者にエロイーズを取られたあと、私はアン、ベティー、ロクシー、ジョー、マーグリートといった名前の女の子とデートをしていた。時にはアメリカスの女の子にも会って映画館の後部座席でくっつくこともあった。皆「行儀のよい女の子」で、時には度を越すことがあるにしても許された範囲内で、現代に比べれば罪のない天真爛漫なつきあい方であった。私は自分で誓いを立てており、結婚しようとする女性以外には決して「君を愛してる」という台詞は使わないようにしていた。そしてこの誓いはロザリンと恋に落ちるまで守り通したのであった。女の子の何人かは「最後までいく」タイプで、男子でそれを知らない者はいなかった。映画や時にはハンバーガー一個で彼女たちを手に入れることはできたが、その禁断の関係が周知のものになるという代償も払わねばならなかった。

ティーンエージャーになると、農場での仕事は本格的で重くつらいものになっていったが、農閑期や雨の日に機会を見つけては、さらにスリルのある冒険を楽しむようになっていた。友人のレンバート・フォレストと二人でおんぼろのピックアップ・トラックを買い、車体から座席だけを残してすべてを取りはずし、これで田舎道を互いに行ったり来たりしていた。釣りや狩りをしに森や沼地に行くときにも使っていた。レンバートの父ミスター・フォレストは製材業を営んでおり、自分の農場の地下にガソリンタンクを持っていた。時々そこから数ガロン買っていたのだが、ある土曜の午後、ミスター・フォレストが留守でタンクに鍵がかかったままになっていた。どうしてもガソリンが必要だったわれわれは、巧みな解決法を思いついた。タンクにつながるパイプが地上に出ているのを見つけたのだ。それを開け、干し草用の針金を寄り合わせ、それにまきつけた肥料袋の白い布きれを繰り返しパイプに突っ込み、しみ込ませるのだ。それから、午後のドライブに充分といえる量になるまで、しみ込ませたガソリンをバケツにしぼった。どうもこれに対する支払いはした記憶がない。

レンバートとのいたずらでばつの悪い思いをしたことの一つに、祖母の所へ二人で行ったときのことがある。祖母がちょうど焼きたての白いディヴィニティー・キャンディーをくれたのだ。われわれに一人二個ずつ、それからわが家にも一人二個ずつもらった。砂糖と卵の白身と少量のペカンでできたこのふんわりと柔らかい菓子を目の前にして、どう我慢できようか。誘惑に負け、われわれの犯罪も見破られることはないだろうという確信から、ついに食べてしまった。ただし両親と二人の妹に一個ずつは残しておくことにした。しかし運の悪いことに、祖母が数週間後の日曜日の午後わが家を訪ねてきたのだ。それでも私は大丈夫だと思っていたのだが、祖母が突然母に尋ねた。「リリー、あのお菓子おいしかったかね」。母が答えて言うには、「そうねえ、とってもおいしかったわよ。でも一個だけでしょ。しっかり味わうには足りなかった感じ」。避けられない運命がついに訪れ、すばやく部屋から逃げ出そうとしたが間に合わなかった。「でもおまえ、みんなに一人二個ずつは回るように渡しといたんだけどねえ」

ハイスクールも残すところあと二年という頃まで、アーチェリーの黒人の少年たちが私の最も親しい友だちであった。町の白人のクラスメートよりも親密な関係にあった。そのため、人種差別時代の私自身の黒人に対する姿勢や行動を正当化したり説明するのはとてもむずかしいのだ。

十四歳の頃、A.D.やほかの友人たちとの関係に一つの転機が訪れた。それまでわれわれの間では、経済的には大きな違いがあったにもかかわらず、いかなる分け隔ても存在していなかった。

私は「大きな家」に住み、彼らは小作人用の小屋に住んでいた。私には自転車があり、親は自家用車も所有していた。お互い別々の教会と学校に行っていた。私は大学に行くことになっていたが、彼らの方はハイスクールを終える者さえほとんどいなかった。それでも一緒に畑や川の土手にいるとき、わが家の庭か彼らの庭で遊んでいるとき、われわれに地位や身分の違いはなかった。互いの膚の色の違いさえ意識することは全くなかったのである。

十四歳頃になると、白人社会とより近い関係を持つようになっていった。ハイスクールのバスケットボール代表チームで奮闘していたし、クラスメートとの関係もより強いものになっていた。それから女子生徒とのデートにも心を奪われるようになっていた。

ちょうどその頃、ある日A.D.とエドモンドと私が一緒に歩いていて、家畜小屋から牧草地につながる門の所にさしかかった。驚いたことに、彼らがその門を開け、後ろに下がって私を先に通そうとしたのだ。一瞬これは彼らの私に対するいたずらかと疑ったが、通ることにした。地面に張られた針金のわなにつまずくこともなかったし、彼らが私の鼻先で門をバタンと閉めることもなかった。

これは小さな行為ではあったが、非常に象徴的な出来事であった。それ以降彼らはいつも私に対してなにがしかの敬意をもって接するようになった。黒人の友人たちの態度にこうした変化が起こったのも、彼らの親が何かをしたか、言うかしたのだろう。われわれの小さな仲間の間でも、だれがリーダーになるかで常にもめごとがあったが、それも解消されてしまった。そして同時に、われわれの個人的な関係に内在していた貴重な平等の意識までが消え失せてしまったのである。これ以降、彼らと私との間に昔と同じ関係が戻ることは二度となかった。

こうした人生での移り変わりについて、私は黒人の友人たちや自分の両親と一度も語り合うことはなかったが、今にして思えば不思議なことである。まだ野球や釣りや畑仕事では前と同じように競い合ってはいたが、私も与えられた新しい立場を利用するにやぶさかではなく、時たま父の権限を利用することもあった。私もプレインズの白人の友人たちとの関係が日増しに密になっていたため、何かもめ事があったとしても、それぞれにわが道を行くことが多くなっていた。これが大人へ向かう一歩であると、だれもが当然のこととして考えていたのだと思う。そして何ら疑問視されることのなかった人種差別の社会で、われわれは、それぞれに与えられた大人の役割を受け容れようとしていたのだ。

第十章　ジョージア州のカーター一族

私が海軍から故郷に帰って来た頃、アンクル・バディーと私はわが家の歴史についてさらに知りたいという欲求にかられていた。

他の南部の州に比べると、ジョージア州史の記録はきわめてよく保存されている。一八六四年、ウィリアム・ティカムシー・シャーマン将軍率いる北軍がアトランタを焼き尽くすため接近したとき、われわれの州務長官は急遽、州の公文書を二頭立ての幌馬車に詰め込み、御者を雇い、そして戦闘地から遠く離れた安全な場所を見つけるまで北に走り続けるよう命じた。

それから十年以上もたってからのこと。ジョージア州知事がメリーランド州のある男から一通の手紙を受け取った。最近農場を買ったが、家畜小屋の中に馬車いっぱいの書類を見つけた、しかもその書類がどうやらジョージア州に関係しているらしいというのである。書類はアトランタ市に戻されることとなった。それは驚くほど完璧な状態であった。

そしてアンクル・バディーと私は、植民地議会《コロニアル・カウンシル》（英国の植民地時代の議会）の一七六四年二月付けの議事録から次のことを知ることとなった。「ジェームズ・カーターより嘆願有。既に当植民地には四年在住とのこと。しかして土地を与えられたこととなし。しかるに、妻子あるゆえ、耕作用の土地を切望す。それゆえ、ブライアークリーク近くのマッキントッシュズ・スワンプなる呼び名の地に三百五十エーカーの土地を嘆願す」。三年後にジェームズはまた同じ行動に訴えている。「ロッキー・カンフォートなるクリークの北側、かつインディアンの交易路から約十キロ下ったところに、牛小屋を作りたし、よって百五十エーカーの土地を購入したし」。ジェームズには五人の子供たちがいたと思われる。というのは新しい土地の購入は「均等受益権」制に基づいていたからだ。一家の長一人頭につき百エーカーと、さらに残りの家族には一人につき五十エーカーが与えられた。新地主は測量費と証書手数料さえ支払えばよかった。

この未開拓地はちょうどジョージア州オーガスタの西にあったが、数年後ノースキャロライナ州オレンジ郡からクエーカー教徒の一団が移り住み、ライツボローと名づけたコミュニティーを作り、入植地の体を成していった。クエーカー教徒ではなかったがスコットランドとアイルランドの血筋をひくトーマス・アンズリーという男がクエーカー教徒に同行しており、ジェームズ・カーター家の近くに土地を取得した。入植者の大半は年齢的にも若く、大家族ながらも経済的にはほとんど無一文、奴隷制度にはなじみがなく、自らの仕事は自らの手で行っていた。

独立宣言を耳にしたのはジェームズが三十六歳、トーマスが三十九歳の時であった。二人の男は、ジョージア州のこの地域でやりがいのある生活を送っていたが、それは同時にきわめて厳しいものでもあった。彼らはクエーカー教徒と違い平和主義者ではなかったので、独立戦争時はジョージア市民軍に参加し、英国軍が彼らの地域を占領した時には女子供を今のテネシー州東部の隠れ場所に移し、戦争終結までジョージア州と両キャロライナ州の英国兵と戦った。その後両家はライツボロー・コミュニティーで親しく暮らした。

トーマスの孫娘アン・アンズリーとジェームズのきょうだいの孫息子ワイリー・カーターが一八二一年結婚、十一人も子をもうけた。しかもその子供たちは全員元気に成長したのである。

ワイリーは意志の強い男で、市民としての権利を守ることは重要であると考えていた。裁判所の記録によると、一八四三年、彼が四十五歳で十人の子持ちの父親の時、ウスリーという男と激しい議論になった。ウスリーが自分の土地の一部を盗んだというのだ。ワイリーは逮捕令状を手に入れ、保安官オーガスタス・ビール召集の犯人追跡隊に加わった。日没後一行がウスリーの家に着くと、ウスリーは弾丸をこめた銃を持って家の中に立てこもり、ワイリーを殺すとおどかしていた。八時間も続いたその対決について目撃者の一人が述べている。

「保安官はドアを破って入ろうと言いましたが、カーターは反対し、ウスリーが冷静になってあきらめるのを待ちたいと言いました」

六ヶ月ほどたって「一日裁判」があり、保安官が事の一部始終を証言している。

「ウスリーは明らかにカーターを撃とうとしていました。カーターの方はウスリーに、逮捕令状に従うよう穏やかに説得していましたが、ウスリーは撃鉄を起こし、カーターを無礼きわまりない態度で侮辱したのです。それから二人の男は互いにののしり合い、ほぼ同時に銃を構え、発砲しました。ウスリーの方が殺されました」

陪審員はワイリー・カーターに無罪を言い渡したが、この事件に関してはつらい思い出が残ったのではないかと私は思う。コミュニティーの中でも、両家の間には敵意が尾を引いたのではないだろうか。いずれにしても、アンが最後の子を産み、二年後に亡くなると、ワイリーは未亡人であったサラ・チェスナット・ウィルソンと再婚し、年少の子供たちを連れて遠く西へ移って行った。当時プレインズ・オブ・デューラとして知られていた地より北へ四、五キロのところに家を建てたのである。

ワイリーは私の父の曾祖父に当たるわけで、この新天地は宝くじで手に入れたものであった。これにはおもしろいいきさつがある。インディアンが西にじわじわと追いやられていくなか、空になった土地はたいてい五年をかけて測量され、一区画約二百エーカーの土地に分けられていった。それぞれの区画地図は、今で言えばちょうどモノポリー・ゲームに使われるくらいの小さなカードに描かれ、多数の白紙のカードとともに針金製のかごに入れられた。このくじ引きのイベントは大々的に宣伝されており、集まった公衆の面前で一枚一枚カードが引かれていった。白人の成人男子には全員ただで一回くじを引く権利が与えられた。結婚している男子または子持ち未亡人には二回、アメリカ独立戦争の退役軍人や特定の公職で優れた功績を収めた者その他顕著な功績のあった者には、さらに追加して引く権利が与えられた。

一八〇五年を皮切りに、私の一族の人間たちは、十の異なる郡で二十三区画の土地を所有する権利を得ていた。そのうちのいくつかは隣接地を得るために所有権を交換し、五つは州に返還した。ここで一つ腑に落ちない点は、なぜ一族が土地を返還したのかということだ。測量と証書手数料で百エーカーにつきたったの四ドルにすぎなかったにも関わらず。ひょっとしたら、西部に向けて移住する覚悟ができておらず、新しい入植地や開墾地を作るよりも、それまでの所有地を堅持しようとしたのではないだろうか。

ワイリーと二番目の妻サラには一八五一年一人息子が生まれ、名はスターリング・ガードナーと言った。しかし一八六四年にワイリーが亡くなって数年後、テキサス州のロバーツ郡に引っ越してしまった。最近になってやっと彼のその後のことが分かった。カウボーイとして働き、保安官や郡判事の公職にも就き、メアリー・ハワード・チーヴズなるジョージア州出身の女性に手紙で求婚して結婚、三人の子をもうけたが、メアリーは一八九八年に亡くなった。それからスターリングはジョージア州に戻り、妻の妹ルーア・ユージニアと再婚、ルーアは彼よりも一年早く亡くなった。スターリングは一九二二年の遺言で、二人の妻の間に埋葬してほしいとしながらも、「少しだけルーアの方に近づけて」と述べているのである。

南北戦争開始とともに、ワイリーの三人の息子、リトルベリー・ウォーカー（二十一歳）、ワイリー・ジュニア（二十歳）とジェシー・トリヴァー（十五歳）はサムター遊撃砲兵隊に志願した。彼らの部隊はジェブ・ステュアート将軍のもとで任務に就いた。ヴァジニア州、メリーランド州、ペンシルヴェニア州へと進撃し、ワイリー・ジュニアがハノーヴァー・ジャンクション（南北戦争の激戦地）で負傷したものの、三人全員が生還した。連隊の記録や前線からの書簡によると、ゲティスバーグではピケット（南軍の将軍）の最終突撃の際、砲兵隊の一部が一斉に前進、捨て身の援護射撃を行なったとある。一人の若い兵士の手紙にはこう記されている。

「食べるものも半分になってしまった。牛肉と小麦粉だけで塩もごくわずかしかない。われわれはサヴァーナを出たとき百二十五人だった。今まともに任務につけるのは三十六人だけ。われわれがどんな状態かご想像いただけるでしょう」。そして控え目に見事な一言をつけ加えている。

「私は元気。だが満足はしていない」

ユリシーズ・S・グラントは一八六五年四月九日、ロバート・E・リーの降伏を認めた。エイブラハム・リンカーンは四月十四日に暗殺された。そして三人のカーター兄弟はさらに六週間後に投降した。南軍の他の多くの捕虜とともにその八日後に仮釈放され、ジョージア州の故郷に徒歩で戻った。

前年に父ワイリーは亡くなっており、子供たちはそれぞれ小さな農地を相続した。幸いなことにみな仕事のやり方や持てる物を最大限に生かす術《すべ》を心得ていた。ジョージア州で農地を所有することは必ずしも莫大な財産を持っていることにはならなかった。均等受益権やくじ引き、遺言、購入などを二世紀以上にわたって記録した古い証書に示されているとおり、不動産価格は大幅に変動していたのだ。一七〇〇年代にはカーター一族の土地の内二百エーカーの区画はたったの五シリングで購入でき、その後五百エーカーの農地は英貨五十ポンドとなった。さらに独立戦争のあとは、道路が通じて人口が増えたところでの耕作地の価格は一エーカー平均二ドルほどであった。二世代後の一八五四年には、私の先祖が記録した証書によると、その六五三エーカーの土地を千ドルで売り、近隣の二百エーカーを五百ドルで買ったとある。そしてわが家が今でも所有している土地の一部は、大恐慌が来る直前に父が一エーカーわずか三ドル足らずの価格で購入していたものなのである。

アンクル・バディーは私の曾祖父リトルベリー・ウォーカーについて語ってくれた。

「南北戦争のあと、リトルベリー・ウォーカーはちょうどアメリカスの東、現在のサザーフィールドで土地を耕して暮らしていたんじゃ。リンドバーグが単独飛行を試み、自分の初めての飛行機を買った空港じゃよ。じいちゃんは一八八三年に亡くなった。後にジフテリアだったと言う者もおったが、『ウィークリー・サムター・リパブリカン』紙の記事によるとじゃ、ビジネスパートナーのD.P.マキャンとフライング・ジェニー（メリーゴーランド）の収益のことでもめ事があって、ナイフで刺し殺されたというんじゃ。翌週には同じ新聞の記事で、『妻のメリー・アンが「夫の死のショックと悲しみで」亡くなった』とある。マキャンには逮捕令状が出たんじゃが南米まで逃亡、捕まることはなかったんじゃ」

「当時ほとんどの家庭が自分の墓地を持っとった。二人は旧カーター家の農地にある墓地に埋葬されたんじゃが、後日、モンテズーマ出身のある男がその農地を購入、墓地周辺に二エーカーの豚用の囲いを作ったんじゃ。それを、大おばのアニーとナニーが聞きつけて、亡骸をアメリカスの墓地に移したんじゃ。遺体は高価なブロンズの棺に収められとったから、金持ちだったんじゃろう。喧嘩で死んだなんて人には言えんから、こう言っとった。『絶対棺を開けたりしないように。まだジフテリア菌が中に入っているかもしれませんから』とね」

リトルベリー・ウォーカーのことは皆知っていたが、その父親のワイリーがどこで暮らし、どこに埋葬されているかは誰も知らなかった。ただケベックと呼ばれる古い入植地だったということは分かっている。アンクル・バディーのすすめで、私は何回か週末を利用して、カーター家の墓を探しに周辺の墓地を回ってみた。あちこちの森林地帯も一人で歩き回り、人伝てに聞いた埋葬地らしき場所を調べていった。

ある日曜日の午後、深い森の中で、その土地のものではない大きなヌマヒノキが群生しているのに気づいた。近寄ってみると、そこの地面と灌木はひざの高さまでツタで厚くおおわれていた。下ばえをかき分け入っていくと、まっすぐに立った墓石を見つけた。が、がっかりしてしまった。そこに刻まれていた名は「ハート」で「カーター」ではなかったのだ。それでも葉をさらによけて、ツタをかき分けてみると、地面から五、六センチ程の所に、二、三の石板を見つけた。ひざまづいて刻まれた文字から土を払いのけてみると、なんと「ワイリー・カーター」という名前と、文字や数字が浮かび上がったのだ。

興奮してさらに碑文を読もうとしたが、その時、生涯ずっと恐れていた聞き覚えのある音が耳に入った。体全体がぞくぞくっとしたかと思うとその場に凍りついてしまった。ガラガラヘビだった。どうやら私のすぐ後ろにいるようである。振り向くと、いたいた。私がひざまづいている墓から五十センチかそこらの所にとぐろを巻き、その垂直に細く開いた目をぴたりと私に向け、尾をふるわせていたのである。私は背筋をのばしたまま、ゆっくりとまっすぐに立ち上がり、目だけを動かして周辺に他にもヘビがいないか注意深く見渡した。ガラガラヘビはとぐろを解き、私の方に這ってきたかと思うと私の立っていた石板の下の穴に消えて行った。

ツタや灌木の中を飛ぶように走り、自分のピックアップ・トラックに乗ると、一目散に家に帰った。次の週、地主から許可を得て、弟ビリーとその場に戻ることにした。その地主はたまたま私の遠いいとこに当たることが分かった。今度は小型のフロントエンドローダーを持って行き、墓地全体の灌木やツタ類を慎重に取り払った。その後、アンクル・バディーと私二人で碑文をきれいにし、墓の回りを鎖でつないだ笠石付きのさくで囲った。さらに、その農場で生まれ育ったワイリーの家族全員の名を記した簡単な立札を立てた。その時初めてハート家の人々も近い親戚に当たるのだということを知ったのである。

ビリーと呼ばれていた祖父ウィリアム・アーチボールド・カーターのことについて教えてくれたのも、アンクル・バディーであった。祖父はリトルベリー・ウォーカー・カーターの二番目の息子として一八五八年に生まれた。ビリーは大した教育も受けていなかったが、製材業を営む前は一時学校でも教えていた。フロリダ州との境に近いジョージア州ペラムでは裕福なハンド家に雇われ、ニーナ・プラットと結婚して、三十歳になると南部ジョージアの十字路に位置するロウィーナと呼ばれる小さな入植地に移った。

ビリーは、たくましく野心にあふれ勤勉で、ジョージア州でも最も厳しいとされる未開拓地の一つで成功を収めた。四百エーカーの土地及び綿繰り機と三つの製材所、それに道路わきの店を手に入れた。主たる収入は、松の原木を切り、枕木に製材し、アーリントンの駅までの八キロを運ぶことから得ていた。また十エーカーの果樹園も作り、毎年一万リットル以上のワインを生産していた。アンクル・バディーに言わせれば「一クォート（約一リットル）三十セントで飛ぶように売れた」。ビリーは自分の土地に小さな学校を建て、いとこの一人を教師になるよう誘ったが、そのいとこは地元の「くだらない連中に恐れをなし」、故郷に戻ってしまった。私のおじのオールトンつまりアンクル・バディーは、長男として父を手伝うため残ったが、彼以外の家族は全員子供たちの学校のため十六キロ離れたカスバートに移り住んだ。

アンクル・バディーは私に語ってくれた。

「おやじはいつも信じられんくらいよく働いておった。タフだったしね。ある日おやじが何したと思う？　製材所にいる時じゃった、この目で見たんじゃ。その時、削り刀で牛用のくびきを作っとった。それがすべって、ひざを切ってしもうた。かなりひどくじゃ。血があちこち噴き飛んで、出血死せんよう、もものところをシャツでしばるほどじゃった。おやじは製材所の作業員をラバで三キロ離れた家まで走らせ、おふくろから針と白い糸をもらってこさせたんじゃ。それから座って、自分で傷口を縫い上げてしもうた。そしてすぐそのまま仕事に戻ったんじゃよ。そんな男じゃったねえ」

「それから、別ん時にゃぁ、井戸掘り人に来てもろうて井戸を掘った。その頃うちはまだ井戸を持っとらんだった。三十フィート（約九メートル）ほど掘ってから井戸掘り人のジムは、おやじの所に来て水が出ましたと言ったんじゃ。おやじは掘り賃として、一フット（約三十センチ）につき二十五セント払うと言っとった。そこでどれくらい払わにゃいかんか井戸を測りに行ったんじゃ。時々井戸を掘ると曲ることがあるんじゃよ。バケツの上げ下ろしがむずかしくなる。おやじがのぞき込んで言った。『ジム、ちょっと曲ってやしねえか?』。ジムも井戸まで来てのぞき込んで言ったんじゃ。『ビリーの旦那、たしかに今は曲っとりますねえ。だけど、ここを出たときにゃ、柱のごとまっすぐだったとです』。おやじが言った。『じゃ、なんでこんなに曲ったんだ?』。ジム曰く『さあねえ、お天道様が曲げたとしか考えられんです』」

おじが祖父の死を目撃していたことは知っていたので、何が起こったのか尋ねてみた。

「ウィル・トリヴァーという男がおやじから建物一軒借りとった。じゃが焼けてしもうたのでもう一つ店用に借りた。そこには天秤計り、J&Pの平らなフタ付き糸箪笥、缶切りとかおやじが貸しとったものが二、三あった。トリヴァーは粗野な荒くれどもを従えとった。そういう連中は今でもおるが、毎週日曜日集まって酒を飲み、ポーカーをして、とにかく大騒ぎするんじゃ。これがおやじの建物の中ときた。そこでおやじが下に降りていって、止めんと承知せんぞとはっきりと言った。じゃが、どいつも聞きやしない。おやじはもう一度下に降りて、止めんと大陪審に訴えると言った。遂に本当に訴えてしもうたんじゃ。そしたらやつらも怒ってしもうた。その後も一度に二、三十人も集まって、同じ騒ぎを繰り返しとったんじゃ」

「遂におやじはトリヴァーに退去命令を出したんじゃ。トリヴァーはそれに従った。貸りとった計りその他の物は建物に置いていったが、あの小型の平らなフタ付き糸篗筒だけは持って行ってしもうた。それからトリヴァーは、道路の一区画分先の自分の女きょうだいの土地に小さな店を持ったんじゃ」

「綿花を綿繰り機にかける九月になって、机としてあの糸篗筒が必要になったんじゃ。そこでおやじが、トリヴァーの店に行ってもらってこいとわしに言った。それで彼の店に行って言ったんじゃ。『机を取ってこいと父さんから言われました』。ウィル曰く、『もうてめえのおやじのもんじゃねえ。買い取って金も払っとる』。じゃが貸してもいいぞと言った。それが朝のことじゃった。持って帰って、綿繰り機の所に置いて一日仕事をした。その晩、おやじにウィルから言われたことを話した。おやじは言った。『ウィルは何も払っとらんぞ。行って話をつけてくる』」

「彼の店はわれわれの所からそれほど遠くなかったんじゃ。百メートルほどの所じゃった。おやじは歩いてウィルの所まで行った。わしもわが家のポーチを降りて、しばらくおやじのあとをつけた。二人の会話が一言一言全部聞こえるところまで行った。おやじは広げた両手をドアの枠についで言った。『ウィル、お前さんがあの机を買ったってオールトンから聞いたんだが、そんな記憶はないぞ』。ウィルが言った。『ウソつきめ。買って貴様に金を払ったんだ』。その途端取っ組み合いになった。そこには樽いっぱいの空ビンがあって、おやじが倒れた拍子に樽も倒れ、ビンが割れて周囲に飛び散った。そこで二人はそのままなぐり合っとった。わしも近くに寄ったんじゃがしばらくするとなぐり合いは止んで、おやじは引き上げようとした。そこであいつがポケットからピストルを取り出して三発撃ったんじゃ」

「一発がおやじの後頭部に当たった。医者に来てもらって汽車に乗せ——当時車なんぞなかったからな——おふくろの住むカスバートまで運んだんじゃ。一日かそこら意識が無くてそのまま亡くなった。それでおやじをカスバートに埋葬したんじゃよ」

アンクル・バディーに、トリヴァーはどうなったかと尋ねた。答えておじが言った。

「逮捕はされたんじゃが、結局は無罪放免じゃよ。おやじにとってまずかったのは、トリヴァーの店に出かけた時に、二十五セントのバーロー製ポケットナイフを持って行っとったことじゃ。それを一度も開くことはなかったんじゃが。連中のどんちゃん騒ぎのひどさは誰もが知るところで、おやじは自分の家をまともに住める場所にしたかっただけじゃよ。トリヴァーには郡内に大勢の親戚縁者がおって、陪審員の中にはきまって彼の飲み仲間が何人か入っとるんじゃ。三回裁判が開かれたが、二回は無評決審理、三回目も同様で、立ち消えになってしもうた。その頃にはもうカーター一族は全員その地を離れておって、トリヴァー家だけが残っとったからかもしれんなあ」

私はトリヴァーという名の親戚もいたことは知っていたが、アンクル・バディーは私の祖父を殺した者がわれわれと親戚関係にあるなど考えられないと言っていた。

アンクル・バディーと彼のおじが残り、土地や綿繰り機や製材所を売り払うのに一年ほどかかったが、そのあと家族は親類のいるプレインズに越してきた。メソジスト教会の隣に家を買い、残りの金は近くのウェブスター郡にある八百エーカーの農地購入に当てられた。

アンクル・バディーが十六歳、父が十歳、町は出来て八年目、人口約三百人という時、一家がプレインズに越してきたのであった。五年後、おじは葬儀屋のロス・ディーンと組んでプレインズ・マーカンタイル社を共同経営することとなった。一九三四年までライバルの同業社オリヴァー・マクドナルドがあったが、その年同社がその首位の座を明け渡すことになったため、プレインズ・マーカンタイル社は通りに面したレンガ造りの建物二つを引き継ぎ、葬儀業部門は西の端に移すことになった。アンクル・バディーはアトランタへ月に一度、ニューヨークへは年に二度出向き、布製品や家具を仕入れていた。あるときは他の地元の商売人と組んで、ノースキャロライナ州ハイポイントから貨車十五台分もの家具を購入したこともあると、おじは自慢げに話してくれた。

一九二〇年にプレインズ銀行が倒産すると、一九六五年ジョージア州議会により個人銀行が禁止されるまで、アンクル・バディーは町で銀行業も営んでいた。町民のために行っていたもので、金を貸すことはせずに、預金と小切手による引き落としだけをやっていた。収穫期には一日四万から五万ドルも扱っていた。銀行業では一銭ももうけにならなかったとおじは言っていたが、それによって多くの客が彼の店を訪れることになり、売り上げにつながっていたのである。また地元の動向をとらえる良い機会にもなっていたと思う。というのは、預金者がカウンターに来ると、皆かなり長いおしゃべりをして帰るのが常であったからだ。一九一八年、おじは町議会議員に当選、そして一九二〇年から一九五四年までは町長を務めたのである。ただしそのうち六年間は郡の長官として町長職を離れていた。自分の金と同じように公の金に関しても大変な締まり屋で、これほどの長い年月の間町長職に就いていながら、月給は一・五ドルから二ドルに昇給しただけであった。

父と私がわが家の歴史について話し合う機会は全くなかった。私が親族に深い関心を持ち始めた頃には父はこの世にいなかった。その時生きていた親戚よりも、遠い先祖のことの方に詳しかったくらいだ。父方の親族は一族で集まろうとはせず、日頃のつき合いすらなかった。十六キロ以内にいとこやまたいとこが大勢暮らしていたにもかかわらず、訪ね合うことはなかった。私の知る限り、不仲だったわけではないが、互いに関心がなかったというだけのことだろう。

不幸なことに（私はそう思うのだが）、母方のゴーディー一族とのつき合いは幾分異なった状況にあった。ゴーディー一族はスコットランドからメリーランド州やデラウェア州に移住、さらに両キャロライナ州に移った。その後、母の曾祖父のウィルソン・ゴーディーが、インディアンが去ったあとの一八四〇年までにはコロンバス近くに移り住んでいた。車軸を真ん中に通した大樽に所持品を全部詰め、一頭の馬に引かせて、インディアンの狭い道を通ってきたのであった。だれもが認めていたことだが、母の一族は、家族でありながら、一回の食事さえ最後まで共に楽しむことができないほどうまくいっていなかった。母の家族は議論好きで、それも非常に個人的な部分にまで立ち入るくせがあったため、常に感情の爆発が起こる危険性があったのだ。

日曜日の教会のあと、私たちがリッチランドのゴーディー家の昼食会に行く途中、時折父と母は、その日何が議論の種になるだろうかと推測しあっていたものである。こうした論戦対決のあとは、そのつど傷ついた感情が癒えるまでに長い時間を要したのである。

母の一族のことについても知りたかったので、母に尋ねるといつも喜んで答えてくれた。

「まずは私の母さんのことについて話すわ。とてもおとなしそうに見えてたけど、父さんに好き勝手はさせなかった。たとえば父さんは若いころかなりダンディーだったの。母さんと出会う前、カシータで別の女性と婚約してて、結婚式まで全部段取りが決まっていたの。それが強制結婚だったかどうか分からないけど、いよいよ結婚の日が来ると、教会に行かずに汽車に乗って町を出ちゃったのよ。三ヶ月くらい離れてたあと戻ってきて、母さんとつき合うようになった。婚約したとき父さんは二十五歳、母さんはまだ十七歳だったけど、母さんは本当に気骨のある人だったの。父さんが実際に教会に来て準備が完了しているのを確認するまでは、着替えさえしないと宣言したの。彼女は牧師館で、ウエディングドレスはベッドに置いたまま椅子に坐っていて、父さんが教会に着くと牧師さんが母さんの所にやってきて、確かに父さんが教会にいます、って告げたの。その時になってやっと母さんは立ち上がって、ウエディングドレスを着て式に出たのよ」

「父さんが最初に仕事をした町はジョージア州のブルックリンで、十かそこらの家族が集まった田舎町だった。そこには結婚してすぐ移ったの。母さんはいつも最初に作った料理のこと話してくれてた。父さんが牡蠣をいくつか家に持って帰ったんだけど、ゆでればゆでるほど固くなってしまったって言ってたわ」

「母さんは父さんにたいして手伝ってもらわずに、家のこともして子供たちのこともよく面倒を見てくれたわ。次々とスージー、アニー・リーとアルバートを生んだの。それからクロケットおじさんが撃たれたか自殺したかで、母さんがおじさんの二人の息子で私のいとこになるサッドとレックスを預かることになったの。二人はカトリックだったもんだから、祈るときにひざまづいたり公教要理を唱えるときに、私たち子供たちは二人を冷やかしたりしてた。ということで母さんには一度に小さな子供が五人できてしまったわけ。どの子もまだ一人では眠れないような年齢だったのよ。それから三年あけて私が生まれたの。そのあとレムからジャック、トム、エリザベス、シシーと続いた。皆二、三年ずつ離れてね」

私が子供の頃、祖母のメアリー・アイダ・ニコルソン・ゴーディーをよく訪ねていた。もの静かで落ち着きがあり、自分の生き方に完全に満足している様子であった。一日中家の中と庭で過ごしていた。大家族のために一生懸命朝食を作り、終わると子供たちを学校に送り出し、台所を片づけ、ベッドを整える。それから日よけ帽をかぶり大きな庭で庭仕事、枝編みバスケットに季節野菜を山盛り入れて家に戻る。

昼には豪勢な昼食を作り、デザートを切らさないよう、パイやケーキやフルーツパフを焼いていた。食器を洗ったあとは家の掃除、洗濯とアイロンがけ、学校から帰ってきた子供たちの世話をし、家事の手伝いをさせ、宿題の確認、それから夕食の準備、たいていは残り物に二、三の新しい品を加えて。そして暗くなるとみな床に就いた。翌朝は四時半に起床して、台所の薪ストーブに火を起こしていた。冬場、祖父が家にいる時は、彼が暖炉に火をくべていた。

日曜日は、全員で日曜学校と教会に行くので、祖母はあらかじめ昼の正餐のほとんどを準備しておく必要があった。教会が終わってからは、ホットビスケットとフライドチキンを仕上げるだけで良い状態にしておいた。週に一回は、午後、地域のご婦人方とキルト作りに参加していた。キルトを縫いながら、家族のことや地元のことを話題に、おしゃべりに花を咲かせていた。当時の南部の女性とほぼ同様に、祖母も非の打ちどころのない完璧な生活をこなしていたのだということが今になって分かるのだ。家族の者はそれが当然のことだと受けとめているようだったが、彼女は誇りと感謝の念をもって家族に尽していた。

祖父のジム・ジャック・ゴーディーは、祖母が穏やかで家庭的な人であったのに比べると、行動的で派手なタイプだった。ジョージア州のコロンバス近くで一八六三年に生まれ、花嫁と共にブルックリンの小さな入植地に移った。そこで教室一つの学校を作り、数年間教え、さらに十五キロ先の大きな町リッチランドに移った。祖父の名は、ジェームズ・ジャクソンの名にちなんでつけられたものである。ジェームズ・ジャクソンとは、ジョージア州出身の独立戦争における英雄の一人で、英国軍のサヴァーナ明け渡しに立ち会い、後に知事として、さらに合衆国上院議員として数期務めた人物である。

いろいろな意味で、ジム・ジャックは男の中の男といえる。すらりとした長身でハンサム、い

上、祖母アイダ・ニコルソン・ゴーディー
下、祖父ジム・ジャック・ゴーディー
(1915年)

つもきちんとした身繕いをしていた。仕事の時でも蝶ネクタイを好み、出来合いの蝶ネクタイを身につけることはなかった。また政治に強い関心を持ち、隣の郡も含めた地域の中で一番の物知りと言われていた。祖父が地元の選挙結果を予測できることを、わが家はいつも誇らしく思っていた。選挙前夜、祖父は予想される当選者名を書き出して封筒に入れて封をし、郡の事務室に保管するよう渡しておく。結果が出たあと開けてみると、いつも驚くほど正確だったのだ。

　全国的な選挙に関しても、祖父は見事な洞察力を示している。大統領選でも百発百中。アメリカ政府に公務員制度が出来るはるか前の時代、政治的機転を働かせて党への忠誠を鞍替えし、ジョージア州リッチランドの郵便局長という自分の職を守り通したのである。その後ハーディング（米国第二九代大統領）が大統領に選ばれると、ラインというジョージア州の小さな町に、郵便局長職の手はずを整えに行った。ラインはアトランタを除くと州唯一の共和党の本拠地であり、政治的支援や献金の見返りに連邦政府のさまざまな上級職がばらまかれていたのである。郵便局長職はすでに「売約済み」であったが、ジム・ジャックは密造酒取締官の主任職にありついたのである。祖父は当地のほとんどの密造者と取り引き経験があったため、彼やその息子たちにとって一番適した仕事だと私の父は言っていた。祖父は「つき合い」で飲むことはよくあったが、酔って取り乱したり人の笑いものになるようなことは一度もなかった。しかし彼の息子二人はウィスキーで深刻な問題を抱えることになったのである。

　元教師であったためか、ジム・ジャックは密造酒取締官としての仕事内容や経費に関して詳細な記録を残していた。一九二二年の十月と十一月の記録帳が私の手許にあるが、読んでいると夢中になってしまう。移動方法や情報収集方法について。そしてどのようにして密造酒蒸留所を発見し取り壊していったか、マッシュ（すりつぶした麦芽）やウィスキーを廃棄していたか。また、いかにして密造者を逮捕していたか、後日法廷での起訴に一役買っていたかということが記されている。この二ヶ月間だけで三十六もの蒸留所を取り壊しているのだ。移動にはできる限り鉄道を使っており、疑わしき現場までは車を雇い、これが最大の出費となっていた。運転手も含めて一マイル十五セントほどかかっていたが、この運転手をたいていは自分の部下として使っていた。平均して八十五セントほどの食事を田舎の店でとるのが普通で、担当地区内のさまざまな町に宿泊するときホテル代が一泊一ドルを超すことはなかった。一番遠くに行ったのは、州を約三百二十キロ横断してサヴァーナに行ったときである。そこで上司のミスター・ディズミュークと合流し、連邦裁判所でいくつかの事件の起訴に関わった。往復の鉄道運賃は六ドル七十八セントであった。

ジム・ジャックがゆるぎない政治的忠誠心を捧げていたのは唯一人、トム・ワトソン、当時全国的に知られた人民党員だ。以前は北部ジョージア州の民主党議員をしていたが、黒人白人双方の労働者と小規模農家のために経済的な平等政策を唱えたため、党から除名された。再選の可能性を奪われワトソンは人民党に入党、一八九六年、ウィリアム・ジェニングズ・ブライアンが大統領選で人民党公認候補者に選ばれた時には副大統領候補に指名された。後にはトム・ワトソン自身も人民党の大統領候補に二回指名されたが、彼が攻撃していた寡頭政治主義者らの手にかかり繰り返し敗北、苦々しい思いをつのらせるようになっていた。その後は自らの政治理念をほぼ一八〇度変え、人種差別綱領にのっとり、アメリカ合衆国上院議員に当選を果たした。

祖父は自分の最大の功績は、トム・ワトソンに対して農村の郵便配達というアイデアを推奨したことであると考えていた。ワトソンはそのアイデアを法案化し、うまく通過させたのである。私が祖父からゆずり受けた形見は、この件に関して祖父がトム・ワトソンと交わした数通の手紙と、『トーマス・ジェファソンの生涯とその時代《ライフ・アンド・タイムズ・オブ・トーマス・ジェファソン》』(サミュエル・M・シュマッカー著)と題した歴史書、ただそれだけである。

ワトソンは自分の著書を新聞王ウィリアム・ランドルフ・ハーストに感情を込めた言葉をつけて献呈している。ワトソンによるとハーストは「百年前のミスター・ジェファソンのように、弱き者、虐げられた者のために、恐れず、変わることのない真剣な姿勢で取り組んだ」。

祖父のゴーディーは一時もじっとしていられない行動派で、家族や退屈な人の相手をしていると、いつもどこかに逃げ出したいと思うようなタイプだった。しかし、自分の話をよく聞いてくれる人がいる場合や、話の内容に特別な関心がある場合は大変なおしゃべりになった。九人の子供の父親で、父を亡くした甥二人を養子にしたが、子供がそれほど好きであるようには見えなかった。しかし唯一の例外は私の母で、祖父は、母がプレインズに看護婦の勉強に出るまで、郵便局で自分のアシスタントとして仕事をさせていたのである。

毎年決まって二、三回は、母が祖母から「お父さんがまた行ってしまったよ」という知らせを受けていた。祖父は小さなスーツケースに、小麦粉、粗びき粉、砂糖、コーヒー、豚の塩漬け、飲み物類と本をたっぷりと詰め、妻に言うのであった。「アイダ、しばらく農場に行ってくるからね」。止めても無駄だということは祖母もとっくの昔から分かっていたので、「行ってらっしゃい、二、三週間したらまた会えるわね」と言って送り出していた。二人はウェブスター郡のキンチャフーニー・クリーク近く、人里離れた所に小さな土地を所有していたが、そこには小作人用の小屋があるだけで、ほとんどが森林地帯、充分な農業用の開墾地もなかった。それが祖父にとっては騒がしい家庭生活から逃れる格好の隠れ家になっていたのである。やっと孤独な生活にも飽きて、仕事上これ以上勝手気儘もできないと感じ始めると、家に戻ってくるのであった。ただし不在に対する弁明も説明も何もなし。ちょっと近くの薬屋まで行ってただけという雰囲気なのである。

母は祖父との関係を誇りにしていた。

「私が父さんのお気に入りだったってことは間違いなし。みんなも知ってたことよ。なぜかっていうと、一つには私が父さんの言うことを聖書のようにいつも受け容れていたわけじゃなかったからかもしれない。父さんの意見に反論することもあったんだから。振り返ってみると、それでも私は言い過ぎないようにっていつも注意してたわ。父さんが怒ってるって分かったら意見も引っ込めてたから。でもたいていの場合、特に父さんと二人だけで郵便局にいる時なんか、私がしっかりと意見を言う方が好きだったみたい。二人で議論ができるから」

「家族の中では、もちろん父さんを除いての話だけど、私が一番よく本を読んでたの。そして父さんが興味を持っていることについて知りたいと一生懸命だった。父さんも本を読み終わるとすぐに私にくれることもあって、そんな時は内容について激しい議論を戦わすのを二人とも楽しみにしているようなところがあったわ。郵便局の仕事で気に入ってたことは、一つは仕事をしながら本が読めたってこと。もう一つは、リッチランドで何が起こってるかだれよりもよく知ることができたっていうこと。父さんは情報をキャッチするのがうまかったけど、いつも私に注意してた。だれかを傷つけるようなうわさを聞いても人には言わないことって。母さんも父さんも大好きだったけど、家を出て看護婦になりたかったのも正直なところ。だからプレインズに行ってからは、あまり家に帰ることはなかったの」

私は一九四六年、海軍士官学校を卒業した頃、父の車を借りてプレインズからリッチランドまでの三十キロを運転して行ったのを覚えている。祖父母の家に立ち寄り、新鮮なミルクとブラックベリーパイをごちそうになりながら、祖母に自分の新しい仕事について話した。その時祖母が私に言った。

「おじいちゃんはリッチランドの町へ行ってるよ。例のドラッグストアだよ」

そこまで歩いて行くと、その通り、祖父がいた。ガラスをはめたテーブルの回りで、ひまつぶしに集まった男たちとコーラを飲み、地元の問題などについて激しい議論を戦わしている最中だった。二、三分祖父の後ろに立っていたが、やっと男の一人が私の制服に気づき、祖父に私がいるよと合図してくれた。くるりと向いて祖父は私の方を見たが、私を覚えていないのだ。それで私は大声で言った。
「おじいちゃん《グランパ》、ジミーだよ。リリアンの息子の」
祖父は私の手を握って言った。「やあ、また会えるとは、嬉しいねえ」
それを言うなりまた後ろを向いて前の会話の続きに戻ってしまった。私はしばらくそこに立っていたが、家に戻り、初めての海軍の船の任務へと旅立った。それが祖父をこの目にした最後であった。

七十代の後半という退職年齢をかなり越えた年齢で、祖父ジム・ジャックは州都アトランタで守衛の仕事をやることになった。少しでもジョージア州の政界の近くにいたいという思いからである。一九四八年、私が潜水艦乗組員になった年に亡くなった。私はそのとき葬儀に出席するために故郷に戻ることはできなかった。

ゴーディー家の子供たちの気質は多種多様で、両親の対照的な性格を反映していた。娘達の方は幾分母親に似て全員良い結婚生活をして安定した家庭を築いたが、息子達の方は父親に似ていた。

おじのウォルター・レミュエル・ゴーディーは仕事を次から次へと変え、父親が密造酒取締官のときは一時父親と一緒に働いていたが、たいていは訪問販売員をやっていた。レムはハンサムで口達者、身だしなみも良く、客扱いがうまかった。いつもちょっと受けそうな新製品といった類のものを農家に行商して回っていた。

一つ私の記憶にあるのは、小さなドーナツ型をしたアルミニウム製の道具で、コードをコンセントにつなぐと水を温めることができるという代物。農村の電化政策で農家に初めて電気が引かれた頃は、まだ集中温水器などなかったため、湯沸かしには便利だった。やかん一つ温めるだけでも、薪ストーブや暖炉に火をたかなければならなかった時代である。しかしである。絶縁体か基本構造上何か問題があったらしく、まもなくレムは行商中激怒した客たちと対面させられることになるのである。素っ裸でバスルームのぬれた床の上に立ち、水を温めていたところ、吹っ飛ばされたというのである。幸いだれも感電死せずにすんだが、商品は変更せざるを得なかった。

もう一つの商品に電球があった。通常のものより三、四倍値段が高かったが、十年間保証というふれこみであった。客は奪い合うように買っていったが、本当はレムが抱えていた派手な箱の中には、普通の電球が入っていたのである。(恐らくレムは知らなかったのだと思う)。燃え尽きた電球を二回交換しても、会社にはいいもうけになっていたが、レムの方は客の信用を失っていった。収入が大きく変動する仕事で、うまくいかない時はやけ酒を飲んでくだを巻いていた。しかし妻のロレインがコロンバスの大きなデパートで安定したいい仕事に就いていたため、二人はかなり余裕のある生活をしていた。

レムより三歳年下のジェームズ・ジャクソン・ジュニアはどうしようもないアル中であった。

しらふの時は、ペンキ塗りの仕事をなんとかうまくやっていたが、仕事の金が入ると、それが皆ビールとウィスキーに消えてしまうことは、仕事の依頼者やゴーディー家の面々も分かっていた。酔っぱらって人を傷つけることは決してないおとなしい男で、食物と寝床が必要になると必ず家に帰っていた。後半の人生では彼の両親も亡くなり、私も海軍から故郷に帰っていたので、飲み

ゴーディー家の人々。中央に母、その後ろにトム、一番上がレム（1930年）

騒いだ後のジャックが留置所で寝るため出頭してくると、地区の保安官が私に連絡してくるのだ。ついにおじの同意を得て、オールバニーにあるアルコール中毒患者治療センター「アンカレッジ」に入院させることになり、晩年はそこで入退院を繰り返しながら暮らしていた。退院してもまた、おじを留置所に迎えに行くことになり、施設に連れて行く。まじめになり治療やカウンセリングも受け、ペンキ屋の仕事もすぐ手に入る。しかし必ず、禁酒をやめてまた飲み出す、という同じサイクルを繰り返していたのである。

おばのエミリーは、ゴーディー家の中で輝く存在だった。皆にはシシーと呼ばれていた。私と十二歳しか年が離れていなかったため、わが家によく遊びにきていたし、わが家も大歓迎だった。私の親も私も、彼女の受ける教育やその後の教師としての仕事ぶりをいつも気にかけていた。

わが家で行われた最大のイベントは、シシーの結婚披露宴であった。前庭の木陰にテーブルを出し、地元の葬儀屋から折りたたみ椅子を借りてきた。父と相談の後、メインディッシュはチキンサラダにすると母が決定。庭に大勢いるめんどりや若鶏を使えば前もって準備できるからというのである。それからサンドイッチもいろいろ、あるいは正餐用の大皿にもっと本格的な食事を出してもいいし、ということになった。母は近所の女性数人に手伝いを依頼、百人分以上の料理を準備したのである。客の多くは花婿の出身地アトランタからはるばるやってきた。

パーティーはうまくスタートした。皆いい気分で楽しんでいた。私は、前庭に出したテーブルの料理を補充する係であった。台所との間を往復しているうちに、裏の階段近くで一羽のニワトリが地面にへたばっているのに気がついた。足をバタバタさせていたが私の目の前で死んでしまった。すぐ父を探しに行き、父も裏庭でほかにもニワトリが死んでいくのを見た。チキンサラダを食べている客が、自分の食べているものの「親族」が自分の足許でバタバタ死んでいくのを見たら、われわれよりももっとショックを受けるのではないかと思い、父が言った。

「ホット、お前とA.D.で前庭のニワトリを全部追い出してくれ。おとうさんの方はトウモロコシでもやって裏庭から出さないようにしておくから」

　母はなんとか客を早く帰らせようとしていたが、客が帰るまでの間、我が家の農場の人間総出で、死んだニワトリがシシーの友人たちの目に触れぬよう隠し通したのである。

エミリー・ゴーディー・ドルヴィン

　それからが心配だった。数時間後に客がどうなるかということである。冷蔵手段が充分でないため、田舎の人間は誰でも食中毒の恐ろしさを身にしみて知っていた。われわれも最悪の事態を覚悟し始めていた。ニワトリの死体を全部回収し終えたところで、ある希望が戻ってきた。硝酸ナトリウムのこぼれ出ている袋を見つけたのだ。近くの綿花畑で肥料として使用していたもので、それをニワトリ達がひっかいたり突っついたりしていたのである。父が獣医であるおじのジャック・スラッピーに来てくれるよう連絡をとり、診断の結果、われわれが考えていたとおり、硝酸ナトリウムによる中毒死ということが判明した。われわれのチキンサラダが結婚披露宴の客の命を脅かすことはなかったのである。

日本がパールハーバーを攻撃したとき、おじのトム・ゴーディーは他の三十人ほどの船員と共にグアムに駐留していた。太平洋艦隊のために作られた無線通信システムにかかわっていたのだ。壊滅的な打撃を受け、グアムも占領されることは必至で、その際抵抗するなという命令が下っていた。彼らは少なくともジャングルでの戦闘用訓練は受けていなかった。それに日本軍が島中で戦いを進めれば、多くのグアム島民が犠牲になることが想定された。戦争開始の一ヶ月後、トムや仲間は捕虜になり、日本へ連行された。トムの妻ドロシーと三人の子供たちはサンフランシスコを離れ、ジョージア州の私の祖父母の所に身を寄せた。当時祖父母はアーチェリーのわが家の近くに住んでいた。ドロシーは美しく、もの静かな女性であったが、この南部ジョージアにおける農場生活は、サンフランシスコで彼女や子供たちがそれまでに想像していたものとは全く違うものであった。それに彼女の都会的流儀は、トムの親戚一同の目には奇異なものとして映った。

一九四三年の夏、国際赤十字社がトムの死亡を正式にドロシーに通達、ドロシーは寡婦《かふ》年金を受給するようになった。みな悲しみにうちひしがれ、彼女と子供たちはサンフランシスコに戻り、彼女の実家で暮らすことになった。一年ほどして、彼女は一家の知り合いと結婚することになった。仕事も安定した人で、彼女と子供たちの面倒を見ると約束してくれたからだ。

二年後のこと、終戦を迎えてアメリカ軍が日本に入ると、なんとトム・ゴーディーが見つかったのだ、しかも生きて！　山あいの炭坑から、石炭を主要な輸送路線へと運ぶ小さな田舎の鉄道で、四年間火夫として働いていたのだ。その間、殴られ、飢えにも耐え、体重は四十五キロ以下になり、しかもひどい静脈炎を患っていた。治療のためジョージア州の郡病院に運ばれ、即座に大尉に昇格され、それまで受けるはずであった給与の全額が支払われた。

当時私は海軍にいた。トムが私に手紙をよこして、自分のおかれた状況や、まだ妻と子供を愛しているので一緒に暮らしたいという内容が綴られていた。ドロシーはすぐさま二度目の結婚を無効にする手続きをとることにした。ところがトムの方は非常に衰弱しており、母や女きょうだいから、ドロシーが裏切って夫の不在中不貞を働いたのだと信じ込まされ、反論する力を失っていた。トムは離婚し、フロリダに転勤となり、ジャクソンヴィル近郊にある大型海軍基地の警備担当になった。

トムは間もなく別の女性と幸せに結婚、中佐に昇進後退職すると、繁盛していた居酒屋を買い取り経営していた。時たまプレインズを訪れることがあり、私が知事に当選したときは誇りに思ってくれた。海軍では私より二階級上だったといつも自慢気に話していたが一九七五年に亡くなり、私が陸海空軍の最高司令官（米国では大統領が軍の最高司令官）になった姿を見ることはなかった。

こうした人たちが私の親族である。すべての人からそれぞれの個性のなにがしかのものを受け継いでいると思っている。アーチェリーでの生活にはこのような特別な背景があった。そこで私は育まれ、規律正しい少年時代を過ごした。そのおかげで来たるべきものへの準備ができたのである。

第十一章　海軍かプレインズか

私のハイスクール卒業が間近になると、海軍士官学校のことが家族の頭からこびりついて離れない状況となった。ちょっとでも勉強をいいかげんにしようものなら両親のどちらかが決まって言うのだ。

「そんなことじゃアナポリスになんか行けないよ！」

実際には士官学校への入学許可を得るには道は一つしかなかった。ジョージア州選出の合衆国上院議員か地元出身の下院議員のだれか一人から指名されることであった。州全体で既に上院議員に依頼中の候補生が五人おり、上院議員は全員で手分けして対応せねばならない状況にあったため、われわれは下院議員のスティーヴン・ペイスに集中する作戦をとることにした。

父は意識的に地域全体にネットワークを広げていった。自分の政治的影響力を駆使し、下院議員からアナポリス行きの切符をなんとしても手に入れようとしていたのだ。選挙という選挙でミスター・スティーヴ・ペイスを強力に支持し、選挙資金に可能な限り献金した。高等部在学中は年に少なくとも一度、父は私と私の通信簿を連れて、議会の休会中をねらってペイス家を訪ねていた。私のことをちょっと自慢し、指名を再度依頼するためであった。ペイス下院議員は既に何期か務めていた経験から、確実な約束なしで嘆願者をなだめるすべを心得ていた。そのためいい返事を得られないまま私はハイスクールを卒業することになってしまった。家族全員ひどくがっかりしたが、ペイス議員からは、アメリカスの短大に入って一年待てば、次の指名を得られるかもしれないと言われた。

一九四一年の九月、私は家を後にし、アメリカスのジョージア・サウスウェスタン大学の寮に入った。大学では、士官学校受験生用のガイドブックの中ですすめられていた科目を集中的にとった。しかし一年後また失望することになるのである。そのときわれわれ父子は、対決も辞さない構えでミスター・ペイスを訪ねた。父は確実な回答をもらう決意をしていた。議員の方でわれわれを歓迎する気持ちがないのが一目瞭然となったあとでも、父と私はねばって前のポーチにいたのを覚えている。ついに議員が口を開いた。

「来年ジミーを指名します。大学で良い成績を収めれば、入学試験を全部は受けなくてもいいようにします」

私はそれでも疑わしいと思っていたが、父はミスター・スティーヴの堅い約束を信用した。その帰路、地元の短大よりもジョージア工科大に行った方が有利になるんじゃないかということになった。

アトランタで一年工学系の勉強をした後、アナポリス行きの指名を受けた。アトランタではその間、海軍予備役将校訓練部隊（大学などに設けられた学生の軍事訓練部）のメンバーにもなっていた。それから七年間、私はアメリカ海軍に務めることになるのである。その結果、家を出てから十二年間プレインズに

大学一年生の私（1941年）

戻って暮らすことはなかった。その間に父は亡くなり、大恐慌も遠い思い出となっていった。極めて短い休暇を除いては、プレインズには戻れなかった。たまに手紙や電話があるものの、家族や昔の仲間との直接的なつながりが途絶えてしまっていた。

そうした留守中にA.D.ディヴィスが結婚、十二人の子をもうけ、文書偽造のかどで刑務所に四年入り、あと残りの人生はプレインズで穏やかに暮らした。長男のA.D.ジュニアが今一家の長であるが、おやじさんとそっくり、全くの生き写しである。

レンバート・フォレストはニューヨークで葬儀屋を経営、成功を収めた。現在は引退してフロリダで家族と暮らしている。

ジャック・クラークは私がまだ海軍にいるときに亡くなった。妻のレイチェルはプレインズに移り、新しい公営住宅で暮らすこととなった。私の子供時代の形成に多大なる役割を果したのは、誰はさておきレイチェルであった。

オールトン・カーターすなわちおじのバディーは、最初の妻が亡くなると、退職した学校教師のベティー・ジェニングズと再婚し、二人とも毎年恒例のメジャーリーグ観戦に、私の両親と出かけていた。父が亡くなるとアンクル・バディーが私の父親代わりとなり、事業や政治面において私がまだ未熟な時代、私を導いてくれた。一九七八年まで長生きし、ホワイト・ハウスに私を訪ねてくれた。

家を出てから私は父のことをよく考えるようになっていた。子供時代父と共に過ごしたことがいかに私の人生に大きな影響を与えたことか、これを言葉で表現するのは容易なことではない。妻のロザリンに語ることさえ困難なのである。私は父に対して非常に複雑な感情を抱いていた。愛と賞賛と誇りの気持ちであるが、同時に昔を振り返ってみると、私と打ち解けることなく、超然としていた父のことが気になるのである。父が静かに提案することでも、実際は命令と同じくらいの強制力があったのであるが、私がそれをくみ取り、ベストを尽して成し遂げても、父から「よくできたね、ホット」とほめられたり、感謝されたりしたことは全く記憶にないのである。父から受けた一つ一つの罰は今でも鮮やかに記憶に残っている。父が愛情を示すことは極めてまれであったが、それでも私はその愛情を必死で求めていた。父が海軍で立派に任務遂行する私のことを自慢に思っていたのはわかっていたが、私にはずっと一つの疑問があった。なぜプレインズに残るよう私に勧めたことが一度もなかったのか。二番目の息子が生まれるまでの十三年間でさえ、一度も言われたことがなかったのだ。大人の狩りや釣りに唯一の子供として私を連れて行ってくれたことはあった。時々そうしたことを思い出してみるのだが、釣りや猟犬との狩りに関して事細かに教えてくれたのは、思い起こせばたいていレイチェルとジャックだったのである。

時の流れとともに、私は海軍の仕事と家族を抱え、プレインズと両親のことが遠いぼんやりとした思い出になっていくのは当然のことであった。それでも私は父のことをよく知っていると思っていた。しかし海軍から許可を得て、末期にある父の病床に一週間付き添っていたとき、初めて心から理解した。一人の人間の人生が、いかに多彩で興味深く貴重なものであるかということを。父の膵臓癌《がん》は進行しており、もはや回復の見込みがないことはわかっていた。私はわずかではあったが故郷での貴重な日々を、父の枕元で過ごした。

父が成し遂げてきたこと、その興味の対象の広さは私にとって驚きであった。教育や医療、農業、社交なども含めて地域社会のほとんどあらゆる面で、父はリーダーとして尊敬を集めていた。その後州議会議員として選挙で選ばれたときも同様だった。

父が病の床につくと、ひっきりなしに黒人白人双方の来客があり、家族の長い会話も途切れがちになるほどだった。訪問客は小さな贈物や特別なごちそうを持って、または父の病状を尋ねにやってきた。驚くほど多くの人々が、父の人格や地域活動、そして控え目な数々の慈善的行為によって、いかに自分の人生が影響を受けたかという思い出を語ってくれた。

当時の私は若手将校としては成功の絶頂にあり、海軍以外の仕事を真剣に考えたことはなかった。海軍の最高の位も手に入れる自信があった。しかしその時、私の人生の究極的な価値と、父のそれとをいやがおうでも比較せざるを得ない立場に置かれていると感じていた。私はニューヨーク州のスキネクタディーで、潜水艦用原子力プラント二基の内一基の試作にとりかかっていた。しかし、その地に戻る長い道中、信じられないような一つの疑問が心をかき乱し続けていたのである。海軍を辞め、このちっぽけな田舎社会で父の志を継ぐべきか否か、ということだ。数日後、私がまさにそうすることにしたとロザリンに告げると、彼女のショックと怒りはすさまじいものであった。

一九五三年、海軍から故郷に帰ってくると、ウィリス・ライトはまだ自分の農場でけっこういい暮らしをしていたが、体が衰弱の一途をたどっていることは本人も知っていた。そこで彼がやってきて私に話した。もし自分に何かあって、自分の二番目の若い妻が農場を売りたいとでも言ったら、私に「優先購入権」を渡したいので、買い戻してくれとのことだった。それから四十年後、この約束は確かに果されることとなった。今ではウィリス・ライト家が、ウェブスター郡のわが家の農場に残っている唯一の家屋となってしまった。というのは、生産力のある畑は大きな農業機械で耕すようになったし、生産力の低い土地には私が松を植えたからである。

当時、地元の黒人たちはウィリスにリーダーシップを求めていた。白人でさえ彼に敬意を払っていることを知っていたのだ。公民権運動が始まったばかりのころ、ちょうどわが家の農場から北の方にあるウィリスが属していた教会で数人の会合が開かれ、ウィリスがウェブスター郡の選挙人名簿に登録する最初の黒人になるということが決められた。ウィリスは私の経営するカーターズ・ウェアハウスから、必要な種や肥料や殺虫剤を全て購入していたし、私の方も収穫期にはウィリスのピーナッツや換金作物を買っていた。そのため彼が私のところに来てその話をしたのは自然なことだった。

ウィリスは、白人の大人に呼びかける時の古い礼儀作法のまま、ファーストネームにミスターを付けて私に話しかけた。

「ミスター・ジミー、アドバイスいただけんかと思うて。わしにとって大事なこと、ウェブスター郡の人間にとっても大事なことですけえ。教会で集まりがあったとです。法務省の役人も一人来とりました。今は法律で黒人が投票できるようになっちょるというんですわ。ジョージアのほかの郡では、もう何人か登録しとるらしいんですわ」

その通りだと私は彼に言った。

「それで、わしが最初の人間に選ばれてしもうて。じゃけん今朝早く裁判所の登録事務所へ行ったとです。そしたら閉っとるとですよ。昼めし時くらいまで待っとったら、やっと係の人間が事務所の鍵を開けてくれて、わしもあとからついて中へ入った。用は何かと言うから、選挙の登録したいと言ったです。そしたらちょっと待てと言うて廊下の先に行ってしもうた。戻ってきたら何枚か紙を出して、市民権について質問に答えないかんと言われたです」

私は口をはさんで言った。

「その質問のことはよく知ってるよ。私だってうまく答えられなかったんだから。三十問あって、黒人の選挙を妨害するために使われてるんだ。重罪の法的定義を聞いてみたり、合衆国憲法の一部を言ってみろとか、人身保護条例に従うべき適切な時はいつか説明せよとか、最高裁の判事の名を全部あげよとか」

「その通りです、だんな」とウィリスがうなずいた。

「教会でこのこと話し合ったとです。ワシントンのお役人は、こげな質問には答えんでもええですと言ってくれとった。それで、こんことを登録人に言ったとです。そしたら引き出しからピストルなんか出しやがって。それをカウンターに置いて、びくついとるくせに私に向かって言うとです。『黒ん坊、あと何日かやるから考えなおしてこい、そしてどうするか言え！』と」

私は尋ねた。「ウィリス、それからどうした？」

ウィリスが微笑んで言った。

「そん時、ここに来てご相談ばしようと思ったとです。だんなの商売でもボイコットがあったと聞いとりますけん、こうしたこと、いろいろと分かっとられるはずと思うて」（その頃二度にわたって、私の人種問題に関する「リベラル」な意見が原因で、サムター郡の人種差別グループがカーターズ・ウェアハウスに対してボイコット運動を行っていた）。

私は登録事務所に一緒について行こうかと言ったが、彼が言った。

「いや、結構です、だんな。一緒におられてもなんにもなりゃしませんから」

そこで私はウィリスにアドバイスした。登録係にこの件を私に相談したと言いなさい。そして私が事務所に戻って登録してくるようにと言ったと言いなさい、と。ウィリスはその通りにやった。次回彼に会ったときは、何の問題もなかったと言っていた。

ジョージア州でも時代が変わりつつあった。ゆっくりとではあったが。

私の生い立ちや受け継いだ資質が、私の性格や人生観にいかに影響を及ぼしてきたか、私は知ろうとしてきた。何らかの関係があるようではあるが、私の兄弟姉妹間のさまざまな違いを見ると、その影響がいかに希薄なものであるかが分かる。

グローリアは私よりたったの二歳年下、ルースは彼女よりわずか三年後に生まれたのであるが、年齢や気質の違いで、それぞれの妹と私との関係はかなり異なっていた。三歳の時私は大腸炎で死にかかったと親からよく聞かされていたが、これが私の成長を止めてしまったらしい。いずれにしても低学年から高学年になるまでずっと私は大変小柄であったのだが、グローリアの方はどんどん成長してしまったのである。しばらくは体力も私と互角で、子供同士の競争ごとでも、妹の方がはるかに戦術に長けており、勝つことが多かった。彼女は意志が強く攻撃的であったため、私との間には激しい競争意識があったが、二人とも年齢が上になると、互いを無視するようになった。グローリアはまた父ともしょっちゅう衝突していた。父の厳しい規律に反抗してのことだった。父に罰せられ、週末自分の部屋に閉じ込められたり、むちで足を数回打たれても、ひるむことはなかった。ティーンエージャーとなってからは、デートからの帰宅時間も自分で決めると言い張るほどで、母も多くの時間を割いて、父に対する彼女の弁護役を買って出ては彼女をかばっていた。

グローリアが、若者の溜まり場で知り合ったアメリカス出身のまぬけ野郎とデートを始めたのは、私が海軍に入ってからのことだ。その男はちょうど空軍で飛行訓練を終えたばかりで――それが理由だったと思うが――両親が強く反対したにもかかわらず、二人は結婚し基地に引っ越した。グローリアは赤ん坊が生まれて間もなく、夫の暴力で顔や体を青あざだらけにして家に帰ってきた。そして父の尽力で、その結婚は「無効」にすることができた。

後に彼女はウォルター・ガイ・スパンという立派な男と結婚した。ウェブスター郡出身の農夫で、最初の夫とは正反対のタイプだった。勤勉で、土地や農具の管理をしっかりと行い、自分で事業を興し、安定した生活を築いていた。大のオートバイ好きで、歳月をかけて夫婦で七台のハーレーダビッドソンを収集、それに乗ってアラスカやメキシコまで長旅を楽しんでいた。大勢のバイク仲間と友だちになり、グローリアはしばらくするうちにライダーたちの「胆っ玉かあさん」のごとき存在にまでなっていった。

毎年大量の野菜を作り、とれた野菜は瓶詰めにし、頻繁なバイク仲間の訪問に備えていた。農場の家の方も、床には何も置かず複数の簡易ベッドや寝袋が置けるようにしていた。ウォルターは裏庭に四つの屋外トイレを作っており、デイトーナのレースに向かうライダーや南部を旅するライダーなど一度に数十人が来ても大丈夫だった。二人の家に客が来ているかどうかは一目瞭然であった。プレインズ周辺のハイウェイや田舎道を、巨大なオートバイの「船団」が行き来するからだ。ライダーの具合いが悪ければ、グローリアが看病した。オートバイに修理が必要であれば、ウォルターが自分の工場で修理を手伝った。革のジャケットが破れたり縫いつけたバッジがはがれたりしていれば、グローリアが自分のがんじょうなミシンで修理をしていた。妹が最も自慢にしていたものの一つに、居間の暖炉の上の大きなトロフィーがあった。州のホンダのディーラーがメイコンでコンテストを開き、一番美しく飾り立てたオートバイを選ぶことになった時のものだ。ウォルターとグローリアもそのイベントを見に行ったが、ハーレーファンの一団も出席しているとは知らなかった。その一団が満場一致で、なんとグローリアの泥だらけのバイクを選んだのであった。ということでそのトロフィーが彼女のものとなったのだ。

私が海軍を辞めてプレインズに戻ってからは、グローリアと私との関係はうまくいっていたが、彼女のあの旺盛な独立心とユニークな性格は相変わらずだった。だが父と同じく膵臓癌におかされてしまった。死の床にあるとき、バイクの仲間達がプレインズにかけつけ、二週間近くにわたって病室のドアの外にはいつも仲間二人が待機していた。彼女の希望に従い、葬儀は、ハーレーダビッドソンが二列の長い行列をなして霊柩車を先導したのである。大理石の墓石にはこう刻まれている。「彼女はハーレー天国で走る」

グローリアとは対照的にルースは私と仲良く、また父の秘蔵っ子でもあった。そのわけは、彼女が腕に入る程小さな赤ん坊の頃、重い病にかかって瀕死の状態となり、医者と家族全員が集まるという事態があったことによるのかもしれない。その時私はまだ五歳にすぎなかったが、父がルースの力の抜けた小さな体を赤ん坊用のベッドから持ち上げたときの、母の動揺した様子を今でも鮮やかに覚えている。母が叫んだ。「アール、いったい何をしてるの?」

父が答えて、「もう一度、太陽の光を見せてやりたいと思ってね」と言って、彼女を窓に向けて持ち上げ、庭が見えるようにした。それからベッドに戻すと、われわれはひざまづいて彼女のために祈った。ルースは生き延び、力強く成長した。それからというもの、もちろんボーイフレンドや学校のことなどいいこと悪いこと人並みにいろいろあったが、何か彼女には特別なものがあった。

優秀な獣医ロバート・ステイプルトンと結婚、ノースキャロライナに移り、四人の子供を育てた。それから大学に戻って神学を勉強、私が大統領を目指していた頃には、彼女の方はすでに有名なルース・カーター・ステイプルトンで、伝道者として国内外での成功を収め、その五冊の著書は人気を博していた。大群衆を前に話すことが多かったが、特に小グループや個人的なカウンセラーとして人の心を動かすことがうまかった。

人生で私が最も落ち込んでいたとき、私を助けてくれたのは彼女だった。一九六六年州知事選に立候補したときのこと、どの候補者も過半数を得ることはなかったが、最終的に議会は人種差別主義者のレスター・マドックスを選んでしまったのだ。彼のシンボルマークはつるはしの柄で、アトランタにある自分のレストランから、そのつるはしをふるって黒人客を追い払っていたというのだ。私は深く傷ついた。神が、ジョージア州選挙民が、なぜこのような人間に勝利を与え、州知事になることを許したのか。私は信じられなかった。その時ルースが私に会いに来てくれた。

ヤコブ書から一節を引用し、失敗や失望への対処法を説いてくれた。喜びをもって、それから忍耐と英知をもって受け止め、さらには霊的な超越を求めなさいということであった。そのとき私は彼女のアドバイスを拒否したが、後になって受け容れるようになり、自分に対して新たな政治的生き方を編み出せるようになっていた。

彼女もまた若くして膵臓癌で亡くなってしまった。しかし今でもこのように言う人と出会うことがある。

「妹さんのルースが私の人生を変えたんですよ」

多くの人にとって、わが家で一番面白い人間は弟のビリーであった。十三歳年下で、私が家を出たときはまだ幼い子供であった。彼に会うのは、海軍の短い休暇で帰郷しているときだけであったが、プレインズでのわずかな滞在中でも、私は幼いビリーといるよりは、両親や親戚や旧友といることの方に関心があった。その頃から既にビリーには自分の考え方というものがあった。ある暑い夏の日、私が台所で両親と話していると、ビリーが入ってきて、これからシャワーを浴びてちょっと外出してくるからと言った。父が「ビリー、今日これで三回目のシャワーじゃないか。もう入らんでもいいだろ」と言った。私だったら父にこう言われただけで計画を変更していたに違いない。だが間もなく二階で水の流れる音が聞こえ始め、あとでビリーがやってきて五セント硬貨をテーブルに置いて言った。「これ水代」。ビリーはこうしてやんわりと厚かましいところがあったが、それにもかかわらず、私よりもはるかに父とは親密な関係にあった。私にはそれが分かっていた。二人とも似た顔つきで、癖も同じものが多かった。

私がプレインズに戻って暮らすなど、だれも想像していなかった。そしてだいぶあとになって、私は初めて気づいたのである。私が故郷に帰ったことが、父の仕事を継ごうとするビリーの計画にいかに悪影響を及ぼしたかということを。

当時弟は十五歳で、母や、まだ十三歳のガールフレンドのシビルといつも一緒にいた。一方で私は必死に働き、肥料や農作業、事業経営、それに顧客として見込んでいたプレインズ周辺の農夫の性格や関心事について学ぼうとしていた。父と一緒に働いていたビリーに、私とも一緒に働かないかと何度か母と勧めてみたのであるが、何かと言い訳を作って逃れてしまうのであった。ビリーはハイスクールを卒業したその日に米国海兵隊に入隊し、そのすぐあとシビルと結婚した。二人はプレインズを出て服務期間が切れるまで戻ることはなかった。

一九六三年も終りの頃、私は州議会で議員を務めていた。事業も拡大の一途をたどっていたため、再びビリーに家に戻って倉庫業を手伝ってくれと頼み、ビリーも了承した。彼がかなりの飲んべえだということは知っていたが、自分でコントロールできていたように見えたため、私の片腕としての仕事に影響を及ぼすことになろうとは思いもしなかった。彼はきさくで、私よりもはるかに上手く農民とつきあい、私との関係も結構うまくいっていた。私が家にいるときは私がボスで、選挙運動や知事職で家を留守にしているときは、彼が取りしきっていた。二人の意見が合わないときもあったが、その際、ビリーはドカドカと靴を鳴らして出て行き、ドアをバタンと閉め、ピックアップ・トラックに乗ってさっさと出て行く、というのがお決まりの図式であった。ときには翌朝まで帰らないこともあった。だが必ず家に帰ってきた。

母はいつも、子供たちの中ではビリーが一番利口だと言っていた。だれも異論はなかった。とにかく暇さえあれば本、雑誌、新聞と、何でも読んでいた。毎朝六時半くらいに私が倉庫に着く頃には、ビリーは既にプレインズに届く新聞四紙とも全部読み尽くしていた。野球はもちろんのこと国際問題やアメリカの政治に到るまで興味のある分野に関しては生き字引であった。ビリーは、彼の一見ふざけた物言いに疑問を呈する人がいれば、賭けをして結構な金を稼いでいた。結局ビリーの方が正しかったということになるからだ。

一九七六年の私の大統領選当時、国際ニュースメディアがわれわれの町に押し寄せてきた時、ビリーは注目の的となった。飲む量、しゃべる量がエスカレートしていき、意識的に行った非常識な発言が、まじめな意見としてマスコミを賑わすこととなった。(後には「取り巻き」記者が、面白い話題の格好のネタとして彼を取り上げていた)。ビリーはまわりの人を楽しませることがいつも上手かった。記者の一人に少し変わり者だと言われると、答えて言った。

「ねえ、母さんは七十歳で平和部隊のボランティアでインドにでかけるし、姉貴の一人は恐れ多い宣教師で世界中を回ってるし、一番上の姉貴ときたら人生の半分はハーレーダビッドソンを乗り回してるし、兄貴はアメリカ合衆国大統領なんぞになろうと思ってる。こんな家族なんだよ。

1976年のカーター家。ビリー、ルース、グローリア、私そして母

オレ以外の誰がまともだとお考えかね？」

大統領の就任式が終わり、私は妻とペンシルヴェニア通りを歩いた。その後、家族も観閲台を降りてきて、初めてのホワイトハウスへ向かった。我々は当然のごとく記者に囲まれ、私の報道官ジョディー・パウエルが言った。

「さあ、記者の質問には全部答えて。だれも断ったりしないように」

それに答えて母が言った。

「ジョディー、ひどいわね。ジミーにはいろいろ指図してもいいけど、私たちは勘弁してよ」

しかしテレビカメラはすばやく母の方に焦点を向けており、質問第一号が飛んできた。

「リリアンさん、息子さんのこと、さぞ誇りに思ってらっしゃるでしょうねえ？」

私は母から祝福の言葉が出てくるのを待ったが、返事はピシャリと一言。

「え、どの息子のこと？」

間もなくビリーはアルコールにやられてしまったわが身を悟り、自分の意志で治療に専念することになった。それからの十年間アルコールとは完全に縁を絶ち、アルコホリックス・アノニマス（アルコール依存症者の自主治療組織）の代表的スポークスマンとなった。しかしまたもや膵臓癌が私の愛する人を奪ってしまったのである。彼はまだ五十一歳だった。

母は一九九三年に亡くなるまで、わが家の大御所、真のリーダーであった。子供たちがまだ家にいた頃は、比較的制約の多い規則正しい生活を送っていたが、父の死後花が開き、後半の四十年間は、興味あるものややりがいのあるもの、心から満足できるものを常に探し求めていたようである。

最初の仕事は、オーバーン大学で、ＫＡフラターニティー男子寮の寮母を務めることで、百人ほどの手に負えない男子学生の母親役をこなしていた。

プレインズでは、人種差別的制約には耳を貸さなかった。一九六四年、リンドン・ジョンソン（第36代米国大統領）が深南部地方《ディープ・サウス》で選挙運動を行わないことを決定、予備戦でわが郡ではほんのわずかの白人票しか得られなかったとき、母はジョンソンの選挙事務所の運営を自ら買って出た。事務所を出て自分の車に戻ると、母は毎日のように落書きだらけの車体、石鹸水を塗られた窓、玉に結ばれたカーアンテナを目の当たりにすることとなった。それに耐えられたのは、民主党全国大会に代表として出席するという夢があったからだ。

それからプレインズの友人たちのために老人ホームを開業し、一年間そのきりもりをやった後、平和部隊に志願。「膚の色が黒い人がいて、看護婦を必要としている所」へやってくれ。それだけが彼女の希望であった。七十歳でインドのボンベイ周辺を巡回し、帰国後は五百回にものぼる講演をこなし、年齢や社会通念によって冒険の世界を狭めることのないようにと聴衆に訴えた。

その後母は森の中の小さな一軒家を新居とし、最新の衛星アンテナを購入、オーバーン大学のフットボールやプロバスケットボール、それに愛するドジャーズのメジャーリーグでの活躍振りに目を光らせていた。ジョニー・カーソン他のトークショーに出演した母は、講演と同じく意気軒昂な生き生きとした語り口で、大人気のゲストとなっていた。

アーチェリー時代の私の家族の中で、私が唯一人の生き残りとなってしまった。そしてロザリンも私も、自分が生まれた村に暮らしていることをこれまでになく感謝している。いつまでも変わることのない最高に楽しい思い出の場所からたった二、三分のところに、今でも住んでいるのだ。

海軍を引き揚げ、プレインズで暮らすようになってロザリンの親戚を知るまで、私の一族がこれほど風変わりな人間だとは思ってもみなかった。

ロザリンの母の家で開かれる日曜日の昼食会。ここではいつも、私にとってはささいに思えることを、長い時間をかけて楽しそうにとりとめもなくおしゃべりしていた。孫が友だちと交わしたちょっとした会話や、遠い親戚の病気について、徹底的かつ気持ちよく分析が行われるのだった。家族全員が、町や教会や学校で起こったことほとんどすべてを知り尽くしていた。地元の選挙といった議論の起こりそうな話題が持ち上がっても、話がとげとげしくなることはなかった。そこでは異なる意見が述べられても、どれもがていねいに扱われた。食事も終り、テーブルも片づけられると、皿洗いをしない者は前のポーチに座り、また細かい話を続けるのだった。天候のこと、作物のこと、家の前をたまたま通りかかった人たちの家族についてのおもしろいうわさ話などである。

昔も今も、ロザリンの実家であるスミス家とマレー家の集いは毎年開かれており、夏か秋のある日曜日、教会のあとと決まっている。出席者はみなどの家の出身者か分かるよう、それぞれの家系を表わす異なった色の名札を胸につけることになっている。またご褒美も用意されている。たいてい一ドルで、最年長者と一番年下、それに数百マイルあるいは大陸を横断して一番遠くからかけつけた者に贈られることになっている。感謝の祈りとともに、目を見張るほどのさまざまな持ち寄り料理に舌鼓をうったあと、一人一人の赤ん坊をほめ、昨年からの子供の成長に驚き、しばらく雑談したあと帰路につく。なんと楽しいことか、びっくりするほどだ。私の一族の場合、父方であろうと母方であろうと、このようなことを来る年も来る年も行うなど絶対にありえないことであった。

今日私が暮らしているプレインズは、だいたいにおいて、私が少年だった頃とほとんど変わっていない。しかし一つだけ、劇的な、素晴らしい変化があった。人種問題の分野においてである。これは私が政治に関わっていた時代、母を悩ませた問題でもあった。マスコミが一族の歴史を探り始めたのだ。ある日母が言った。

「ジミー、一つ気になることがあるの。最近記者の人たちが、人種統合を支持してなかったってお父さんを非難してるの。彼らわかってないわよ。お父さんが亡くなったのは一九五三年よ。その頃人種統合なんてものはどこにもないし、マーチン・ルーサー・キングや公民権運動のことなんかも聞いたこともなかったのよ。お父さんは、黒人を侮辱したり迫害したりする人種差別団体をいつも全部拒否していたし、黒人も白人も、お父さんはいつも公平で助けてくれたと思ってるわよ。当時は私も地域の中で相当議論の的になってたけど、黒人を助けたり、待遇改善のためにありとあらゆることをやったの。それを全部お父さんは支持してくださったわ」

もちろんのこと、母の言うとおりであった。

私はこの本で、もっぱら七十年前に遡る遠い昔のみに焦点を当ててきた。自分自身のことをよりよく知り、明らかにするため、興味深い経験を語るため、そして新しいミレニアムに入るに当たり、目まぐるしく変化する今日の状況に対して、なんらかの展望を打ち出すためでもある。ときには行き当たりばったりの思い出語りではあったが、私の心に最も鮮やかに残っているものばかりである。なかには辛いものもある。もはやこの世にいない愛する者たちの思い出は特に辛い。困惑する思い出もある。われわれの最も身近にいた黒人たちの処遇に関するものもそうだ。母が言ったように、当時の社会的慣習の中では、問題にされることがなかったのだ。人種差別が反対もされず、黒人が「自分の場をわきまえていた」あの昔の時代に、もう誰も戻りたいとは思わないだろう。

しかしである。こうして目の当たりにしてきた大きな変化の渦の中で、得るものはあったのだが、何かが失われてしまったのも事実なのだ。私自身の人生は、ある部分、私の少年時代の黒人と白人の間に培われていた個人的に親密な関係によって形づくられていったのである。それが今日ではほとんど全てなくなってしまい、また忘れられてしまっているのだ。私の両親を除くと、子供の私に最も深い影響を与えてくれた人は、ビショップ・ジョンソン、レイチェル・クラーク、アンクル・バディー、ジュリア・コールマン、そしてウィリス・ライトであった。白人はその内の二人だけである。


最近アーチェリーの敷地のうち十二エーカーが、合衆国議会の指定により、一九三七年当時に復元され、保存されることとなった。そこにはわが家や売店、家畜小屋、鍛冶小屋、それにレイチェルとジャックの家が含まれている。現在公園管理局の所有で運営されているが、大恐慌時代の農村でどのような暮らしが営まれていたかを示す、アメリカで唯一の史跡となっている。

われわれの畑や森では、今でもかなりの部分で綿花や小麦、ピーナッツ、木材が生産されており、ロザリンと私はできる限り土地の面倒を見ている。しかし二人ともやがて活動不可能な状態になったとき、それがどうなるかは分からない。三人の息子と娘一人はアトランタやさらに離れたところで暮らしている。十人の孫となると、さらに広くあちこちに散らばっている。彼らには想像できないのだ。父と私が二人で共に苗木を植えたり、傾斜地の区画測定を行ったり、豚の分娩室を作ったり、鍛冶屋を運営したりしていたことを。もはや存在しない小屋で、農家の家族を母がどうやって看病していたか、樹齢六十年になるペカンの木から母がいかにして実を収穫し、レバノン人の商人に売っていたか。彼らにとって、それを思い描くのは生易しいことではない。

昔と比べてのんびりとしたプレインズのメイン通りを、ロザリンと歩きながら昔に思いを馳せてみるが、あれほど多くの買い物客や通行人で熱気にあふれていたこの通りを思い出すのは、われわれにとってもむずかしくなっている。

子供や孫たちはわれわれが持てるものを受け継いでいくことになるのではあろうが、農業に向いている者は一人としていないし、受け継ぐであろう土地に特別な愛着を抱いている者もいない。六代続いてきたわが家の農場に帰る者は一人としていないかもしれない。時代は変わっていくのだ。さまざまな畑の所有権も、ある家族から別の家族へと将来的には移っていくのであろう。それが私の子孫であろうとなかろうと、確かなのは、地球そのものが基本的には同じように存在し続けるだろうということだ。これまで何万年にもわたって、地球は、良くも悪しくも、そこに生きる全ての生き物それぞれの「生」を形造ってきた。これからもそれが続けられるであろう。結局のところ、その土地といってもわれわれのものになる前はインディアンのものだったのだから。

謝辞

こうした子供時代の記憶が甦ってくる中で、自分の感情を表現するのは生易しいことではない。ジョージア州プレインズとその周辺が、私が生まれてからずっと、それほど変わっていないのが私にとっては嬉しいことだ。再びウィリス・ライトの畑を歩いてみた。私の藁のベッドが置いてあったレイチェル・クラークの家のすり減った床から下をのぞいてみた。アンクル・バディーの店の手動エレベーターを上げてみた。ビショップ・ウィリアム・ジョンソンの田舎の教会で祈ってみた。私の人生を形づくる一助となったミス・ジュリア・コールマンの言葉を聴いたあの同じ学校の礼拝堂に座ってみた。子供時代の家を部屋から部屋へとさまよってみた。売店の古いながらもなつかしい匂いを嗅いでみた。日の出一時間前に毎朝ラバを捕まえていた家畜小屋の敷地に行ってみた。

七年間にわたって私はこうした想いを紙につづり、妻のロザリンにも語ってきた。彼女は生まれたときから私の隣に住んでいた。私のいくつかの思い出を訂正したり、補強したりしてくれた。それからネッサ・ラパポート、カール・ウェバー、スティーヴ・ホックマンとアリス・メイヒューからは鋭い編集上のアドバイスをもらい、原文に改良を加えることができた。いつもの通り、私のアシスタント、フェイ・パーデューが全体のコーディネートをしてくれた。

この本の執筆は私にとっては楽しみでやった仕事。それを可能にしてくれたすべての人に感謝をささげたい。

関連年表

一四九二年　コロンブス、アメリカに到達
一六〇七年　イギリス人、ヴァジニアに植民地建設
一六一九年　最初の黒人奴隷、ヴァジニアに到着
一六二〇年　メイフラワー号がプリマスに上陸、植民地建設
一七三三年　ジョージア植民地建設、イギリス領十三植民地となる
一七六三年　パリ条約でフランスは北米の全領土をイギリスに割譲
一七七五年　独立革命戦争始まる
一七七六年　アメリカ合衆国独立宣言公布
一七八三年　パリ講和条約により独立戦争終結。イギリス、独立を承認
一七八九年　ジョージ・ワシントン、初代大統領に就任
一七九三年　ホイットニー、綿繰り機を発明
一八〇八年　奴隷貿易禁止令
一八二三年　モンロー宣言
一八三〇年　最初の鉄道開通、インディアン強制移住法
一八三三年　アメリカ奴隷制反対協会設立
一八三八年　チェロキー族の強制移住「涙の旅路」
一八五四年　奴隷制の拡大に反対して共和党結成
一八六〇年　共和党候補エイブラハム・リンカーン、大統領に当選
一八六一年　南部十一州が合衆国から離脱し南部連合建国。サムター要塞攻撃で南北戦争開始（〜六五年）

一八六三年　奴隷解放宣言。リンカーン大統領のゲティスバーク演説
一八六五年　南北戦争終結。リンカーン大統領暗殺
一八六七年　南部再建法により連邦軍が南部進駐（〜七七年）
一八八三年　最高裁、黒人の公民権より州権優先の判決
一八八六年　ジェロニモ降伏。自由の女神像建立
一八九四年　父ジェームズ・アール・カーターSr.生まれる
一八九六年　最高裁、黒人隔離について「分離するが平等」の判決
一八九八年　母リリアン・ゴーディー生まれる
一九〇六年　セオドア・ローズヴェルト大統領、ノーベル平和賞受賞
一九一六年　南部黒人の北部移住が大規模に
一九一七年　対ドイツ宣戦、第一次世界大戦に参戦
一九一九年　ウッドロー・ウィルソン大統領、ノーベル平和賞受賞。禁酒法発効（〜三三年）
一九二四年　ジミー・カーター、ジョージア州プレインズに生まれる
一九二六年　妹グローリア・カーター生まれる
一九二七年　リンドバーグ、ニューヨーク・パリ間無着陸飛行に成功
一九二九年　ウォール街で株価大暴落、経済大恐慌。妹ルース・カーター生まれる
一九三三年　ニューディール政策、農業調整法成立
一九三七年　弟ビリー・カーター生まれる
一九四一年　日本による真珠湾攻撃、アメリカ参戦。ジミー・カーター故郷を離れて大学へ
一九四五年　ヤルタ会談、ポツダム宣言。日本へ原爆投下
一九四六年　ジミー・カーター、ロザリン・スミスと結婚

一九四九年　NATO成立。赤狩り旋風強まる
一九五四年　最高裁、公立学校における人種分離教育に違憲判決
一九五五年　キング牧師のバス・ボイコット闘争、黒人革命始まる
一九六二年　ジミー・カーター、ジョージア州上院議員に当選
一九六三年　ジョン・F・ケネディ大統領暗殺
一九六四年　人種差別を禁止する公民権法成立
一九六五年　ベトナム戦争に本格介入、全米に反戦運動
一九六八年　キング牧師暗殺。ロバート・ケネディ暗殺
一九七一年　ジミー・カーター、ジョージア州知事に就任
一九七三年　米軍、ベトナムから撤退
一九七七年　ジミー・カーター、大統領に就任（〜八一年）
一九七八年　カーター大統領、中東和平調停
一九七九年　米中国交樹立、スリーマイル原発事故
一九八二年　カーター夫妻、財団カーター・センター設立
一九八三年　米軍、グレナダ侵攻
一九八九年　ベルリンの壁崩壊。米ソ冷戦終結。米軍パナマに侵攻
一九九一年　湾岸戦争
一九九六年　近代オリンピック百周年のアトランタ大会開催
二〇〇一年　同時多発テロ事件、アフガニスタンへの空爆
二〇〇二年　ジミー・カーター、ノーベル平和賞受賞
二〇〇三年　米英軍対イラク戦。ジミー・カーター同戦反対の意志を表明

訳者あとがき

偶然であった。本書を日本に紹介すべく、翻訳原稿や研究資料の山と格闘しているさ中、著者ジミー・カーター元米国大統領「二〇〇二年ノーベル平和賞受賞」のニュースが飛び込んできた。二〇〇二年十月十二日のことだ。同氏の広範囲にわたる人道的活動に注目し、研究に携わってきた者として嬉しかった。

しかしながら、受賞自体は偶然の産物ではない。これまでにも同賞の授賞候補にカーター氏の名前はあげられており、「やっと実現したんだ」という思いでもあった。希望とともに新しいミレニアムを迎えたにもかかわらず、武力やテロに訴え、ますます混迷の色合いを濃くし、危険な状況に突き進む世界にとって、今回の授賞は、極めて意義深く、時宜を得たものと言える。

ノーベル平和賞委員会は、「国際紛争の平和的解決を模索し、民主主義と人権を前進させ、経済、社会発展を促進した長年のたゆまぬ努力」を授賞理由としているが、今日までカーター氏が、アメリカ国内はもとより世界各地で、精力的に推し進めてきた活動の原点は何なのか、その強固なまでの信念の源はどこにあるのか。何がカーター氏をそれほどまでに突き動かしてきたのであろうか、多くの人はそう思うのではないだろうか。まさにその問いを、カーター氏の少年時代の自伝である本書が、やさしく解き明かしてくれるのである。カーター氏は受賞演説の中で、学校の恩師ジュリア・コールマン女史の言葉を引用している。

「私たちは変わり行く時代に対応しなければなりませんが、変わることのない原則も大切に守っていかなければなりません」

コールマン女史は、カーター少年にトルストイの「戦争と平和」を読むことを最初にすすめた人物でもある。カーター氏の人生で最も大きな影響を与えた一人として、本書の中で心をこめて語られている。

ジェームズ(ジミー)・アール・カーターJr.は、アメリカの深南部ジョージア州の田舎町プレインズで一九二四年に生まれ、父親の経営する近郊の農園で高校を卒業するまで暮らした。世は大恐慌の嵐が吹き荒れ、大勢の人々が貧しく過酷な生活を強いられていた時代である。大学を経てアナポリスの海軍士官学校を卒業、海軍で十二年間勤務したが、一九五三年父の死と共に故郷に戻り、ピーナッツ農場を引き継ぐ。その後政治の世界に入り、ジョージア州上院議員を経てジョージア州知事を務め、一九七六年には民主党より立候補して第三十九代の大統領に当選。エジプトとイスラエルのキャンプ・デイヴィッド和平協定調印の仲介、新パナマ運河条約の締結、旧ソ連とSALTIIの調印、米中国交正常化などの実績を上げた。

しかし、経済の悪化やイランでの米国大使館人質事件とその救出作戦の失敗など「アメリカを暗くした、弱くした」というネガティヴな要因が重なり、共和党のロナルド・レーガンに敗れ、一期でホワイトハウスを去ることとなった。しかし、年齢はその時まだ五十六歳。これで人生を終わらせてはならぬと、その後故郷に帰り、それまでの経験を生かして平和に具体的に貢献すべく、妻のロザリンと一九八二年アトランタに財団カーター・センターを創設。ここを拠点に、民主主義と人権の推進、紛争の解決、選挙の監視、開発途上国の医療、貧困や食料問題、住宅問題等の改善のため、世界各地の最前線で疲れを知らぬ献身的な活動を行ってきた。そのおかげで、アフリカやアジアでかつて数百万人もの人々が苦しめられたメジナ虫による風土病は、現在地球上から撲滅寸前のところまできている。数多い活動成果の一つだ。おそらく大統領職を辞めて以後、これほど実質的な活躍をした大統領は他にいないのではないか。現在アメリカでも最も慕われ尊敬されている人物の一人である。ノーベル平和賞委員会委員長グンナール・ベルゲは授与演説でこう述べている。「ジミー・カーターは、アメリカ史上最も業績を上げた大統領としてその名は残らないかもしれない。しかしアメリカの最も偉大な元大統領である」と。

同時にカーター氏は著述家でもある。彼のどこにそれを可能にする時間とエネルギーがあるのか、不思議でならないのだが。よくある回想録だけではない。これまでに平和や人生、政治、信仰、アウトドア、老い等多彩なテーマを扱った十六もの著作を世に出しているが、この中には、詩集や絵本（日本では『海のかいじゅうスヌーグル』と題し、飼牛万里訳で二〇〇〇年、石風社より出版）までもある。どれも読者の心に触れる内容で、関心、話題を集めてきた。

本書『少年時代』は、その中の十五番目の作品で、アメリカでは二〇〇一年一月に出版された。原題は「An Hour Before Daylight」、そのまま訳せば「夜明けの一時間前」となろうか。これは、カーター家の農場で、毎日黒人の使用人が夜明けの一時間前に鐘を鳴らしていた習慣を直接的には意味しているが、著者が大人へ旅立つ前の少年時代のこと、戦後公民権運動が始まる前夜の時代のこと、さらには新しいミレニアムという夜明けを目前に、著者が明日へのメッセージを込めて本書を執筆し、その夜明けとともに世に出した時期をも意味している。内容はひとことで言えば、原文の副題（「Memories of a Rural Boyhood」）にもあるように、「田舎の少年時代の思い出」をつづったものである。そこには、一九二八年カーター氏が四歳のときから一九四一年大学進学のため故郷を離れるまでの十三年間を過ごした、アメリカ南部の農村生活が生き生きと描かれている。

これが発売と同時に、二〇〇一年一月二十八日より二月十一日まで連続三週間にわたり「ニューヨークタイムズ」紙上ノンフィクション部門で、全米ナンバーワンのベストセラーを記録したのである（ちなみにその間、現役政治家ヒラリー・クリントンの本やビートルズに関する本がベスト10の中で名を連ねている）。以後四月二十二日までの十三週間連続してベスト10の中にあり、途中三月には再度二週間一位の座を占めている。全米各地の書店でのサイン会には、本書を求めて人々が長蛇の列を成したと報じられている。

驚くべき現象である。訳者は早速百を超える全米各地の新聞、雑誌、テレビ、ラジオ等各種マスコミや読者の評を収集、分析を試みたが、どれもこぞって絶賛している（数値的な記述が細かすぎるといった評が一つ二つあったのを除き）。滅多にないことである。「アメリカ歴史文学の傑作」、「第一級の南部社会史の記録」、「大恐慌時代および公民権運動直前の時代の貴重な資料」、「トム・ソーヤーの冒険の再来」といった言葉が並ぶ。

著者は現在の大統領から四代前の大統領。現在七十八歳。「少年時代」は、政治家になってからの話にはほとんど触れられていない、ましてやその成功談でも立身出世物語でも全くない。華々しいドラマがさほどあるわけでもなく、修飾語を削ぎ落とし、謙虚に淡々と語られるその素朴な子供時代の物語に、なぜこれほどまでに人々は引き付けられたのか。

そこに興味を持ち、すぐに原書を取り寄せ読んでみた。納得。面白い。心が温かく包まれた。即座に日本で紹介したい、しなければという思いに駆立てられた。アメリカ人だけではない、われわれ日本人にとっても（勿論他の国々の人にとっても）、共感できる思い、体験、メッセージがぎっしりと詰められていると感じたからだ。

それから日本での出版実現へ向けて、奮闘の日々が始まった。

素朴な物語といっても話は実に多岐にわたっている。主に一九三〇年代、様々な困難にもかかわらず、大地に根付き、たくましく人々が生きていた時代にあって、両親をはじめ家族のこと、一族のこと、親密だった黒人の人々のことをはじめ、アメリカ南部の社会の様子、気候や地勢、風土、町、農村、歴史、政治、経済、人種問題、農業制度のことから農場での日常生活の様子、衣食住、商売、学校、娯楽、教会、動植物、家畜、作物、病気、医療、子供の遊び、野球その他のスポーツ、農業のやり方や農機具のこと、綿花やピーナッツ栽培と収穫のことなど驚くほど多彩な事柄や出来事が、走馬灯のように著者の記憶の流れにそって、何の筋立てもなく、あくまでも自然体で、静かにかつユーモアも交えて語られている。本書が著者の一番新しい孫息子ヒューゴに捧げられているように、孫に愛情を込めて語り聞かせる老紳士の姿が彷彿される。読者もまた彼の孫のように、祖父の懐かしい昔話に耳を傾けるのである。それはまさに一大博物誌でもあり、いかなる角度や視点、立場から読んでも興味深いものとなっている。

日本では一般的に、アメリカは身近でよく知られた国であると考えられているが、豊かな物質的側面やきらびやかな都会的側面が強調され、まだまだ皮相的な捉らえ方に留まっているきらいがある。その基盤となる精神的風土や思想、人種差別や貧困など負の要素をも含めた歴史、農業国の側面、東部や西部以外の地域の重要性等について十分に理解されているとは言い難い。本書に登場する人々の悲喜こもごもの質素な日常の営みを通して、むしろ専門的な解説書よりもわかりやすく、この国の核心に触れることができるのではないか。アメリカの一地方である南部の生活そのものをこれほど克明に記した記録も珍しい。アメリカ理解やアメリカ史研究のためにも貴重な書物と言えよう。

その他、本書の解釈の仕方や広く注目された理由としては、当然のごとく種々考えられるであろう。また、大統領の本ということも関心を引く原因として排除することはできないであろう。その判断は読者各人におまかせしたい。ただ、『少年時代』が人々の心を捉えて離さなかった理由として確かに言えることは、スピードや物に溢れ、競争に疲れきった現代社会が見失ってしまったもの，人間が成長する上で根源的に大切なものを、再度われわれに教えてくれているからではないか。それを通して、われわれに人間の原点を見つめ直すきっかけを与えてくれているからではないだろうか。

その大切なものとは、人間どうしの暖かい触れ合いや思いやり、そして人間を包む自然である。また、愛や尊敬、勇気、規律、友情、やさしさ、たくましさ、独立心である。カーター氏は述べている、「ひとことで自分の子供時代を表現するとすれば、土にまみれて遊んだあの感触、あの匂いである。貧しくとも物がなくとも、黒人の友達と釣りや狩りをし、大地を駆け巡って遊んだ。また大地を耕し、汗水をたらし、生きる糧を得た。人種差別を決して肯定することはできないが、少なくともあのころの自分には、黒人の人々との心からの暖かい触れ合いや交流があった。今日差別は改善されたかにみえるが、得たものと同時に失ってしまったものもある。現代の社会では、互いを尊重し、助け合う人間関係が希薄になってしまった」と。

本書を読めば、人間の成長にとってなくてはならないものがおのずと明白になる。カーター少年はわずか五歳で、一人でゆでピーナッツを作り、袋に詰め、町に売りに行くというビジネスの初体験をしている。農場では綿摘みや防虫作業、家畜の世話など子供でもしっかりと役割が与えられていた。こうしたつらい仕事や楽しい冒険、痛い目や悲しい思い、時には危険までもすべてが大切な栄養素として血となり肉となり、たくましい人間を育てていく。今日では多くの知識が間接的なものであるのに比べ、カーター少年は、豚の解体作業を手伝いながら、直接知識や生きる知恵を身に付けていく。その直接的体験から、小さなことにも感謝する気持ちが育まれていく。

忘れてならないのは、彼を温かく包み込んでいた人々である。厳格だが生きるすべをたたきこんでくれた父親、黒人に対しても分け隔てなくやさしく接した看護婦の母親をはじめ、おじや親族の人々、我が子のように可愛がってくれた農場の黒人、学校や教会の先生や指導者、親密だった地域社会の人たちだ。カーター氏は述懐している。「少年時代に、両親をのぞいて深い影響を受けた人が五人いるが、そのうちの三人が黒人で、二人が白人である」と。常に貧しい者、虐げられた者、苦しんでいる者を気にかけ、治療を施していた母親、またそうした人々の姿や生活に常時触れていたカーター少年。彼らへの心底からの理解と共感はこの時代に生まれ、後々カーター氏の人道的活動の基盤となり、計り知れない影響を与えることとなった。

一見大きな世界も、それを構成する一人一人の人間がどのように成長し、どのような人間になるかに地球の運命はかかっていると言っても過言ではない。アメリカのある書評で、「大統領を選ぶとき、その人の子供時代を見ればよい。子供の時、どんな環境で、何をして遊び、何を食べ、何に笑い、何に恐れ、何に感動したか。そのことが何よりも一人の人間を雄弁に物語ってくれる」という趣旨のことが述べられていた。実に含蓄のある言葉である。日本でも三つ子の魂百までと言うが、人間の本質は子供時代に形成される。カーター氏は「私の人生は、少年時代の体験で形作られた」と述べている。それこそが氏の精神的基盤となり、価値観を作り、活動のバックボーンとなっているのである。

もちろん、こうした子供時代の体験はカーター氏だけのものではない。誰にでも大なり小なりあるもの。それを多くの人々は懐かしさとともに共感するのではないか。それは、永遠に人間の求めるもの、変わらないものではないだろうか。

翻って、日本で子供たちはどう育まれているであろうか。いかなる栄養素が期待できるであろうか。昨今、それを考えさせられることが多い。

確かに膨大な翻訳作業ではあった。カーター氏の文体は、余分な言葉や形容詞、説明を極力控え、主観も抑え、正確を期して事実を語る簡潔型の文章のため、かえって行間や言葉の背景を読み取るのに苦労させられることもあったが、日本語版では、原文のトーンや雰囲気を保ちながら、可能な限り読みやすく、わかりやすい日本語を心がけた。また南部という地域や、一九三〇年代という時代特有の事物や事象、用語の宝庫で、広い分野にわたるため、調査研究や確認作業に多くの時間とエネルギーを費やした。おかげで数々の発見もあった。しかし、何よりも、多種多彩の話が次々と展開し、ユーモラスなエピソードも多く、少年の冒険映画をわくわくとしながら見ているような楽しさであった。

訳者の方針により、本文中の固有名詞の表記は、表記の決められた商標名を除き、原則として出来る限り原音に近く表記した。そのため通常使用されているものと少し異なるものもある。また読者の理解を助けるため、必要と判断したところには訳注を入れた。単位に関しても、必要個所には換算単位を入れた。参照用に、関連地図と年表も加えた。

読者もカーター氏と共に子供時代に戻り、まずは理屈抜きで本書を楽しんでいただきたい。二十一世紀の「夜明け」はすでに迎えたが、これから本当に明るい太陽が差し込んできてほしい。カーター氏のメッセージが読者の心に届くことを願っている。そして一つでも何か心に残るものがあれば、本書を日本に紹介した者として、これに勝る喜びはない。

今回日本での出版をご快諾頂きました著者のジミー・カーター氏に深く感謝申し上げます。

また本書の意義を理解し、出版の機会をお与え頂いた石風社の福元満治氏、長期にわたる煩雑な編集作業を情熱と見事なプロフェッショナリズムをもって取り組んで頂いた同社の中津千穂子氏と藤村興晴氏に、心より感謝を表したいと思います。

また本書出版にいたるまでの歳月、常に暖かい支援と協力を頂いた友人や家族に、厚く感謝いたします。

この日本語版を、戦後まもなく訳者の子供時代、船で太平洋を経てアメリカに渡り、アメリカでの生活やアメリカ大陸の車での横断等の体験を通して、アメリカの大地に触れ、広く世界に目を開かせ、すばらしい「少女時代」をくれた父倉恒匡徳と母倉恒昭子に捧げたいと思います。

感謝とともに

飼牛万里

二〇〇三年三月十七日　福岡にて

【著者紹介】

ジミー・カーター　James(Jimmy) Earl Carter, Jr.

第39代（1977-81）米国大統領。

1924年ジョージア州プレインズに生まれ、その近郊の農場で少年時代を過ごす。1962年、民主党からジョージア州上院議員に当選。1971年ジョージア州知事に就任。1976年、大統領選挙に当選。

現在は妻のロザリンと共にアトランタに設立した財団カーター・センターを中心に、平和や人権問題などに関し、世界的な活動を行っている。2002年10月、ノーベル平和賞受賞。

著書　『カーター回顧録』上・下（日本放送出版協会)、『ジミー・カーターのアウトドア日記』(東急エージェンシー出版部)、『平和を語る』（近代文芸社)、『老年時代』（日経ＢＰ社)、『海のかいじゅうスヌーグル』(石風社）他多数

【訳者紹介】

飼牛万里　（かいご まり）

上智大学外国語学部卒業。ヴィラノヴァ大学大学院（米国）留学。

福岡アメリカン・センター、駐日米国大使館、国連大学、福岡市美術館などを経て、自身の事務所グローバリンク代表。

福岡アメリカン・センター時代、ジミー・カーター元米国大統領夫妻訪日の際、ロザリン夫人及び令嬢エイミーさんの京都訪問を担当。

現在、中村学園大学教授。福岡市在住。

主な訳書：『おそれずに人生を』(ビリー・ハワード著、講談社)、『海のかいじゅうスヌーグル』(ジミー・カーター文、エイミー・カーター絵、石風社）他多数

少年時代

二〇〇三年八月四日初版第一刷発行

著　者　ジミー・カーター

訳　者　飼牛万里

発行者　福元満治

発行所　石風社

福岡市中央区渡辺通二―三―二四　〒810-0004

電　話　〇九二（七一四）四八三八

ファクス　〇九二（七二五）三四四〇

印　刷　正光印刷株式会社

製　本　篠原製本株式会社

＊表示価格は本体価格（税別）です。定価は本体価格＋税です。

海のかいじゅうスヌーグル

文／ジミー・カーター　絵／エイミー・カーター
訳・飼牛万里

【絵本】ジミー・カーター元アメリカ大統領が若き日、わが子に語り聞かせたおはなしに、娘エイミーが絵を描いて絵本に。足の不自由なジェレミーとちびっこかいじゅうスヌーグル・フリージャーの愛と勇気にみちた海辺のファンタジー　A4判変型　一五〇〇円

辺境で診る辺境から見る

中村　哲

戦乱の中、アフガニスタンの地で診療所を作り、井戸を掘り、用水路を拓く…。虚構に満ちた世界の中で、時代の本流を尻目に黙々と思考し実践する一医師の記録　一八〇〇円

医者井戸を掘る　アフガン旱魃との闘い

中村　哲

＊2002年度・日本ジャーナリスト会議賞受賞

「とにかく生きておれ！　病気は後で治す」。百年に一度と言われる最悪の大旱ばつが襲ったアフガニスタンで、現地住民そして日本の青年たちとともに千の井戸をもって挑んだ苦闘と実践の軌跡。井上ひさし、広河隆一、森まゆみ氏ほか各氏絶讃紹介　（8刷）一八〇〇円

はにかみの国　石牟礼道子全詩集

＊文化庁・芸術選奨・文部科学大臣賞受賞

石牟礼道子第一詩集にして全詩集。石牟礼作品の底流を流れる黙示録的神話的世界が、詩という蒸留器で清冽に結露する。一九五〇年代作品から近作までの三十篇を収録　（2刷）二五〇〇円

絵を描く俘虜《ふりょ》

宮崎静夫

満洲シベリア体験を核に、魂の深奥を折々に綴った一画家の軌跡。昭和17年、15歳で満蒙開拓青少年義勇軍に志願、敗戦後シベリアに抑留、4年の捕虜生活を送り帰国。土工をしつつ画家を志した著者が、虚飾のない文体で記す感動のエッセイ　二〇〇〇円

追放の高麗人《コリョサラム》　「天然の美」と百年の記憶

文／姜信子　写真／アン・ビクトル

1937年、スターリンによって遥か中央アジアの地に追放された二〇万人の朝鮮民族＝高麗人。国家というパラノイアに翻弄された流浪の民は、日本近代のメロディーを今日も歌い継ぐ。人々の絶望の奥に輝く希望の灯火に魅せられ、綴った百年の物語　二〇〇〇円

藤田洋三
鏝絵《こてえ》放浪記

壁に刻まれた左官職人の技・鏝絵。その豊穣に魅せられた一人の写真家が、故郷大分を振り出しに、壁と泥と藁を追って、日本全国、さらには中国・アフリカまで歩き続けた25年の旅の記録。「スリリングな冒険譚の趣すらある」（西日本新聞）　（2刷）　**二二〇〇円**

小林澄夫
左官礼讃

「左官教室」の編集長が綴る土壁と職人技へのオマージュ。左官という仕事への愛着と誇り、土と水と風が織りなす土壁の美しさと共に、打ちっ放しコンクリートに代表される殺伐たる現代文明への批判、そして潤いの文明へ向けての深い洞察を綴る　（6刷）　**二八〇〇円**

隅田川乱一
穴が開いちゃったりして

●**椎名誠、永江朗、近田春夫氏他絶讃**「自分の師です」（町田康氏）。深く自由に生きるため、世界の表皮を裏返し、全身全霊で世紀末を駆け抜けたカルトの怪人・隅田川乱一。プロレス・パンク・ドラッグ・神秘主義・ビートにまつわる、ディープでポップな知力　**二〇〇〇円**

〔絵〕山田純子　〔文〕山田純子／俊一
フンザにくらして

ラカポシの麓、あんずの花咲き乱れるパキスタンの小さな村の四季を、あたたかく、細密なペン画と哀切な文章で描いた、珠玉の画文集。卑俗にして神々しい村里のくらしが、私たちの衰弱しつつある魂を掘り動かす　**一八〇〇円**

坂口　良
極楽ガン病棟

やっと漫画家デビューした三四歳で肺ガン宣告。さらに脳に転移しての二回の開頭手術。患者が直面する医療問題（薬の知識、お金、入院）をベースに、生命がけのギャグを繰り出す超ポップな闘病記。——敵は病か病院か、めざせ不屈のガン患者　（3刷）　**一五〇〇円**

浅川マキ
こんな風に過ぎて行くのなら

ディープにしみるアンダーグラウンド——。「夜が明けたら」、「かもめ」で鮮烈なデビューを飾りながら、常に「反時代」的でありつづける歌手。三十年の月日が流れ、時代を、気分を遠雷のように照らし出す浅川マキ、初のエッセイ集　**二〇〇〇円**

＊**読者の皆様へ**　小社出版物が店頭にない場合には「**地方小出版流通センター扱**」とご指定の上最寄りの書店にご注文下さい。なお、お急ぎの場合は直接小社宛ご注文下されば、代金後払いにてご送本致します（送料は一律二五〇円。定価総額五〇〇〇円以上は不要）。